WORKBOOK/LABORATORY MANUAL/VIDEO MANUAL

Mais oui!

CHANTAL P. THOMPSON
Brigham Young University

ELAINE M. PHILLIPS
Southwestern University

BETTE G. HIRSCH
Cabrillo College

Video Manual prepared by Julia M. Price

D. C. HEATH AND COMPANY
Lexington, Massachusetts • Toronto

Address editorial correspondence to:
D. C. Heath and Company
125 Spring Street
Lexington, MA 02173

Published simultaneously in Canada.

Printed in the United States of America.

International Standard Book Number: 0-669-34959-3

10   9   8   7   6   5   4   3   2   1

Preface
. . . .

This volume combines the *Workbook, Laboratory Manual,* and *Video Manual* to accompany **Mais oui!** and the *Answer Key* to all three sections. The *Workbook* provides written activities applying what you have learned in each chapter. The *Laboratory Manual* gives you additional exposure to spoken French and provides extra practice in listening comprehension. The *Video Manual* offers activities to enhance your appreciation and understanding of the **Mais oui!** video.

The Workbook

The *Workbook* is designed to provide you with additional opportunities to use the vocabulary, structures, and communicative strategies introduced in the textbook. After you have completed each *étape* in the text chapter do the corresponding *étape* in the *Workbook*. The first three *étapes* of each *Workbook* chapter offer mostly structured, easily corrected activities. The answers to these activities are provided in the *Answer Key* at the end of the volume. To avoid compounding errors, we strongly recommend that you correct each activity immediately after doing it. In this way, you can catch mistakes early on and refer back to the textbook explanations if necessary. Completing the activities without verifying your answers serves no useful purpose.

The fourth *étape* of each *Workbook* chapter introduces an additional reading that reinforces the chapter themes and gives you another opportunity to practice reading strategies introduced in the text. The answers to these activities are also found in the *Answer Key*. The last post-reading activity, *Et vous?*, invites you to respond to open-ended questions or to express yourself freely in writing on issues related to the reading.

The Laboratory Manual

The *Laboratory Manual* is used in conjunction with the **Mais oui!** audiocassettes. Each chapter of the *Laboratory Manual* begins with an *À l'écoute* section in which you will hear the vocabulary and structures from the text chapter used in a new but related context. You will listen to a conversation on the audiotape and do a series of related tasks in the *Laboratory Manual*. In a section called *Prononciation,* segments of this same conversation are then used to help you review the pronunciation rules taught in the text chapter. In the final section, the *Activités de compréhension* focus on practicing new vocabulary, communicative strategies, and discrete grammatical structures.

You should plan on doing the *Laboratory Manual* activities after you have finished the third *étape* of the chapter in the text. Answers to *Laboratory Manual* activities are found in the *Answer Key* at the end of the volume.

The Video Manual

The *Video Manual* is coordinated to the thirteen modules of the **Mais oui!** video and closely correlated to the thirteen regular chapters of the **Mais oui!** text. Each module begins with an *Objectifs* section that describes briefly the objectives of the module. The next section, *Préparez-vous,* offers pre-viewing activities to be completed before you actually watch the video. These activities will ensure that you have the vocabulary and cultural background necessary to appreciate the video. The next section, *Regardez!,* leads you through viewing both the live action and the interview sections of the video. Finally, the *Récapitulez!* section expands on the themes of the video. Student responses are often personalized.

The activities in the *Video Manual* can be done in or out of class, either spread over several days or else done all together after the completion of the third *étape* in the text. Answers to the video activities are found in the *Answer Key* at the end of the volume.

• • •

In using the **Mais oui!** audio and video programs, it is unlikely that you will understand everything you hear at regular conversational speed, any more than you will understand initially every word you read in the text or the workbook. Remember that *you are not expected to!* Focus only on the specific task you are being asked to perform in each activity. When working with the audio or video programs, don't hesitate to listen or view as many times as necessary to complete an activity, making frequent use of pause and rewind buttons. Your ability to understand the spoken word will improve over time with patience and practice. We hope you'll find that the rewards are well worth the time expended.

Table des matières

Workbook

Laboratory Manual

Video Manual

Answer Key

Workbook

CHAPITRE PRÉLIMINAIRE

Bonjour !

A. **La politesse.** Complete the following exchanges by writing an appropriate response in each blank.

1. —Bonjour, Madame.

   —_____

2. —Au revoir, Claire.

   —_____

3. —Comment allez-vous?

   —_____

4. —Merci, Monsieur.

   —_____

5. —Dominique, je te présente Clarice.

   —_____

6. —Ça va?

   —_____

7. —Pardon, ton nom?

   —_____

8. —Comment vous appelez-vous?

   —_____

B. **Les accents.** Add the accents or cedillas that are missing from the following words.

1. tres

2. ca

3. fenetre

4. sac a dos

5. plait

6. enchantee

7. bientot

8. prenom

9. francais

C. **Dans la salle de classe.** Look at the scene and identify each numbered item. The first item has been done as an example.

1. *C'est un professeur.*

2. _____

3. _____

4. _____

5. _____

6. _____

7. _____

8. _____

9. _____

10. _____

D. **Expressions pour la classe.** Look at pictures 1–5 and write a statement your teacher might have just made. For pictures 6–8, write a statement you might have just made.

➲ *Lisez le chapitre.*

1. _____

2. _____

3. _____

4. _____

5. _____

6. _____

7. _____

8. _____

CHAPITRE 1

Qui êtes-vous?

Première étape

A. **Le Club International.** Read the following sentences about the members of the International Club. Fill in the blanks with the correct form of the verb **être** or the appropriate subject pronoun.

1. Gina et moi, _____ sommes italiennes.

2. Thomas et Ernst? Ils _____ allemands.

3. Madame Martin? Elle _____ française.

4. Toi? _____ es africain? Oui, je _____ sénégalais.

5. Vous _____ belges? Non, mais Monsieur Wéry, _____ est belge.

B. **Nationalité, profession.** Complete the following statements using the verb **être.** Be sure the nationality or profession agrees in number and gender with the person(s).

➲ Tchaïkovski et Mozart / profession
   Tchaïkovski et Mozart sont musiciens.

1. Peter Jennings / nationalité

   _____

2. Monet et Degas / profession

   _____

3. Catherine Deneuve / profession

   _____

4. Tu (*your roommate*) / nationalité

_____

5. Je / profession

_____

6. Le professeur et vous / nationalité

_____

C. **Qui est-ce?**   Can you think of a famous person or persons for each of the adjectives provided? Write sentences following the example, and be sure the nationalities and professions agree in number and gender with the noun(s).

     ⊃ architecte / américain (*masculin, pluriel*)
      Frank Lloyd Wright et I. M. Pei sont architectes. Ils sont américains.

1. acteur / français (*féminin, singulier*)

_____

2. musicien / américain (*masculin, pluriel*)

_____

3. écrivain / américain (*féminin, pluriel*)

_____

4. journaliste / canadien (*masculin, singulier*)

_____

5. politicien / anglais (*féminin, singulier*)

_____

6. peintre / espagnol (*masculin, pluriel*)

_____

Deuxième étape

A. **Jumeaux?**   Thierry and Béatrice are twins, but they don't seem to be very much alike. Each time you inquire about a particular trait of one sibling, you discover that the other has the opposite characteristic. Complete the following sentences with an appropriate adjective. Be sure the adjectives agree in gender with the person.

⊃ Thierry est fatigué? Non, il est _énergique_.
Et Béatrice? Elle est _fatiguée._

1. Thierry est grand? Non, il est _____.

   Et Béatrice? Elle est _____.

2. Il est timide? Non, il est _____.

   Et Béatrice? Elle est _____.

3. Il est sérieux? Non, il est _____.

   Et Béatrice? Elle est _____.

4. Il est heureux? Non, il est _____.

   Et Béatrice? Elle est _____.

5. Thierry est mince? Non, il est _____.

   Et Béatrice? Elle est _____.

6. Il est actif? Non, il est _____.

   Et Béatrice? Elle est _____.

B. **Traits de caractère.** Everyone has some good _and_ bad qualities. Mention a personal weakness and a positive character trait for the following people using the cues and the example as a guide.

⊃ Le monsieur là-bas / désagréable / intelligent
Le monsieur là-bas est un peu désagréable, mais il est très intelligent.

1. La copine de Nicolas / fou / énergique

   _____

2. Alceste / paresseux / intéressant

   _____

3. Monsieur et Madame Mystère / désagréable / intelligent

   _____

4. La dame et la fille / ennuyeux / sympathique

   _____

5. L'homme et le garçon / timide / heureux

_____

C. **Qu'est-ce que c'est?**   The following objects were found in Nicolas's room. Can you identify them? Use an *indefinite* article to identify the objects, then use a *definite* article to say the objects belong to Nicolas.

⊃ *Ce sont des livres. Ce sont les livres de Nicolas.*

1. _____

_____ de Nicolas.

3. _____

_____ de Nicolas.

2. _____

_____ de Nicolas.

4. _____

_____ de Nicolas.

5. _____

_____ de Nicolas.

7. _____

_____ de Nicolas.

6. _____

_____ de Nicolas.

8. _____

_____ de Nicolas.

D. **C'est qui?**   Complete the statements using **c'est, il est,** or **elle est.** Then match each state-ment with the name of the person to whom it applies.

⮑ _Il est_ écrivain. _C'est un_ Anglais. _Il est_ intéressant. C'est _Shakespeare._

le petit Nicolas   Jodie Foster   Miguel de Cervantes
Gérard Depardieu   Léopold Senghor   Margaret Thatcher

1. _____ un Français. _____ élève. _____ énergique.

   C'est _____.

2. _____ intelligente. _____ une actrice. _____ une

   Américaine. C'est _____.

3. _____ acteur. _____ un Français. _____ grand et fort.

   C'est _____.

4. _____ espagnol. _____ écrivain. _____ intéressant.

C'est _____ .

5. _____ une politicienne. _____ anglaise. _____

raisonnable. C'est _____ .

6. _____ un Sénégalais. _____ un politicien. _____

écrivain. C'est _____ .

Troisième étape

A. **Questions.** Your pen pal Micheline has told you some things about her friends and class-mates in Belgium. Write three follow-up questions about each of her statements using the suggestions provided. Use a different question format for each cue: a. **est-ce que,** b. inver-sion, and c. a tag question.

1. Le professeur de français est intéressant. (amusant? énergique? belge?)

   a. _____

   b. _____

   c. _____

2. Patrick et Pierre-Maurice sont sportifs. (musicien? sympathique? actif?)

   a. _____

   b. _____

   c. _____

3. Monique est peintre. (intelligent? sociable? artiste?)

   a. _____

   b. _____

   c. _____

4. Danielle et moi, nous sommes actives. (sportif? heureux? fatigué?)

   a. _____

   b. _____

   c. _____

5. Je suis petite et brune. (sérieux? raisonnable? énergique?)

a. _____

b. _____

c. _____

B. **Interview.** If you were looking for a new roommate, what character/personality traits would you consider important? Write down five questions that you'd like to ask a prospective roommate.

1. _____

2. _____

3. _____

4. _____

5. _____

C. **Non!** Claude can't seem to remember anything. Answer his questions negatively, then give him the correct answer.

⟳ Victor Hugo est peintre, n'est-ce pas?
   Non, il n'est pas peintre. Il est écrivain!

1. Le petit Nicolas est italien, n'est-ce pas?

Non, _____

2. Peter Jennings est américain, n'est-ce pas?

Non, _____

3. Tu es allemand(e), n'est-ce pas?

Non, _____

4. Monet est musicien, n'est-ce pas?

Non, _____

5. Madonna est ingénieur, n'est-ce pas?

Non, _____

6. Tu es professeur, n'est-ce pas?

   Non, _____

D. **Comment êtes-vous?**   Look at the picture and write five sentences, choosing from the following adjectives and saying what the girl is *not*.

⊃ *Elle n'est pas blonde.*

énergique	grand	paresseux	désagréable
fatigué	brun	triste	

_____

_____

_____

_____

_____

Quatrième étape

Lecture: Deux stars

Avant de lire

1 Consider the title of the reading and check the subject it most likely treats.

a. _____ a new planetarium

b. _____ two French actors

c. _____ cities of France

d. _____ two newly discovered stars in the southern sky

2 If the subtitle of the magazine article were "Chacun à leur manière (*each in his own way*), ils représentent le cinéma français de leur génération," which answer in the preceding list would you choose? _____

À Cannes: Deux grandes stars françaises

Alain Delon: Il est la France des années 60

NÉ: le 8 novembre 1935

ÉDUCATION: un apprentissage de charcutier;° aucun°   *butcher's apprenticeship /*
                 cours d'art dramatique   *no*

FESTIVALS: 1957, 1962, 1963, 1989, 1990 à Cannes

FAMILLE: femme:° Nathalie (marié en 1964, divorcé   *wife*
                 en 1966); un enfant: Anthony, né en 1964

NOMBRE DE FILMS: 71

SON PLUS GRAND SUCCÈS:	*Borsalino* (1969)	
SALAIRE PAR FILM:	5 millions de francs	
ACTIVITÉS:	acteur, producteur, chanteur et aussi homme d'affaires° (parfums, lunettes°)	*businessman / eyeglasses*

Gérard Depardieu: Il est la France des années 80/90

NÉ:	le 27 décembre 1948	
ÉDUCATION:	aucune; plagiste,° vendeur,° imprimeur°	*beach attendant / salesman / printer*
FESTIVALS:	en compétition à Cannes presque tous les ans depuis 1976	
FAMILLE:	Femme: Élisabeth (marié en 1970); deux enfants: Guillaume (1971) et Julie (1973)	
NOMBRE DE FILMS:	68	
SON PLUS GRAND SUCCÈS:	*Jean de Florette* (1985)	
SALAIRE PAR FILM:	7 millions de francs	
ACTIVITÉS:	acteur et producteur	

En général

3 Skim the magazine article and choose the best ending for the following sentence:

L'article présente deux acteurs...

a. _____ de la même génération.

b. _____ pauvres.

c. _____ qui sont aussi producteurs.

d. _____ qui sont très jeunes (*young*).

En détail

4 **Les mots.**   You may know by now that many words are almost identical in French and English. To read more easily, be prepared to guess the meaning of new words in reading passages in the workbook as you do in your text. Although you may never have seen the following words in French, you should be able to write their English equivalents fairly easily.

1. novembre _____

2. cours _____

3. famille _____

4. dramatique _____

5. marié _____

6. divorcé _____

7. succès _____

8. enfant _____

9. millions _____

10. nombre _____

11. films _____

12. producteur _____

13. parfums _____

14. salaire _____

15. activités _____

16. festivals _____

17. acteur _____

18. compétition _____

Le texte

A. **Complétez.** Complete the following chart by checking whether each item applies to Alain Delon, Gérard Depardieu, or both men.

	Alain Delon	Gérard Depardieu
1. Less than 52 years old		
2. Producer		
3. Popular in the 1960s		
4. Popular in the 1980s and 1990s		
5. Often seen at film festivals		
6. Currently married		
7. Currently divorced		
8. Many business ventures		
9. Extensive drama studies		
10. Worked as a beachboy		
11. Actor		
12. A November baby		
13. Made more than 70 movies		
14. Representative of his own generation of moviegoers		

B. **Oui ou non?** Agree or disagree with the following statements based on the magazine article.

⊃ *Oui.* Delon est acteur.
   Non. Depardieu est chanteur.

1. _____ Élisabeth est la femme de Delon.

2. _____ Julie est la fille (*daughter*) de Delon.

3. _____ *Jean de Florette* est un grand succès de Depardieu.

4. _____ Le salaire par film de Depardieu est de 5 millions de francs.

5. _____ Delon a (*has*) deux enfants.

6. _____ Depardieu et Delon sont nés en novembre.

7. _____ Delon et Depardieu sont riches.

Et vous?

Look again at the reading and its accompanying drawings. Using the adjectives to describe people and the professions that you learned in Chapter 1, write five sentences about Delon and Depardieu that summarize what you have learned about them.

Delon

1. Il est _____

2. Il est _____

3. _____

4. _____

5. _____

Depardieu

1. Il est _____

2. Il est _____

3. _____

4. _____

5. _____

CHAPITRE 2

La famille

Première étape

A. **Paires.** Complete the following pairs as shown in the example.

⊃ un grand-père / _une grand-mère_

1. un cousin / _____

2. une mère / _____

3. un oncle / _____

4. une sœur / _____

5. une nièce / _____

6. un fils / _____

7. une femme / _____

8. un beau-frère / _____

9. un petit-fils / _____

B. **Qui est-ce?** Look at Pascal's family tree, and state the relationships of the people indicated. Use a possessive adjective in your answer.

➲ Françoise? (Pascal et Paul) _Françoise? C'est leur mère._

1. Élisabeth? (Suzanne) _____

2. Bernard et Maurice? (Françoise et Gilles) _____

3. Alain? (Sandrine) _____

4. Isabelle et Alain? (Suzanne) _____

5. Élisabeth? (Isabelle et Alain) _____

6. Paul? (Élisabeth) _____

7. Olivier? (Françoise et Élisabeth) _____

8. Pascal et Suzanne? (Maurice) _____

C. **La famille.** Bernard and Christine have to interview each other for French class. Read their conversation and fill in the missing possessive adjectives.

—Et toi, Christine, combien de personnes est-ce qu'il y a dans (1.) _____ famille?

—Dans (2.) _____ famille, il y a 4 personnes—(3.) _____ père et les

trois enfants: (4.) _____ sœur Céleste, (5.) _____ sœur Micheline,

et moi.

—Et comment sont-elles, (6.) _____ sœurs?

—Bon, Céleste ressemble à (7.) _____ père. Elle est sérieuse et intelligente.

Micheline ressemble plutôt à (8.) _____ grands-parents. Elle est énergique et

amusante.

—Et (9.) _____ père?

—Sympa!

Now fill in the missing possessive adjectives as they relate to you.

Et vous, les étudiants? Combien de personnes est-ce qu'il y a dans (10.) _____

famille? Comment est (11.) _____ père? (12.) _____ mère? Comment

sont (13.) _____ sœurs et (14.) _____ frères?

D. **Comment sont-ils?** Using **ce, ces, cet,** or **cette,** say what the following people are like by agreeing or disagreeing with the description indicated.

1. femme / malade?   *Cette* femme n'est pas malade.

2. garçon/paresseux? _____

3. homme/heureux? _____

4. enfant/triste?_____

5. amis/sociables? _____

6. filles/typiques? _____

7. homme/actif? _____

Deuxième étape

A. **Préférences.** Read the following paragraph about leisure activities, filling in the blanks with the correct form of a verb from the list provided. You may use some verbs more than once, but be sure to use each verb at least once.

aimer	adorer	détester	admirer	manger	travailler
être	étudier	écouter	jouer	voyager	parler
préférer					

J(e) (1.) _____ la musique, mais j(e) (2.) _____ danser, et je n(e)

(3.) _____ pas le rock. Pourtant j(e) (4.) _____ souvent la radio—le

jazz et la musique classique. Le week-end, mes amies Naïma et Isabelle et moi, nous n(e)

(5.) _____ pas. Nous (6.) _____ regarder un film, et nous

(7.) _____ souvent au restaurant. Isabelle et Naïma n(e) (8.) _____

pas très sportives. Quelquefois elles (9.) _____ au tennis, mais en général elles

(10.) _____ jouer aux cartes! J(e) (11.) _____ beaucoup Naïma. Elle

(12.) _____ souvent en Europe et elle (13.) _____ quatre langues.

Moi, j(e) (14.) _____ beaucoup pour apprendre (*learn*) l'anglais! Et vous?

(15.) _____ -vous beaucoup pour apprendre le français?

B. **Les passe-temps.** Indicate how the following people spend their time. Write a complete sentence using the words given.

1. Les étudiants / travailler / beaucoup

    _____

2. Mais ils / préférer / regarder des films

    _____

3. Mes copains et moi, nous / manger au restaurant chinois

    _____

4. Le professeur / voyager en Belgique

_____

5. Tu / jouer au tennis

_____

6. Tes copines et toi, vous / parler avec vos copains

_____

7. Moi, j(e) / préférer / ?

_____

C. **Opinions.**   Christine interviewed Bernard about his likes and dislikes. Read Bernard's answers and then write the questions Christine must have asked. Use the interrogative expressions **qu'est-ce que** and **qui est-ce que.**

1. — _____?

   —J'étudie les langues, le français et l'allemand.

2. — _____?

   —J'aime beaucoup mes camarades de classe.

3. — _____?

   —Je n'aime pas beaucoup les professeurs qui sont ennuyeux.

4. — _____?

   —J'admire beaucoup les écrivains français.

5. — _____?

   —Je préfère les romans historiques.

6. — _____?

   —Je déteste les films policiers.

Troisième étape

A. **Avoir.** Write complete sentences to indicate what the following people have or do *not* have.

⊃ Izà (stylos + / crayons −)
Elle a des stylos, mais elle n'a pas de crayons.

1. Larmé (sac à dos + / cahier + / serviette −)

_____

2. Tu (romans + / magazines −)

_____

3. Mes copains (feuilles de papier + / stylos −)

_____

4. Vous (amie sympathique + / professeur intéressant +)

_____

5. Ma famille et moi, nous (radio + / télévision −)

_____

6. Moi (? + / ? −)

_____

B. **Descriptions.** Josée describes her family and friends. Write her descriptions using the cues provided.

⊃ Mon père / 42 / vert / —
Mon père a 42 ans. Il a les yeux verts, et il n'a pas de cheveux!

1. Mes sœurs / 16 et 17 / brun / blond

_____

2. Paul et moi, nous / 18 / vert / roux

_____

3. Mes grands-parents / peut-être 70 / bleu / gris

_____

4. Mon amie Djamila / 20 / brun / noir

_____

5. Mon professeur / peut-être... / ? / ?

_____

C. **Clarifications.**   Every time Olivier makes a statement, his roommate Georges asks for a clarification. Complete Olivier's statements with a demonstrative adjective, then write Georges's questions using a form of **quel**.

> ⊃ —<u>Ce</u> garçon est typique.   —<u>*Quel garçon?*</u>

1. —_____ romans sont ennuyeux.   —_____

2. —_____ photo est intéressante.   —_____

3. —_____ étudiantes sont paresseuses.   —_____

4. —_____ homme est désagréable.   —_____

5. —_____ professeur est actif.   —_____

D. **Choix.**   Write five survey questions you could use to interview your classmates.

> ⊃ magazines
> *Quels magazines est-ce que tu préfères,* Time, Life *ou* People?

1. sport _____

2. politiciens _____

3. musique _____

4. romans _____

5. actrices _____

Quatrième étape

Lecture: Est-ce que Papa est intelligent?

Avant de lire

1 Children's attitudes toward their parents often change with age. Think of four different ages for the younger generation, from very young to fairly old, and assign to the parents, as perceived by their children, a rating of knowledge from 0 **(ignorants)** to 5 **(omniscients)**.

```
  ├──────────┼──────────┼──────────┼──────────┼──────────┤
  0          1          2          3          4          5

ignorants                                          omniscients
```

Âge des enfants	Connaissance des parents
3 ans	5

Ce que les Enfants pensent du Père

À

Six ans : notre Papa sait tout.

Dix ans : notre Papa sait beaucoup.

Quinze ans : nous savons autant que Papa.

Vingt ans : décidément Papa ne sait pas grand'chose.

Trente ans : nous pourrions tout de même demander l'avis de Père.

Quarante ans : Père sait quand même quelque chose.

Cinquante ans : Père sait tout.

Soixante ans : Ah! si nous pouvions encore le demander à Père.

autant... *as much as*

pourrions... *could after all*

l'opinion

quand même = tout de même

si... *if only we still could*

En général

2 Scan the text to see how many parts there are to the reading. _____

3 Skim through the text and decide what it is about.

a. _____ what children think of their parents

b. _____ what children think of one parent in particular

c. _____ what parents think of their children

En détail

4 **Les mots.**   Using the context in which the following words occur in the reading, knowledge that you already have about the topic of the reading, and logic, can you guess what the following words mean? Match the French words to their English equivalents.

1. _____ pensent (penser)

2. _____ sait/savons (savoir)

3. _____ demander

4. _____ tout

5. _____ pas grand-chose

6. _____ quelque chose

a. everything
b. to ask
c. to think
d. something
e. to know
f. not much

5 **Le texte.**   Read the text again and decide whether the following statements are true or false, writing **V** for **vrai** if the statement is true or **F** for **faux** if the statement is false.

1. _____ Les petits enfants pensent que leur père est omniscient.

2. _____ L'adolescent pense que son père sait moins que lui (*less than he does*).

3. _____ À vingt ans on considère que son père sait très peu (*very little*).

4. _____ À trente ans on ne veut (*want*) pas avoir l'avis du père.

5. _____ À quarante ans on pense que son père sait plus qu'à six ans.

6. _____ À cinquante ans et à six ans on a la même (*same*) opinion du père.

7. _____ À soixante ans on ne veut pas avoir l'avis du père.

Et vous?

1. Compare your answers to activity 1 of **Avant de lire** with the statements in the reading, noting which are similar and which are different.

Âge des enfants	Connaissance des parents (vous)	Connaissance des parents (la lecture)
3 ans	5	
6 ans		5

2. Using the reading and your own experiences and ideas as guides, write a new text, changing **père** to **mère.** Are there any major differences between your observations and those of the original reading?

Ce que les enfants pensent de la mère

À six ans: notre maman _____

À dix ans: _____

À quinze ans: nous savons _____

À vingt ans: _____

À trente ans: _____

À quarante ans: _____

À cinquante ans: _____

À soixante ans: _____

CHAPITRE 3

La maison et la ville

Première étape

A. **Où? Quoi?** In which room(s) of a house or apartment would you be likely to find the following things?

1. Un lecteur de CD: _____

2. Un placard: _____

3. Des étagères: _____

4. Un ordinateur: _____

Now, list the furniture and personal items *you* have in the following rooms.

5. La cuisine: _____

6. Le séjour: _____

7. La chambre: _____

8. La salle à manger: _____

B. **Des questions.** Compose questions using the cues provided on the next page, then re-create the conversation between Philippe and his nosy pal Joseph by placing each question where it belongs in the dialogue.

Combien de pièces / il y a / dans l'appartement?
Comment / être / appartement?
Qu'est-ce que / préférer / les studios ou les appartements?
Pourquoi / préférer / les appartements?
Quand / je pourrais voir / appartement?
Où / être / ton appartement?

1. — _____

—Moi, je préfère les appartements.

2. — _____

—Parce qu'ils sont plus grands, plus spacieux.

3. — _____

—Il est au centre-ville.

4. — _____

—Eh bien, c'est un appartement meublé, calme, agréable...

5. — _____

—Il y a deux pièces avec une cuisine et une salle de bains.

6. — _____

—Demain, si tu veux.

C. **Imaginez les questions.**　Madeleine had a phone conversation with her cousin about her French class. Based on Madeleine's answers, what questions do you think her cousin asked?

1. _____

Parce que j'adore le français.

2. _____

Le prof? Oh, il est sympathique.

3. _____

Il y a dix-sept étudiants.

4. _____

L'université? Dans la rue Victor Hugo.

5. _____

J'ai mon cours de français maintenant. Je pourrais te téléphoner plus tard?

Deuxième étape

A. **Chèques.**   Madame Luberry pays her monthly bills by check. Complete the checks by writing *in words* the amount shown in numbers. Then indicate in the blank provided the purpose of each check: to pay her rent **(le loyer)**, her phone bill **(le téléphone)**, or the electricity **(l'électricité)**.

1. _____

2. _____

CRÉDIT SAINT-PIERRAIS

B.P.F. *576 F.*

PAYEZ CONTRE CE CHÈQUE NON ENDOSSABLE SAUF au profit d'une banque, d'une caisse d'épargne ou d'un établissement assimilé

À *Gaz et Electricité de France*

À *St-Pierre* , le *28 novembre 1996*

siège n°   compte n°   clé R.I.B.

P. Luberry

— PAYABLE —

**LUBERRY
16 RUE MARCEL BONIN
97500 ST-PIERRE-ET-MIQUELON**

compensable à   **45 26 65 53
ST-PIERRE**

BL PLD

S• Z 6 KSG CHÈQUE N°   **1 602 134**

⑈1602132⑈077703604063⑆80777001936⑈1⑈

3. _____

B. **Décrivez.** Describe the following people and objects using the adjectives indicated.

➲ joli: maison, canapé, rideaux
une jolie maison, un joli canapé, de jolis rideaux

1. bon: musicienne, actrices, avocat

   _____

2. vieux: livres, homme, étagères

   _____

3. meublé: appartement, studios, maison

   _____

4. beau: acteur, étudiantes, professeurs

   _____

5. nouveau: rideaux, ordinateur, radios

   _____

6. confortable: chambres, maison, fauteuil

   _____

C. **Un studio.** Alexandre describes his studio in Brussels. Complete the paragraph with an appropriate adjective from the list provided. You may use the adjectives more than once, but you must use each adjective at least once. Note that there is a blank before and after each boldfaced noun. Write an adjective in only one of the blanks, and put an *X* in the other blank.

vieux	joli	blanc	grand	nouveau	typique
agréable	petit	bleu	bon	américain	calme

J'ai un _____ (1.) **appartement** _____ (2.) à Bruxelles, près de

l'université. Il y a une _____ (3.) **chambre** _____ (4.), un

_____ (5.) **salon** _____ (6.), une _____ (7.) **cuisine**

_____ (8.) et une _____ (9.) **salle de bains** _____ (10.).

C'est un _____ (11.) **appartement** _____ (12.). Dans le salon, j'ai

mon _____ (13.) **ordinateur** _____ (14.), un _____ (15.)

canapé _____ (16.), une _____ (17.) **table** _____ (18.) et

deux _____ (19.) **chaises** _____ (20.). J'ai une _____

(21.) **chambre** _____ (22.) où il y a des _____ (23.) **rideaux**

_____ (24.), un _____ (25.) **lit** _____ (26.), une

_____ (27.) **commode** _____ (28.) et des _____ (29.)

posters _____ (30.) sur le mur.

D. **Goûts différents.** Larissa and Fabienne are good friends with different tastes. Using the following cues as a guide, write sentences describing their lodging and possessions.

⟳ Fabienne / salle à manger / agréable, petit
Fabienne a une petite salle à manger agréable.

1. Fabienne / maison / beau, rural

_____

2. Larissa / appartement / idéal, nouveau

_____

3. Fabienne / cuisine / jaune, vieux

_____

4. Larissa / cuisine / beau, spacieux

_____

5. Fabienne / ordinateur / américain, nouveau

_____

6. Larissa / ordinateur / gris, vieux

_____

E. **Où habiter?**   Match the accommodations described in the classified ads with the persons you think they would best suit. Be careful, because one of the accommodations is not appropriate for any of the prospective tenants. Then decide which of the four lodgings *you'd* rather rent and explain why.

Samuel Montaigne: Étudiant; n'aime pas les résidences universitaires; préfère habiter chez un particulier.
La famille Jourdan (Monsieur, Madame, fille Joëlle): Monsieur travaille au centre-ville.
Jeanne Bouchard: Avocate; voyage beaucoup; n'aime pas cuisiner.

12, rue Mozart.
Nouveau studio dans nouvelle villa,
1 chambre, 2 lits 1 personne, coin
cuisine, douche avec WC, garage,
calme, clair, 1.600F/mois.
Tél. 42.04.21.51.

1. _____

Rue Célony.
Loue une chambre meublée pour
1 personne, entrée indépendante,
1 lit 1 pers., 900F tout compris.
Garçons préférés. Tél. 49.04.92.20.

3. _____

13, rue du Bon Pasteur.
Appartement dans bel immeuble,
centre-ville, 2 chambres, 1 lit 1 pers.,
1 lit 2 pers., salle à manger, cuisine,
sdb, WC, jardin et terrasse, 3.300F
+ charges/mois. Tél. 63.28.58.01.

2. _____

Centre.
Studio meublé, salle à manger avec
chambre, 1 lit 2 pers., cuisine
équipée, TV possible, WC, sdb,
2.300F/mois. Tél. 42.03.11.48.

4. _____

5. Moi, je _____

_____

_____

Troisième étape

A. **Quel anniversaire?** The following people were all born on the same day but in different years. Say what birthday each person is celebrating.

⊃ M. Martin, 30
C'est son trentième anniversaire!

1. Karine Rosier, 16 _____

2. Louisette Rigolo, 5 _____

3. Jean Girard, 28 _____

4. Nathalie Laval, 12 _____

5. Christophe Genêt, 63 _____

6. Céleste Lamour, 47 _____

B. **Ce week-end.** Say what each person is going to do this weekend, using the **futur proche.**

⊃ Vous / parler à vos copines
Vous allez parler à vos copines.

1. Patrick et Hélène / chercher un appartement

_____

2. Gisèle / voyager à Lyon

_____

3. Robert et moi, nous / jouer au foot

_____

4. Tes amies et toi, vous / étudier le français

_____

5. Tu / regarder un film

_____

6. Le professeur / danser à la discothèque

_____

7. Mes parents / arriver de Nice

_____

8. Je / ?

_____

C. **On cherche un studio.**   Your friend Alain wants to rent a studio, but he doesn't know where to begin. Since you have just moved into a new apartment, you can tell him exactly what to do. Outline in a logical order the steps he must take, using the imperative mood. The first one is done for you.

louer le studio	parler au propriétaire	regarder les annonces
demander le prix	aller voir le studio	téléphoner au propriétaire

1. _Regarde les annonces._ _____

2. _____

3. _____

4. _____

5. _____

6. _____

D. **Où se trouve... ?**   The islands of Saint-Pierre-et-Miquelon are part of France, even though they are just a few miles off the coast of Newfoundland in North America. Look at the map of the city of Saint-Pierre and describe the location of the buildings, using the following prepositions: **derrière, à droite, à côté, en face, sur, devant, loin, au coin, près.** Use each preposition only once.

⊃ Le Francoforum / la Chambre de Commerce
   Le Francoforum est loin de la Chambre de Commerce.

1. L'église / le magasin Galerie Ravenel

_____

2. La mairie / l'hôpital

_____

3. Le restaurant La Ciboulette / l'hôtel Beauséjour

_____

4. Le musée / l'hôpital

_____

5. Le magasin Galerie Ravenel / la rue Général Leclerc

_____

6. L'hôtel Robert / l'hôtel Paris-Madrid

_____

7. Le Francoforum / le musée

_____

8. Alexis / le musée

_____

9. Marie-Pierre / la place du Général de Gaulle

_____

Quatrième étape

Lecture: Guide pratique du téléphone

Avant de lire

1 Each year the French telephone company, France Télécom, publishes guides to telephone usage for people visiting various regions of France. In English, list five questions you would like answered about how to use the French telephone system.

1. _____

2. _____

3. _____

4. _____

5. _____

Un Guide pratique à votre service

Chaque° année, France Télécom _vous propose un petit guide pratique du téléphone._   *each*

    Ce guide simplifié, destiné en priorité aux touristes de notre région, explique la tarification applicable aux communications téléphoniques et vous permet de mieux utiliser votre téléphone, ainsi que° le réseau° de cabines publiques mis à votre disposition.   ainsi... *as well as / network*

— Chaque cabine peut° être appelée au numéro à 8 chiffres figurant près du publiphone.   *can*

Vous souhaitez

- **Demander un renseignement:°**   *information*
- — **Par Minitel° (3 premières minutes gratuites)** . . . . . composez le 11   *computerized service*
- — **Par l'intermédiaire d'une opératrice** . . . . appelez le 12
  (mais pensez d'abord à l'annuaire°)   *phone book*
- **Signaler un dérangement°** . . . . appelez le 13   *out-of-order phone*
- **Envoyer un télégramme** . . . . appelez le 36 35
- **Demander une communication**
  avec la carte « France Télécom° »   *la... a telephone credit card*
- — Automatiquement des publiphones à pièces,° à touches   *coins*
  musicales en composant le 36 10
- — Directement, à partir des cabines à cartes.
- — Par opérateur pour les communications nationales en
  composant le 36 50
- **Obtenir l'Agence France Télécom** . . . . appelez le 14
- **Téléphoner vers les Départements et Territoires d'Outre-mer:°**   *les... French overseas*
  Composez le 19, suivi de l'indicatif,   *areas*

GUADELOUPE 590	POLYNÉSIE FRANÇAISE . . 689
GUYANE FRANÇAISE 594	RÉUNION (LA) 262
MARTINIQUE 596	SAINT-PIERRE-ET-
MAYOTTE 269	MIQUELON 508
NOUVELLE-CALÉDONIE . . 687	WALLIS-ET-FUTUNA 681

```
        Prix d'une communication, tarif normal,
               des Alpes-Maritimes° vers
   PARIS  /  LYON  /  STRASBOURG  /  LILLE:
               2,57 F la minute

   GENÈVE . . . . . . . . . . . . . . . 4,26 F la minute
   MONTRÉAL . . . . . . . . . . . . . . 6,93 F la minute
   ABIDJAN . . . . . . . . . . . . . . 14,59 F la minute
             Tarifs TTC° / Mai 1993
```
department in south-eastern France

tax included

Pour téléphoner à l'étranger,°

à... to foreign countries (appels internationaux)

- **EN AUTOMATIQUE:**
- — Composez le 19, attendez° la tonalité.   *wait for*
- — Composez l'indicatif° du pays demandé et le numéro national de votre   *(country) code*
  correspondant° (Ex. Rome: 19 .... 39 6 565 541).   *person called*
- → Si le numéro de votre correspondant est précédé d'un 0 ne composez
  pas ce dernier.
- **PAR OPÉRATEUR:** (Autres pays et communications spéciales)
- — Composez le 19, attendez la tonalité.
- — Composez le 33 et l'indicatif du pays.
- **PAYS DIRECTS:°**   *pays... direct-dial*
  Pour vos communications payables à l'étranger (PCV°–carte crédit)   *countries / collect*
- — Composez le 19 .. 00 et l'indicatif du pays.

EUROPE

ALBANIE	355	ITALIE *	39
ALLEMAGNE *	49	LUXEMBOURG *	352
AUTRICHE *	43	MALTE	356
BELGIQUE *	32	NORVÈGE *	47
BULGARIE	359	PAYS-BAS *	31
C.E.I.	7	POLOGNE	48
CHYPRE	357	PORTUGAL *	351
DANEMARK *	45	ROUMANIE	40
ESPAGNE & CANARIES *	34	ROYAUME UNI *	44
FINLANDE *	358	SUÈDE *	46
GRÈCE	30	SUISSE	41
HONGRIE *	36	TCHÉCOSLOVAQUIE	42
IRLANDE *	353	TURQUIE *	90
ISLANDE	354	YOUGOSLAVIE	38

AFRIQUE

ALGÉRIE *	213	GABON *	241
BÉNIN	229	MAROC	212
BURKINA FASO	226	NIGER	227
CAMEROUN	237	SÉNÉGAL	221
CENTRAFRICAINE (République)	236	SOMALIE	252
CÔTE D'IVOIRE	225	SUD-AFRICAINE (République)	27
ÉGYPTE	20	TUNISIE	216

PROCHE & MOYEN-ORIENT

ARABIE SAOUDITE	966	JORDANIE	962
ÉMIRATS ARABES UNIS *	971	KOWEÏT	965
IRAK	964	LIBAN	961
IRAN	98	SYRIE	963
ISRAËL *	972	YEMEN	967

AMÉRIQUES DU NORD & DU SUD

ARGENTINE *	54	HAWAII	18 08
BRÉSIL *	55	JAMAÏQUE	18 09
CANADA *	1	MEXIQUE	52
CHILI	56	PANAMA	507
COLOMBIE *	57	PARAGUAY	595
COSTA RICA	506	PÉROU	51
EL SALVADOR	503	PORTO-RICO	18 09
ÉTATS-UNIS *	1	URUGUAY	598
HAÏTI	509	VÉNÉZUELA	58

PACIFIQUE-SUD

AUSTRALIE * 61	NOUVELLE-ZÉLANDE * . . . 64

. . . . EXTRÊME-ORIENT

CHINE 86	MALAISIE. 60
CORÉE (Rép. de) * 82	PHILIPPINES 63
HONG-KONG * 852	SINGAPOUR * 65
INDE 91	SRI-LANKA. 94
INDONÉSIE. 62	TAIWAN 886
JAPON * 81	THAÏLANDE 66

Pour téléphoner sans monnaie, LA TÉLÉCARTE°

La télécarte vous permet de téléphoner partout,° sans monnaie, à partir d'un publiphone à cartes. Vous pouvez l'acheter dans les bureaux de poste, les agences France Télécom, ou auprès des « revendeurs agréés° » facilement reconnaissables° par la signalisation télécarte.

la... telephone debit card

all over

revendeurs... registered retailers / recognizable

En général

2 Skim the reading and identify what kind of information is contained in each part. Match each section in the left-hand column to its content.

1. _____ «Un guide pratique à votre service»

2. _____ «Vous souhaitez»

3. _____ «Prix d'une communication»

4. _____ «Pour téléphoner à l'étranger»

5. _____ «La télécarte»

a. renseignements généraux
b. renseignements sur une carte
c. introduction
d. exemples de prix
e. comment téléphoner à un autre pays

3 Now scan the reading and note how many of the questions you formulated in activity 1 of **Avant de lire** are answered in the text. _____

En détail

4

Les mots.   Using logic and the context in which the following words occur in the reading, infer the meaning of these words. Match the words on the left, which are listed in the order that they appear in the reading, with their synonyms or definitions.

Un guide pratique...

1. _____ destiné en priorité à

2. _____ la tarification

3. _____ communications téléphoniques

4. _____ permet

5. _____ mieux

6. _____ cabines publiques

7. _____ chiffres

8. _____ figurant

a. touch-tone
b. appearing
c. to send
d. dial tone
e. numbers
f. sign
g. meant especially for
h. allows
i. rates (prices)
j. through
k. telephone calls, etc.
l. telephone booths
m. better
n. change

Vous souhaitez...

9. _____ par l'intermédiaire de

10. _____ envoyer

11. _____ à touches musicales

Pour téléphoner à...

12. _____ la tonalité

La télécarte

13. _____ monnaie

14. _____ signalisation

5 **Le texte**

A. **Vrai ou faux?**   Read the text again and decide whether the following statements are true or false, writing **V** for **Vrai** if the statement is true and **F** for **Faux** if the statement is false. Correct the false statements.

1. _____ On peut appeler chaque cabine téléphonique.

   _____

2. _____ On compose le 10 pour demander un renseignement à une opératrice.

   _____

3. _____ On compose le 14 pour parler avec la compagnie Agence France Télécom.

   _____

4. _____ Pour téléphoner à la Polynésie française on compose le 19 689 et le numéro de son correspondant.

   _____

5. _____ Quand vous téléphonez en PCV, c'est vous qui payez.

   _____

6. _____ La télécarte vous permet de téléphoner sans monnaie.

   _____

7. _____ Le prix d'une communication de Nice (région Alpes-Maritimes) à Montréal, tarif normal, est de 2,57 F la minute.

   _____

B. **Quel numéro?**   Indicate the number you would dial in France in each given situation.

1. You need to send a telegram. _____

2. Your phone is not working. _____

3. You want to use your credit card with France Télécom

   a. on a touch-tone coin phone. _____

   b. on a phone that accepts cards. _____

4. You want to call a friend in the United States with the assistance of the operator.

_____

5. You want to dial direct to a friend in Rome, whose number is 6 572 572.

_____

C. **Où?**   Indicate three places where one can buy a **télécarte**.

1. _____

2. _____

3. _____

Et vous?

Feeling comfortable with telephone calls in another country takes some practice. You do not have the visual cues of facial expression and body gestures to help with meaning. Practice with the basic expressions of telephone usage can be a good beginning. Remember that messages on the telephone must be kept short and to the point.

In French, write out a message that you want to leave on the answering machine **(un répondeur automatique)** of a French friend. Identify yourself. Tell him that you would probably **(probablement)** like to rent his apartment in France. Is it furnished? How many rooms are there? Ask if he has a stereo and cassettes or compact discs. What about a VCR and TV? Is the apartment downtown? Add any other special requests for information that is important to you.

Ici _____

_____

_____

_____

_____

_____

_____

_____

CHAPITRE 4

L'école
· · · · · · · · · · ·

Première étape

A. **Chassez l'intrus!** Cross out the word in each group that doesn't fit and write in one that's more appropriate.

1. la chimie / la biologie / les sciences politiques / _____

2. l'histoire / le dessin / la musique / _____

3. le commerce / la géographie / l'économie / _____

4. les langues étrangères / la littérature / l'informatique / _____

B. **Devinez.** List the course(s) that fit the following descriptions.

1. On étudie les nombres. _____

2. On étudie des poèmes et des romans. _____

3. On étudie les plantes et les animaux. _____

4. On écoute des concerts et on joue des instruments. _____

5. On parle de la structure du gouvernement. _____

C. **Départ–arrivée.** Use the schedule below to find the departure and arrival times for the trips and train numbers indicated. Fill in the "official" times, and then write how you could express these times in conversation, spelling them out in full.

⟳ Dijon → Macon-Ville   Train 7341
Départ: _12 h 30_   Arrivée: _13 h 45_
Le train part à midi et demie et arrive à deux heures moins le quart.

941 Paris–Aix-les-Bains		7341 Dijon–Aix-les-Bains		939 Mâcon-Ville–Annecy	
Paris	23.50	Dijon	12.30	Macon-Ville	21.00
Macon-Ville	01.30	Macon-Ville	13.45	Lyon	21.40
Bourg-en-Bresse	02.05	Bourg-en-Bresse	14.45	Aix-les-Bains	22.55
Aix-les-Bains	06.15	Aix-les-Bains	16.05	Annecy	24.00

1. Paris → Aix-les-Bains   Train 941

   Départ: _____   Arrivée: _____

   Le train part à _____ et arrive à _____ .

2. Macon-Ville → Annecy   Train 939

   Départ: _____   Arrivée: _____

   Le train part à _____ et arrive à _____ .

3. Macon-Ville → Aix-les-Bains   Train 7341

   Départ: _____   Arrivée: _____

   Le train part à _____ et arrive à _____ .

4. Dijon → Bourg-en-Bresse   Train 7341

   Départ: _____   Arrivée: _____

   Le train part à _____ et arrive à _____ .

Deuxième étape

A. **En quel mois?**   Read the following excerpt about French holidays. Write a complete sentence stating when each occurs according to the dates or months given in the list.

⊃ *Noël est le 25 décembre.*

Fêtes et congés

Les fêtes

Les congés sont en grande partie commandés par les fêtes. Celles-ci comprennent les fêtes religieuses, issues de la tradition catholique (Pâques, Ascension, Pentecôte, Assomption, Toussaint, Noël) et les fêtes civiles qui évoquent les grandes dates de l'histoire nationale (fête nationale commémorant la prise de la Bastille, fête commémorant l'armistice du 1918, Fête de la Victoire 1945).

Fêtes légales

- 25 décembre: Noël
- 1er janvier: Jour de l'An
- mars ou avril: Pâques
- 14 juillet: Fête nationale
- 15 août: Assomption
- 1er novembre: Toussaint
- 11 novembre: Fête de l'armistice 1918
- 1er mai: Fête du Travail
- 8 mai: Fête de la Victoire 1945
- mai (un jeudi): Ascension
- mai ou juin: Pentecôte

Le Nouveau Guide France, 1990.

1. _____
2. _____
3. _____
4. _____
5. _____
6. _____
7. _____
8. _____
9. _____
10. _____

B. **L'emploi du temps.** Based on his schedule, say when Jean-Michel has the courses indicated below or what he does on the days mentioned.

⟳ anglais: *le lundi, le mercredi et le vendredi*
  mercredi matin: *le français, l'histoire, l'anglais et les maths*

LUNDI	MARDI	MERCREDI	JEUDI	VENDREDI	SAMEDI	DIMANCHE
dessin	français	français	allemand	éducation	match de foot (Club sport)	église
biologie	musique	histoire	géographie	physique		
anglais	éducation	anglais	biologie	français		
maths	physique	maths	français	histoire		
						dîner chez grand-mère
allemand	allemand	leçon de piano	peinture	anglais		
histoire	géographie		maths	musique		
français	biologie		informatique	informatique		

1. maths: _____

2. biologie: _____

3. géographie: _____

4. français: _____

5. le samedi: _____

6. le mercredi après-midi: _____

7. le dimanche: _____

C. **Et dimanche?** Write a sentence indicating what the following people are going to do on the days noted.

➲ Jeudi / Marie / faire du sport
  Jeudi Marie va faire du sport.

1. Lundi / nous / faire une promenade _____

   _____

2. Mardi / mes amis / jouer au tennis _____

   _____

3. Mercredi / vous / faire du vélo _____

   _____

4. Vendredi / Nathalie / faire des courses _____

   _____

5. Samedi / tu / ne pas étudier _____

   _____

6. Dimanche / je / ? _____

   _____

D. **Les recommandations.** Using the chart of Club Med resorts on the next page, recommend a resort for the following people based on the information given about what they know and like to do. Indicate the name of the resort, then explain your choice using the example as a guide.

➲ Serge: parler japonais / golf *Sahoro.*
  Serge sait parler japonais et il fait du golf aussi.

	Indonésie	Espagne	Japon	Suisse	France	
	BALI	IBIZA	SAHORO	VILLARS/ OLLON	LA PLAGNE	L'ALPE D'HUEZ
Piscine	●	●	●	●	●	●
Tennis	●	●	●	●	●	●
Golf	●		●	●	●	
Arts appliqués	●			●		
Bicyclettes/ Vélo de cimes				●	●	●
Voile/rafting/ kayak	●	●			●	
Ski d'été						●
Promenades guidées en moyenne montagne				●	●	●
Tir à l'arc	●		●		●	●
Équitation					●	●

1. Mes frères: sport / marche _____

_____

2. Ma famille et moi: ski / vélo _____

_____

3. Ma cousine Sarah: parler allemand / la peinture _____

_____

4. Tu: tennis / golf _____

_____

5. Vous: parler espagnol / natation _____

_____

6. Je: parler français / ? _____

_____

Troisième étape

A. **Les passe-temps.** Complete the following sentences with the correct form of the verbs indicated.

1. J'adore faire de la natation. Je _____ nager tous les jours. Aujourd'hui je ne

   _____ pas parce que j'ai trop de travail. (vouloir, pouvoir)

2. Mes amis Thomas et Robert ne _____ pas faire de la natation, parce qu'ils ne

   _____ pas nager. (vouloir, savoir)

3. Mon amie Claire n'est pas sportive, mais elle _____ faire de la musique.

   Elle joue du piano et elle _____ apprendre à jouer de la flûte aussi. (savoir,

   vouloir)

4. Mon ami et moi, nous _____ bien jouer au tennis, mais nous ne

   _____ pas jouer ce week-end parce que nous _____ aller au

   cinéma. (savoir, pouvoir, vouloir)

5. Est-ce que tu _____ jouer au golf? Qu'est-ce que tu _____ faire ce

   week-end? Toi et tes amis, quand est-ce que vous _____ faire du sport? Le

   mercredi? Le samedi? (savoir, vouloir, pouvoir)

B. **À l'école.** Write sentences using the components given.

1. étudiants / prendre / rue Neuve pour aller à l'école _____

   _____

2. professeur / prendre le temps de / expliquer la leçon _____

   _____

3. Nous / comprendre bien / professeur _____

   _____

4. Je / apprendre / français _____

_____

5. Tu/ apprendre / parler / anglais _____

_____

6. Vous / ne pas comprendre / du tout? _____

_____

Quatrième étape

Lecture: Le dimanche des enfants

Avant de lire

1 What do French children do on a day off from school? Check the activities that seem probable to you.

a. _____ Ils sont acteurs/actrices dans une pièce (*play*).

b. _____ Ils vont au cinéma.

c. _____ Ils font un petit voyage.

d. _____ Ils jouent au Monopoly.

e. _____ Ils jouent de la guitare.

f. _____ Ils font du ski.

g. _____ Ils regardent la télé.

2 In French, list three or four activities that you enjoy doing on Sundays.

1. _____

2. _____

3. _____

4. _____

Enchanteur ou subi,° le dimanche des enfants

toléré

Grasse matinée° ou jogging à l'aube,° théâtre ou télé... que font les écoliers durant leur journée de liberté?

grasse... *sleeping in* / tôt le matin

Les rituels

Élève au lycée Michelet de Marseille, Élodie vient d'avoir 15 ans. Il y a deux sortes de dimanches, dit Élodie: ceux qui sont «banals et ternes° parce qu'on se repose». Et ceux qu'elle consacre à sa passion: le théâtre. Depuis l'âge de 7 ans, Élodie joue dans la troupe amateur du Lacydon. Pour elle, dimanche égale répétitions° et... représentation.° «C'est le seul jour de la semaine où tout le monde est disponible° en même temps. C'est un plaisir incomparable d'être sur scène et de sentir° le public qui vous regarde.» Le public évidemment est conquis° d'avance: ce sont les parents, la famille et les copains.

dull

rehearsals / performance
available
feel
conquered

Le charme discret des dimanches en province

Pour Olivia, 11 ans, «les dimanches, c'est la forêt, c'est s'échapper de Nice, c'est la liberté, c'est du temps pas compté». Sa famille se partage une vieille et grande maison de village en montagne.° «C'est comme des vacances, en bien trop court. Les parents oublient d'être sur notre dos° pour nous dire: "C'est l'heure, fais tes devoirs, dépêche-toi."°» Quelques «instantanés°», de ceux qu'elle racontera° à sa copine pendant le cours de français? «Les longues parties de Monopoly avec papa, les châtaignes° que l'on cherche sous les feuilles en automne, les confitures° de mamie.°» Et aussi «les petits matins glacés° d'hiver où l'on part,° encore mal réveillé,° les skis sur le dos.»

mountains
sur... *on our case*
hurry up/examples
 va raconter
chestnuts
jams / granny / icy
sets out / awake

J'sais pas quoi faire, vivement lundi!

Et puis, il y a les enfants qui s'ennuient,° parce que leurs parents travaillent, comme Obé, dont le papa est chauffeur de taxi, ou comme Csaba, qui regarde le sport à la télé, pendant que sa maman dirige° un théâtre. «Moi, mes parents veulent dormir,° et je n'ai pas le droit° de faire du bruit ou d'inviter des copines», regrette Nina. Alors, tout compte fait,° ces enfants-là préfèrent encore l'école au dimanche et attendent° le lundi avec impatience. Comme Mathieu, 13 ans, au collège Joffre de Montpellier. «Un dimanche sur quatre, je passe l'après-midi devant la télé. Pour tuer le temps, je zappe à la recherche d'un bon film. Mais il faut que le film soit bon, c'est-à-dire que ce soit un film d'action. Sinon, je regarde des cassettes: *Alien* I et II, *Terminator*.»

Flavie, 14 ans, déplore elle aussi les dimanches incolores. «C'est toujours pareil:° Canal Plus, famille, cousins... Voici un déjeuner typique chez mes grands-parents à Pantin: coquilles Saint-Jacques farcies,° gigot,° flageolets.° Trois heures à table, c'est long...»

are bored

directs
sleep / right
tout... *all in all*
wait for

la même chose
coquilles... *stuffed scallops / leg of lamb / beans*

Les enfants du divorce

Pour les enfants du divorce, comme Olivia, 13 ans, élève dans un collège de Saint-Bonnet-de-Mure dans le Rhône, l'année est rythmée par les dimanches avec papa et ceux avec maman. Ses parents sont séparés depuis à peine un an. Bien sûr, Olivia en a été perturbée, mais elle trouve au moins un intérêt à cette nouvelle situation. Ses week-ends ne sont plus, comme naguère,° synonymes d'ennui. «Maintenant, je fais deux fois plus de choses qu'avant. Le

avant

dimanche avec maman, on va au cinéma, et l'hiver, on fait du ski avec une association. Quand c'est le tour de papa, je l'accompagne à son club d'aviation.»

Musique, pique-nique et embouteillages

Dimanche, jour de la musique: «Je joue du piano tout l'après-midi et je ne m'en lasse° pas, raconte la très sérieuse Élisabeth. Surtout Beethoven et Chopin. *weary*
Mon prof dit qu'il faut que je joue encore plus et papa, qui est pianiste, corrige mes erreurs.» Dimanche, jour de pique-nique: «Ce qui est bien dans la forêt de Fontainebleau, c'est qu'on peut sortir de° table quand on veut», remarque Églantine. Dimanche et ses retours embouteillés: «Quand on revient de Trouville, y'a malheureusement plein de gens qui ont eu° la même idée que nous à la même heure.»

sortir... leave

ont... have had

Marie France, novembre 1993

En général

3 Skim the magazine article and list the possible activities given in activity 1 of **Avant de lire** that are actually mentioned in the reading.

_____

4 Skim the article a second time and choose the best ending for the following sentence:

Parmi (*among*) les dix enfants dans l'article...

a. _____ tous adorent le dimanche parce qu'il y a beaucoup à faire.

b. _____ tous adorent le dimanche parce que leurs parents organisent beaucoup d'activités pour eux.

c. _____ certains préfèrent l'école au dimanche parce qu'ils aiment étudier.

d. _____ certains préfèrent l'école au dimanche parce que leurs parents travaillent le dimanche et ils s'ennuient.

En détail

5 **Les mots.** Using logic and the context in which they occur in the reading, can you guess what the following words mean? They are listed in the order in which they appear. Choose the best English equivalent from the choices given.

Section: Les rituels

1. _____ banal   a. ordinary   b. baleful

2. _____ se reposer   a. to pose   b. to rest

Section: Le charme...

3. _____ s'échapper   a. to shop   b. to escape from

4. _____ court   a. short   b. long

Section: J'sais pas...

5. _____ tuer (le temps)   a. to tie   b. to kill

6. _____ incolores   a. colorless   b. colorful

Section: Les enfants...

7. _____ l'ennui   a. the enemy   b. boredom

Section: Musique...

8. _____ retours   a. returns   b. travels

9. _____ embouteillés   a. bottles   b. jammed

6   **Le texte.** For each of the children in the reading, list the activities that they do on Sundays. Note that some children do more than one activity.

1. Élodie _____

_____

2. Olivia (11 ans) _____

_____

3. Obé _____

_____

4. Csaba _____

_____

5. Nina _____

_____

6. Mathieu _____

_____

7. Flavie _____

_____

8. Olivia (13 ans) _____

_____

9. Élisabeth _____

_____

10. Églantine _____

_____

Et vous?

Complete the following sentences with your own ideas. In the first two, react to the school children in the magazine article. In the last item, describe at least four activities that you are going to do.

1. Je voudrais passer un dimanche avec _____

parce que _____

_____

2. Je ne voudrais pas aller chez _____

le dimanche parce que _____

_____

3. Ce dimanche, _____

_____

_____

_____

_____

CHAPITRE 5

À table!

. . . .

Première étape

A. **Les achats.** Help Odile save time. Rearrange her shopping list so that all items bought at the same store are grouped together.

riz
sel
pêches
tarte aux pommes
yaourt
carottes
biftecks
crevettes
fromage
croissants
jambon
thon
tomates
pâté
pain
homard
lait
gâteau
saucisses
rosbif

épicerie

_____

_____

_____

_____

_____

poissonnerie

_____

_____

boucherie

_____

_____

_____

charcuterie

_____

_____

_____

boulangerie-pâtisserie

_____

_____

_____

B. **Devinez.**   Find vocabulary items that match the following descriptions.

1. C'est un légume vert, mince et long. _____

2. C'est un dessert froid. Il y a des parfums (*flavors*) différents. _____

3. C'est un produit énergétique. On fait un sandwich avec ce produit. _____

4. C'est une boisson alcoolisée. Quelquefois elle est rouge, quelquefois blanche.

_____

5. C'est un fruit rond. Il est rouge ou vert ou jaune. _____

6. C'est un poisson qu'on trouve dans une salade niçoise. _____

7. À vous maintenant. Écrivez une devinette pour la classe.

_____

C. **Quels ingrédients?**   Say what ingredients you would buy to prepare the following items.
Choose from the following list of ingredients and add others if you wish.

salade	fromage	bœuf	lait	œufs	pommes de terre
thon	sucre	tomates	carottes	farine (*f.*) (*flour*)	oignons

⊃ Pour préparer un gâteau, j'achète *du sucre, du beurre, de la farine, du sel et du lait.*

1. Pour préparer un citron pressé, _____

_____

2. Pour préparer un ragoût (*stew*), _____

_____

3. Pour préparer une salade niçoise, _____

_____

4. Pour préparer une quiche, _____

_____

5. Pour préparer une tarte, _____

_____

6. Pour préparer une omelette, _____

_____

D. **Qu'est-ce qu'on boit?**   Say what the following people do and do not drink. Use the verb
boire and a form of the partitive article as in the example.

⟳ Moi / + café, vin / − chocolat
Moi, je bois du café et du vin. Je ne bois pas de chocolat.

1. Mes cousins / + Canada Dry, Perrier / − bière

_____

2. Ma sœur (Mon frère) / + lait, eau minérale / − coca

_____

3. Vous / + vin rouge, thé au citron / − limonade

_____

4. Toi / + jus de fruits, vin blanc / − citron pressé

_____

5. Mes amies et moi, nous / + coca, bière / − thé au lait

_____

6. Moi / + ? / − ?

_____

E. **Claire Bouffetout.**   Complete the following paragraph about Claire Bouffetout using the
appropriate *partitive* or *definite* article as required.

Claire est gourmande; elle adore manger. Chaque matin, elle prend _____ pain et

_____ beurre avant de manger _____ céréales. Comme boisson, elle a toujours _____

café au lait. Le matin vers dix heures, elle mange _____ tarte et boit _____ jus de fruits.

Claire aime surtout _____ déjeuner parce qu'elle aime beaucoup _____ légumes. D'habi-

tude elle prend _____ salade verte et une assiette de légumes: _____ petits pois, _____

haricots, _____ carottes ou _____ maïs. Claire ne mange pas _____ viande parce qu'elle

est végétarienne. Elle n'aime pas _____ bœuf ni _____ porc, mais quelquefois elle prend

_____ poisson. En général elle mange _____ fromage, _____ fruits et _____ dessert

(_____ glace, _____ mousse au chocolat, _____ gâteau). Comme boisson, elle boit

_____ eau minérale. Le soir, elle mange (un peu) moins. Elle prépare souvent _____

soupe, _____ quiche ou _____ pizza, ou bien elle prend _____ pâté et _____ pain ou

quelquefois _____ pâtes ou _____ riz. Elle aime beaucoup _____ coca ou _____

limonade. Bien sûr, elle aime aussi _____ dessert. Claire «bouffe tout!»

F. **Mangez au restaurant.**   Create dialogues in which you and two of your friends order the following meals. Vary the polite expressions you use to order.

1. (poulet / pommes de terre / bière); (rosbif / haricots verts / citron pressé); (poisson / maïs / café crème)

   — _____

   — _____

   — _____

2. (salade / saucisse / coca); (bifteck frites / carottes / vin rouge); (hamburger à l'avocat / frites / jus d'orange)

   — _____

   — _____

   — _____

3. (À vous d'imaginer!)

   — _____

   — _____

   — _____

Deuxième étape

A. **Mais non!**   David surveyed several classmates on their eating habits. By coincidence, they responded negatively to every question he asked. Read the questions that follow, then write a likely answer using the expressions **ne...pas, ne...plus,** and **ne...jamais.**

   ⟲ Tu manges encore avec ta famille?
   Non, je ne mange plus avec ma famille.

1. Tu bois du lait?

   _____

2. Tu prends souvent du homard?

_____

3. Tu manges des crevettes au petit déjeuner?

_____

4. Tu manges souvent dans des restaurants exotiques?

_____

5. Tu prends encore du thé au lait?

_____

6. Tu prépares encore du pain grillé?

_____

7. Tu paies souvent les repas de tes copains?

_____

8. Tu as encore le temps de prendre le petit déjeuner?

_____

B. **Combien de...**   Specify the quantities of the grocery items M. Jospin purchased today. Fill in the blanks using the following expressions: **douzaine, tranche, boîte, kilo, bouteille, litre, morceau, 500 grammes.** Use each expression only once.

     ⊃ _une bouteille de_ limonade

1. _____ œufs   5. _____ carottes

2. _____ fromage   6. _____ lait

3. _____ jambon   7. _____ roquefort

4. _____ vin   8. _____ petits pois

C. **Qu'est-ce qu'on mange chez vous?**   Compare your eating/drinking habits to those of the friends and family listed below. Decide what food items to compare and use **autant** (=), **moins** (−), and **plus** (+) as indicated.

     ⊃ (mère / =)   _Ma mère mange autant de légumes que moi._

1. (frère / +) _____

2. (cousins / −) _____

3. (meilleure amie / =) _____

4. (père / −) _____

5. (camarade de chambre / =) _____

6. (? / +) _____

D. **Opinions personnelles.**   Express a personal opinion on the items below using the adjectives indicated. Use all three types of comparisons: superiority, inferiority, and equality.

1. le homard et les crevettes (cher)

   _____

2. les plats préparés (la pizza, les sandwichs, etc.) et un repas traditionnel français (appétissant)

   _____

3. les fruits et les produits énergétiques (sain)

   _____

4. le bifteck et le saucisson (gras)

   _____

5. la glace au chocolat et le gâteau au chocolat (bon)

   _____

Troisième étape

A. **Paul Pressé.**   First look at the pictures below and on the next page and number them chronologically.

_____ faire les courses   _____ préparer le dîner   _____ regarder la télé

_____ prendre l'autobus

_____ acheter des légumes

_____ parler au téléphone;
oublier son dîner

_____ boire un café

Now write sentences in chronological order telling what Paul did last Saturday based on the pictures and verb cues.

1. _____

2. _____

3. _____

4. _____

5. _____

6. _____

7. _____

B. **Qu'est-ce qu'ils ont fait?**   Using the cues, write a statement in the passé composé telling what these people did yesterday.

1. Mamadou / faire les courses / supermarché

   _____

2. Jeanne et Pierre / acheter / légumes exotiques

   _____

3. Tu / ne pas manger / restaurant

   _____

4. Nous / prendre / poulet / comme plat principal

   _____

5. Vous / boire / vin blanc

   _____

6. Mes copains/ ne pas payer / mon dîner

   _____

C. **Et toi?**   What about you? Write two things you have done recently and two things you have not done. Use different verbs for each sentence.

1. _____

2. _____

3. _____

4. _____

D. **Expliquez.**   Try your hand at writing explanations about things, people, and places. Use the expressions on pages 199–200 in your text to help you describe the following items.

    ⊃ épicerie *C'est un magasin. Une épicerie est plus petite qu'un supermarché. C'est là où on achète des fruits, des légumes, et du lait, par exemple.*

1. un supermarché _____

   _____

2. un restaurant _____

_____

3. un dessert _____

_____

4. un plat principal _____

_____

5. une serveuse _____

_____

6. un chef de cuisine _____

_____

Quatrième étape

Lecture: Le cœur et la table

Avant de lire

1 Consider the title of the reading, «Le cœur et la table», and check the subject it most likely treats.

a. _____ un nouveau gâteau en forme de cœur

b. _____ une machine qui produit des tables

c. _____ une discussion de l'importance de la nourriture pour la santé

d. _____ la présentation d'un nouveau type de table plus confortable

e. _____ une discussion des restaurants qui offrent la «nouvelle cuisine»

2 Now read the subtitles of the two major parts of the reading. Which subject in the preceding list would you now choose?

_____

Le cœur et la table

Le vrai danger, c'est grignoter!

Selon les nutritionnistes, il est certain que ce n'est pas la qualité ni même la quantité de ce que nous mangeons qui importe, mais plutôt le grignotage. Ce qui est vraiment mauvais, c'est de manger n'importe quoi[1] à n'importe quel moment.

En France nous avons, après le Japon, les taux[2] de maladies cardio-vasculaires et d'obésité les plus bas du monde. Le secret de notre bonne santé ne dépend ni du vin ni du camembert, mais de nos repas réguliers et équilibrés. Avec les *fast-foods*, les plats tout préparés, les plateaux télé,[3] cet équilibre est menacé, surtout chez les adolescents. En effet, au lieu du repas familial traditionnel, ils préfèrent le hamburger-frites-coca avec les copains. Ils mangent ainsi de façon de plus en plus anarchique et risquent, comme les jeunes Américains, l'obésité et les accidents cardio-vasculaires. Les nutritionnistes les voient de plus en plus fréquemment en consultation. Ce n'est pas la faute des industriels, mais plutôt des parents qui ne sont pas assez vigilants.

——————
1. n'importe... *no matter what*
2. *rates*   3. les... *TV dinners*

Adapté de *Ça m'intéresse*, décembre 1993

Les 16 secrets de la cuisine du cœur

1. Limiter la viande à cinq repas par semaine.
2. Charcuterie ou frites une fois toutes les deux[1] semaines.
3. Éviter[2] les sauces, le gras de viande, les fritures.
4. Deux œufs par semaine.
5. Poisson trois fois par semaine.
6. Préférer le plus souvent la volaille[3] au bœuf.
7. Des céréales tous les jours.
8. Des légumes deux fois par jour (vitamines C et E, fibres).
9. Penser aux pommes (pectine).
10. Opter pour les laitages[4] à 20% de matières grasses.
11. Manger un peu de pain à tous les repas.
12. Limiter le beurre, ou le remplacer par une margarine.
13. Huile[5] d'olive, de tournesol,[6] de soja[7] en alternance.
14. Boire beaucoup d'eau.
15. Un verre de vin rouge de temps à autre.
16. Ne pas oublier l'ail...

——————
1. toutes... *every two*   2. *avoid*
3. *poultry*   4. produits du lait
5. *oil*   6. *sunflower*   7. *soybean*

Figaro Magazine, 4 décembre 1993

En général

3 Skim the magazine articles and choose the best ending for the following sentence.

Les nutritionnistes déclarent que pour la bonne santé on doit (*must*)...

a. _____ manger moins.

b. _____ éviter les fast-foods.

c. _____ éviter les œufs.

d. _____ éviter le vin.

e. _____ manger seulement trois fois par jour.

En détail

4 **Les mots**

A. **Mot-clé.** **Grignoter** is a key word in this text. Can you find its definition? What does it mean?

_____

What is its opposite?

_____

B. **Identifiez.** Read the magazine article and determine which of the phrases in the right-hand column best describe the people listed in the left-hand column.

1. _____ Les nutritionnistes

2. _____ Les jeunes Américains

3. _____ Les adolescents

4. _____ Les industriels

5. _____ Les parents

a. est/sont en danger.
b. n'est/ne sont pas coupables (*guilty*).
c. proclame(nt) le danger du grignotage.
d. doit/doivent être plus attentif(s).
e. est/sont gros.

5 **Le texte**

A. **Complétez.** Based on the reading, complete the following sentences with **plus, moins,** or **aussi.**

1. Les nutritionnistes disent (*say*) que grignoter est _____ dangereux que manger des aliments de mauvaise qualité.

2. Le taux de maladies cardio-vasculaires au Japon est _____ haut (*high*) qu'en France.

3. Le secret de la bonne santé des Français est la régularité de leurs repas _____ que la variété de leurs menus.

4. Les plats tout préparés sont _____ mauvais que les plateaux télé pour les adolescents.

5. Le repas familial traditionnel est _____ populaire que le fast-food avec des amis.

6. Les jeunes Français risquent d'être _____ obèses que les jeunes Américains.

7. On blame les industriels _____ que les parents.

8. On suggère qu'il faut manger _____ de beurre que de margarine.

9. Prenez _____ d'huile d'olive que de beurre.

10. Prenez _____ de volaille que de bœuf.

B. **Indiquez.** List below five foods you should have often and five foods you should avoid, according to the second part of the article.

1. prendre souvent: _____

_____

2. éviter: _____

_____

Et vous?

1. Compare your eating habits to those recommended in «Les 16 secrets de la cuisine du cœur». Write five sentences saying that you do or don't do as they prescribe. Use any of the following words.

plus   beaucoup   moins   autant

➲ *Je mange autant (moins) de poisson que l'article recommande.*

1. _____

2. _____

3. _____

4. _____

5. _____

2. Now write three sentences about your eating habits. Refer to both sections of the article.

➲ *Je ne prends jamais de plateaux télé.*

1. _____

2. _____

3. _____

CHAPITRE 6

Le temps et les passe-temps

Première étape

A. **Quel temps fait-il?** Based on the weather report below, say what the weather is like in the cities listed on page 72.

⊃ À Regina *il y a des nuages et il fait très froid. La température est entre moins sept et moins quatorze degrés.*

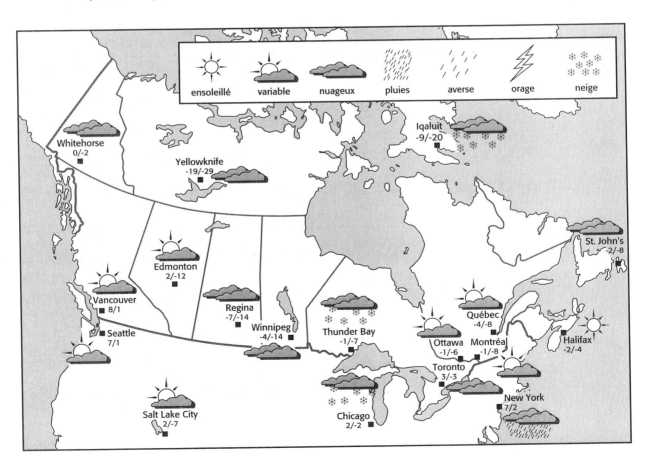

1. À Chicago _____

2. À Halifax _____

3. À Vancouver _____

4. À New York _____

5. À Iqaluit _____

B. **Associations.**   Refer to the expressions in your textbook used to talk about weather. Describe the typical weather pattern in your area for each of the seasons using the expressions you associate with that season. (You can also say what the weather is *not* like.)

1. Au printemps _____

   _____

   _____

2. En été _____

   _____

   _____

3. En automne _____

   _____

   _____

4. En hiver _____

   _____

   _____

C. **Où? Quand?**   Complete the sentences below, saying where the following people went and when they arrived, using conversational time.

   ⊃ Hier matin / professeur / à la fac / 8 h 45
   Hier matin, le professeur est allé à la fac. Il est arrivé à neuf heures moins le quart.

1. Samedi dernier / les Cartier / à une fête de mariage / 2 h

   _____

2. Hier après-midi / je / à mon examen d'histoire / 3 h 45

_____

3. Hier soir / mes amis et moi, nous / au concert / 8 h 30

_____

4. Ce matin / vous / à Genève / 10 h 20

_____

5. Hier soir / mon amie Claudine / au cinéma / 7 h 40

_____

6. Dimanche après-midi / tu / au musée / 1 h 15

_____

D. **Combien de temps?**   Complete the sentences saying how long the following people stayed in the places indicated and what time they returned home.

 Léopold / à la bibliothèque (8 h 15 – 8 h 40)
Léopold est resté vingt-cinq minutes à la bibliothèque. Il est rentré à neuf heures moins vingt.

1. Les étudiants / au restaurant universitaire (9 h 10 – 10 h)

_____

2. Tu / à la pâtisserie (9 h 45 – 10 h 05)

_____

3. Nous / à la banque (10 h 15 – 10 h 25)

_____

4. M. Achat / au supermarché (10 h 50 – 12 h)

_____

5. Vous / au café (12 h 30 – 1 h 45)

_____

6. Je / au musée (2 h 15 – 4 h 30)

_____

Deuxième étape

A. **Chassez l'intrus.** One word in each group cannot be used with the verb in parentheses. Identify which one and explain your response, using the subject indicated.

⊃ (voir) un film / un roman / une comédie / un drame
On *voit un film, une comédie, et un drame, mais on lit un roman.*

1. (dire) des bêtises / la vérité / les variétés / son opinion

Je _____

_____

2. (voir) des dessins animés / des bandes dessinées / des drames / des feuilletons

Nous _____

_____

3. (écrire) les sports / des lettres / des romans / des rapports

Vous _____

_____

4. (lire) le journal / une histoire / le journal télévisé / une publicité

On _____

B. **Un week-end pluvieux.** Danielle describes how she and her cousin spent a rainy week-end. Complete the paragraph in the passé composé, choosing from the verbs in the list. You may use a verb more than once, but you must use each verb at least once. (Attention! Some verbs use **être** and others use **avoir** as the auxiliary.)

voir	écrire	oublier	décider
aller	arriver	lire	comprendre
rentrer	rester	faire	apprendre
rater	commencer	préparer	

Quel mauvais temps! Patrick (1.) _____ vers 9 h 30 samedi dernier

sous la pluie. Impossible de faire du sport ou une promenade. Alors nous

(2.) _____ les critiques de films dans le journal et nous

(3.) _____ d'aller au cinéma. Nous (4.) _____ vers

15 h 45. Le film (5.) _____ à 16 h. Nous (6.) _____

Germinal—un excellent film! Après la séance, nous (7.) _____ au café

retrouver nos copains et prendre une boisson. Malheureusement nous

(8.) _____ l'heure, alors nous (9.) _____ deux heures

en retard. Mes parents (ne pas) (10.) _____! Ils n'étaient pas du tout

contents parce que nous (11.) _____ le dîner—et la fête de mon oncle

Georges! Conséquence? Le lendemain, je (12.) _____ à la maison et j(e)

(13.) _____ mes devoirs. J(e) (14.) _____ un rapport

pour mon cours de psychologie et j(e) (15.) _____ un examen d'anglais.

Et j(e) (16.) _____ à ne pas oublier l'heure!

C. **La compatibilité.** Christophe is looking for someone to share an apartment with him. Read his questions, and answer according to your own preferences and habits. Use a direct object pronoun in your response.

➲ Pavarotti est mon chanteur favori. J'adore la musique classique, et toi?
Bien sûr, je l'aime beaucoup. (or: Je ne l'aime pas du tout.)

—En plus, j'aime les films d'épouvante—et toi?

_____

—Par contre, je ne regarde jamais la télévision. Tu regardes souvent la télévision?

_____

—Moi, j'ai un abonnement au journal. Tu lis le journal tous les jours?

_____

—Moi, je ne sais pas cuisiner. Tu fais la cuisine peut-être?

_____

—Je suis un étudiant sérieux et je fais mes devoirs tous les soirs. Et toi?

_____

—Le week-end j'adore faire du sport. Et toi, tu aimes le sport aussi?

_____

D. **Un(e) étudiant(e) typique?**   The teacher wants to be sure you're keeping up with your work and that you understand the material well. Answer the following "teacher" questions using a direct object pronoun in your response. Don't forget to make agreement with the past participle when necessary.

1. Vous avez fait vos devoirs?

_____

2. Vous avez lu la leçon?

_____

3. Vous avez vu la vidéo?

_____

4. Vous avez compris les exercices?

_____

5. Vous voulez passer l'examen aujourd'hui?

_____

6. Vous voulez écrire votre rapport?

_____

7. Vous voulez aider vos camarades?

_____

8. Vous voulez écouter la cassette?

_____

Troisième étape

A. **Julien.**   Julien is such a nice guy that people sometimes wonder what he's up to. Write sentences saying what he does, did, or will do for others based on the cues that follow. Use **lui** or **leur** in your sentences.

    ⊃ sa sœur: acheter une glace hier
      Julien lui a acheté une glace hier.

1. son camarade de chambre: payer le dîner hier

_____

2. son amie: faire un cadeau la semaine dernière

_____

3. ses parents: téléphoner souvent

_____

4. ses professeurs: dire toujours bonjour

_____

5. sa grand-mère: aller écrire une carte postale demain

_____

6. ses copains: parler demain

_____

B. **Les habitudes des étudiants.**   Say whether you and your classmates usually do or don't do the activity mentioned. Use an object pronoun in your statement. (Be careful to distinguish between verbs requiring a direct object pronoun and those requiring an indirect object pronoun.)

> ⊃ regarder quelquefois *la télé*
> <u>*Oui, nous **la** regardons quelquefois.*</u>
> *or:* téléphoner souvent *au professeur*
> <u>*Non, nous ne **lui** téléphonons pas souvent.*</u>

1. regarder *les films français*

_____

2. lire *les bandes dessinées*

_____

3. écouter *la musique de Garth Brooks*

_____

4. écrire des lettres *à vos parents*

_____

5. parler de politique *à votre camarade de chambre*

_____

6. dire la vérité *à vos copains*

_____

7. comprendre *le français*

_____

8. poser des questions *au professeur*

_____

C. **Des invitations.**   Put the sentences of the following conversations in a logical order.

1. _____ Ça t'intéresse?

   _____ Je veux bien. Prenons ma voiture.

   _____ Il y a un match de hockey cet après-midi.

   _____ Bonne idée.

2. _____ Rendez-vous à six heures?

   _____ Allons au restaurant. Je t'invite.

   _____ Parfait.

   _____ Volontiers.

3. _____ D'accord.

   _____ Voudriez-vous aller au cinéma?

   _____ Une autre fois, alors?

   _____ Malheureusement, je n'ai pas le temps.

Quatrième étape

Lecture: La France et le sport

Avant de lire

1 This article discusses the success (or lack thereof) of the French in the world of sports. Certain key words of the article are very similar to English words. Try to guess the meaning of the words that follow.

1. nul _____   5. le vainqueur _____

2. la médaille _____   6. la Coupe (du monde) _____

3. la victoire _____   7. le sociologue _____

4. la revanche _____

Pourquoi sommes-nous nuls en sport?

Ils ont les muscles, ils ont le budget. Il ne leur manque que les médailles!

Jeux olympiques d'hiver

Pays le plus souvent vainqueur, la Norvège avec 26 médailles. Dernière victoire française, celle de Killy en 1968.

Tennis à Wimbledon

Vainqueur en 1993, Pete Sampras (États-Unis). Dernière victoire française, celle d'Yvon Pétra en 1946.

Course de 100 mètres

Vainqueur en 1993: Christie (Angleterre). La France n'a jamais été victorieuse.

Course de bateaux à voile, America's Cup

Vainqueur en 1992, les États-Unis. Créée en 1851, cette course n'a jamais été gagnée° par des Français.   *won*

Coupe du monde de football

Vainqueur en 1990, l'Allemagne. Créée en 1928, cette coupe n'a jamais été gagnée par la France.

Tour de France

Vainqueur en 1993, Indurain (Espagne). Depuis Bernard Hinault en 1985, aucun Français n'a gagné cette course de cyclisme.

Défaite en foot, absente en vélo, sans succès en rugby, inexistante en ski...

L'hiver a été favorable aux Norvégiens, vainqueurs sans conteste des derniers Jeux olympiques. Au Tour de France, les Espagnols prendront certainement leur revanche à moins que° Suisses ou Belges deviennent de sérieux concurrents. En juin, enfin, la Coupe du monde de football verra° peut-être triompher les Allemands, les Hollandais ou les Brésiliens.   *unless*   futur de **voir**

Et les Français, où sont-ils? Ils ne sont pas victorieux mais ils participent. Aux Jeux de Lillehammer,° notre pays s'est classé 17e. En football, pour la deuxième fois consécutive, nos représentants ont perdu leurs chances de gagner la Coupe du monde aux éliminatoires. Cette fois, c'est l'équipe d'Israël qui a ruiné leurs espoirs.

lieu des Jeux olympiques

Et en cyclisme et en rugby, deux sports qui ont longtemps rimé avec tricolore? Hélas, les derniers champions français commencent à avoir les cheveux blancs, Bernard Hinault et Serge Blanco, héros du cyclisme et du rugby, n'ont pas trouvés de successeurs. Yannick Noah au tennis non plus, d'ailleurs: sa victoire à Roland-Garros° remonte à 1983... Comme le temps passe!

site of the French Open

On pourrait se demander pourquoi nos sportifs sont moins bons que leurs concurrents anglais, allemands, italiens. Pourquoi, malgré° les 450 millions de francs français consacrés par le gouvernement aux sports, la France est-elle une petite nation sportive?

in spite of

Tout commence à l'école. À l'heure où les jeunes Français se plongent dans leurs devoirs d'histoire ou de mathématiques, leurs camarades anglais ou allemands jouent au foot ou au basket. Là-bas, le sport fait partie de l'éducation. Ici, trois heures par semaine sont consacrées à l'éducation physique au collège, et deux seulement au lycée. Ajoutons qu'il existe une cause plus profonde à nos échecs° successifs. Dans notre pays, le sport n'est pas considéré comme un instrument de promotion sociale, explique le sociologue Patrick Mignon. Chez nous, quand on veut réussir,° on compte sur les études, ce qui est peut-être signe de bonne santé de notre société...

failures

to succeed

Adapté de *Ça m'intéresse*, juin 1994

En général

2 Choose the best description for each paragraph of the article.

1. _____ «L'hiver a été favorable... »

2. _____ «Et les Français dans tout ça... »

3. _____ «Et en cyclisme... »

4. _____ «On pourrait se demander... »

5. _____ «Tout commence... »

a. les questions
b. les anciens champions français
c. les résultats des Français
d. les résultats des autres pays
e. la place du sport dans la société française

En détail

3 **Les mots**

A. **Optimiste ou pessimiste?** Decide if the following words used in the article reveal a positive (P) or negative (N) impression of the French in the sports world.

1. _____ perdu   5. _____ les champions   8. _____ seulement

2. _____ nul   6. _____ la victoire   9. _____ les échecs

3. _____ ruiné   7. _____ moins bon   10. _____ réussir

4. _____ Hélas

B. **Interprétez.** Using context and cognates, guess the meaning of the phrase «... dans ces deux sports qui ont longtemps rimé avec tricolore... ».

1. _____ in these two sports which flew a flag

2. _____ in these two three-colored sports

3. _____ in these two sports that were associated with the French flag

4 **Le texte.** Scan the reading, including the introductory statements, to find the answers to the following questions. Write your answers in the chart that follows. (You may not be able to fill in every blank.)

1. Identify the sports mentioned.
2. Identify, where possible, the name of a race, a tournament, or a game for each sport you have found.
3. Then identify the last time that the French won international competitions for specific sports.
4. Which French athletes are mentioned for the various sports?

le sport	la compétition	dates de victoires	athlètes
1.			Killy
2. tennis			
3.			
4.			
5.			
6.	Tour de France		
7.			

Et vous?

Imagine that you are a sports writer for your school newspaper. Choose a sport and write three or four sentences announcing an upcoming match and another three or four reporting about the match after the fact. Use expressions from Chapter 6 that indicate past and future time. Mention, for example, the day, the weather, the name of the two teams, the expected and actual outcome, and the reasons for the victory or defeat.

> ⊃ (Avant) _Demain, notre équipe de..._
> (Après) _La semaine dernière..._

1. _____

_____

_____

_____

_____

2. _____

_____

_____

_____

_____

CHAPITRE 7

Voyages et transports

. . . .

Première étape

A. **À l'agence de voyage.** Vous êtes agent(e) de voyage. Dans le tableau suivant vous indiquez les préférences de vos clients. Écrivez ces indications pour chaque client en phrases complètes à la page 84.

CLIENT	CHAMBRE						HÔTEL									
	1p.	2p.	3p.	4p.	sdb.	dche.	🏊	🚗	🛗	♿	📞	TV	☆	D.P.	S.R.	R.
Ahmed		X			X		X									X
Jean-Marc	X				X											X
Klein		X			X		X		X	X						
Saint-Paul		X									X				X	
Dupont			X			X	X	X						X	X	

Légende des abbréviations

sdb. = salle de bains

dche. = douche

🏊 = piscine

🚗 = garage

🛗 = ascenseur

♿ = chambres accessibles aux handicapés physiques

📞 = téléphone dans la chambre

TV = télévision dans la chambre

☆ = petit déjeuner

D.P. = demi-pension

S.R. = sans restaurant

R. = restaurant

Penn Golshan

➲ Mlle Ahmed: *Elle voudrait une chambre à deux personnes avec salle de bains. Elle préfère un hôtel avec un restaurant et un garage.*

1. Jean-Marc: _____

2. M./Mme Klein: _____

_____

3. Christine et Catherine Saint-Paul: _____

_____

4. M./Mme Dupont, fils Charles: _____

_____

Ⓑ **Lundi matin chez les Genet.** Monsieur Genet décrit le lundi matin typique dans sa famille. Complétez sa description en employant les éléments donnés.

1. Nous / ne pas dormir / tard

Nous ne dormons pas tard.

2. Ma femme / dormir / jusqu'à 6 h 30

Ma femme dort jusqu'à 6 h 30.

3. Les enfants / dormir / jusqu'à 7 h

Les enfants dorment jusqu'à 7 h.

4. Ma femme / servir / petit déjeuner / à 7 h 15

Ma femme sert petit déjeuner à 7 h 15.

5. 8 h / les enfants / partir pour l'école

À 8 h, les enfants partent pour l'école.

6. 8 h 15 / ma femme et moi, nous / partir aussi

À 8 h 15, ma femme et moi, nous partons aussi.

7. Et vous? Jusqu'à quelle heure / dormir?

À quelle heure / sortir?

Je dors jusqu'à six heures et demi.
Je sors à onze heures et demi.

C. **Habitudes.** Jacques fait un sondage sur les habitudes des étudiants. Répondez à ses questions par des phrases complètes.

1. Aimez-vous les repas qu'on sert au restaurant universitaire? Qu'est-ce qu'on a servi hier?

   Non, je ne l'aime pas. Hier, on a servi
   du jambon (le jambon?)

2. Qu'est-ce que vous servez quand vous avez des invités chez vous? _Quand nous avons_
   des invités chez nous, nous serrons du pain, de la salade,
   du vin rouge, et de la viande.

3. À quelle heure est-ce que vous partez pour vos cours d'habitude (*usually*)? Est-ce que

   vous êtes parti(e) à l'heure (*on time*) ce matin? _Je pars pour mes cours à_
   midi. Je suis partie à l'heure aujourd'hui.

4. Est-ce que vous dormez tard le samedi matin? Avez-vous dormi tard ce matin? _Non, je_
   ne dors pas tard le samedi matin. Non, je n'ai pas
   dormi tard ce matin.

5. Où allez-vous quand vous sortez le week-end? Avec qui êtes-vous sorti(e) le week-end

   passé? _Quand je sors le weekend, je vais à Bisbee ou_
   San Diego. Je suis sortie avec mon mari le week-end
   passé.

D. **Habiter en Tunisie.** En 1987, Sadia et son mari sont allés habiter en Tunisie. Décrivez sa vie depuis 1987 d'après les informations suivantes en employant les expressions de temps indiquées.

arriver en Tunisie	commencer ses études	stage d'été en France	terminer ses études	enseigner le français	présent
1987	1988	1990	1993	1994	199?

⊃ commencer ses études (il y a)
   Sadia a commencé ses études il y a ____ ans.

1. être en Tunisie (depuis) _Sadia est en Tunisie depuis douze ans._ →1987

2. arriver (il y a) _Elle est arrivée il y a douze ans._

3. étudier à la fac (pendant) _Elle a étudié à la fac pendant onze ans._

4. faire un stage en France (pendant) _Elle a fait un stage en France pendant_
   neuf ans.

5. terminer ses études (il y a) _Elle a terminé ses études il y a six ans._

6. trouver un poste (il y a) _Elle a trouvé un poste il y a cinq ans._

7. être professeur de français (depuis) _Elle est un professeur de francais depuis 1994._

Deuxième étape

A. **En vacances.** Qu'est-ce que vous aimez faire pendant les vacances? Souvent l'activité dépend de l'endroit. Complétez la liste d'activités possibles pour les endroits indiqués. (Regardez le vocabulaire à la fin du chapitre, pages 297–298, dans votre manuel de classe si vous voulez.)

@ the shore
1. Au bord de la mer ou d'un lac, on peut aller à la pêche, _faire de la natation,_ _faire une promenade, et faire du bateau._

2. Dans la forêt ou à la montagne, on peut faire du camping, _et faire une promenade à_ _pied ou en vélo._

3. Dans une grande ville, on peut visiter les vieux quartiers, _visiter des villes historiques,_ _visiter des musées, des églises, et des cathédrales,_

4. Moi, j'aime beaucoup _visiter des châteaux,_

_____

B. **Les grandes vacances.** Où ces étudiants vont-ils passer leurs vacances? Complétez les phrases avec les prépositions ou l'article qui conviennent. Placez un **X** dans l'espace si la préposition ou l'article n'est pas nécessaire.

1. _X_ Dakar est la capitale _du_ Sénégal où Izà va passer un mois cet été.

2. _Le_ Portugal est la destination de Monique et de ses amis. Après ça, ils vont aller _en_

   Espagne.

3. Kai pense aller _à_ Londres, mais il n'est pas sûr. S'il a assez d'argent, il va aller chez sa

   tante _au_ Japon.

4. Guy a de la chance! Il va passer un mois _à_ Chicago _aux_ États-Unis. _X_ Chicago

   est sa ville préférée!

5. Christine veut aller _au_ Danemark, _en_ Belgique et _aux_ Pays-Bas.

6. Alain a trouvé un travail d'été _en_ Israël.

7. Marc va voir sa cousine _à_ Guadalajara, _au_ Mexique.

8. Cet été, Bernard va _à_ Genève. Il va faire de l'alpinisme _en_ Suisse avec son ami

Patrice.

C. **De quel pays?**   D'où viennent les personnes suivantes? D'où reviennent-elles? Répondez selon les indications suivantes concernant leur pays d'origine et le pays dont elles reviennent.

⤴ Tu: Suisse/Maroc
Tu viens de Suisse. Tu reviens du Maroc.

1. Mme Lagarde: Luxembourg / Pays-Bas

   Elle vient du luxembourg. Elle revient des Pays-B...

2. Sadia et Karim Ahmed: Algérie / France

   Elles viennent d'Algérie. Elles reviennent de France.

3. Mes amis et moi, nous: Allemagne / Chine

   Nous venons d'Allemagne. Nous revenons de Chine

4. Tu: Canada / Philippines

   Tu viens du Canada. Tu reviens des Phillipines.

5. Vous: Brésil / Chili

   Vous venez du Brésil. Vous revenez du chili.

6. Je: ? / ?

   Je viens de France. Je reviens des Étas-Unis

Troisième étape

A. **Vacances.**   Complétez les phrases suivantes en employant les éléments donnés.

À l'école le jour avant les vacances...

1. Anne / ne pas répondre / questions du professeur

   Anne ne répond pas aux questions du prof.

2. Georges / ne pas entendre / ses questions

   Georges n'etend pas à ses questions

3. Les étudiants / attendre / vacances avec impatience!

_____ les étudiants attendent les vacances... _____

Pendant les vacances...

4. Ma famille et moi, nous / rendre visite / nos grands-parents

_____ Nous rendons visite à nos grand-parents _____

5. Thomas / perdre beaucoup de temps / aéroport

_____ Il perd beaucoup de temps à l'aéroport _____

6. Julie et Paul Martin / descendre / dans un hôtel au bord de la mer

_____ Ils descendent dans un hôtel au bord de la mer _____

7. Et vous? Attendre / les vacances avec impatience?

_____ Oui j'attend les vacances avec impatience _____

B. **Comment y aller?** Comment allez-vous aux endroits indiqués: en voiture? en avion? en train? en vélo? en bateau? à pied? Donnez toutes les possibilités logiques. Employez le pronom **y** dans vos réponses.

➲ au cinéma _J'y vais en voiture / à pied..._

1. à l'école _____ J'y vais en voiture. _____

2. au supermarché _____ J'y vais en voiture. _____

3. chez votre grand-mère _____ J'y vais en train _____

4. en Afrique _____ J'y vais en avion _____

5. au parc _____ J'y vais en vélo. _____

C. **Allons-y!** Pour trouver l'endroit parfait pour vos vacances, l'agent de voyage vous pose certaines questions. Répondez à ses questions en employant le pronom **y** dans vos réponses pour remplacer les mots en italique.

➲ Vous parlez français. Voudriez-vous aller _dans un pays francophone?_
Oui, je voudrais y aller.
ou: _Non, je ne voudrais pas y aller. (Je préfère...)_

1. Aimez-vous faire des promenades _sur la plage?_

_____ Oui j'aime y faire des promenades _____

2. Voulez-vous nager *dans l'océan?*

_____*Non je ne veux pas y nager.*_____

3. Avez-vous déjà fait du camping *à la montagne?*   *Je n'ai pas déjà fait du camping*
   Je n'y ai pas deja fait du campin

~~*Oui j'ai y fait du camping*~~
j'y ai fait déjà

4. Voudriez-vous descendre *à l'hôtel Bellevue au bord de la mer?*

_____*Oui je voudrias y descendre.*_____

5. Aimez-vous acheter des souvenirs *dans les magasins pour touristes?*

_____*Non je n'aime pas y acheter des souvenirs.*_____

6. Êtes-vous déjà allé(e) *en France?*

~~*Oui je suis y allée déjà.*~~
Oui je ~~~~ j'y suis déjà allée.

D. **Y? lui?** Complétez les mini-dialogues en employant le pronom **y** ou **lui**.

1. —Carole, tu as téléphoné à Claude?

   —Oui, je _lui_ ai téléphoné il y a dix minutes.

   —Il vient au restaurant?

   —Oui, oui, il _y_ va avec nous.

2. —Véronique, tu vas voir Marie-Claire demain?

   —Eh bien, oui. Je vais _lui_ rendre visite après mes cours.

   —Elle habite toujours près de la gare, n'est-ce pas?

   —Non, elle n(e) _y_ habite plus.

3. —Jean a encore raté son cours de français.

   —Mais il va au laboratoire, non?

   —Non, il n(e) _y_ va jamais. Je _lui_ ai dit de parler à son professeur.

   —Moi aussi, mais il ne veut pas _lui_ parler.

Quatrième étape

Lecture: Club Med en montagne

Avant de lire

1 Qu'est-ce qu'on fait dans une station de ski (*ski resort*) pendant l'été? Cochez toutes les réponses qui vous semblent probables.

a. _____ On joue au tennis.

b. _____ On fait du golf.

c. _____ On nage dans la piscine.

d. _____ On va en promenades guidées.

e. _____ On fait du ski.

f. _____ On fait du golf miniature.

g. _____ On fait de l'équitation (*horseback riding*).

h. _____ On fait de la voile (*sailing*).

i. _____ On fait de la musculation (*weight lifting*).

Tignes-Val Claret

Pour les mordus¹ de ski, il y a de la neige sur les glaciers! L'après-midi, tennis, piscine ou repos! Pour les amateurs de promenades, les montagnes majestueuses vous accueillent.² Neige d'été!

Village

Vous êtes en Savoie, dans «la» grande station du ski d'été, à 27 km de Bourg-St-Maurice. L'hôtel est situé au pied de la Grande Motte. Vous y trouverez un restaurant, un bar, une boutique, une piscine, un sauna.

Loisirs

Jeux de société,³ films vidéo en quatre langues sur grand écran, concerts enregistrés,⁴ discothèque, soirées Club.

Ski, golf, vélo, tennis, randonnées⁵... vous n'aurez que l'embarras du choix. Détente entre amis, ou en famille, au bord de la piscine.

Ski d'été

Vous skierez sans interruption jusqu'à 13 heures, entre 2 600 et 3 550 m,[6] sur le glacier de la Grande Motte. Si le ski d'été se pratique en tenue[7] légère, prévoyez[8] cependant un équipement chaud pour les jours de temps couvert.

Sports

Tennis: 4 courts en dur.[9] Petite salle de musculation. Gymnastiques variées: aérobic, stretching... Tir à l'arc.[10] Golf. Promenades à la découverte[11] de la faune, la flore, la géologie et l'habitat. Promenades guidées en moyenne[12] montagne.

Activités hors club

Voile. Pêche à la truite. Tir.[13] Équitation. Rafting.

Informations utiles

Températures et jours de pluie

	mai	juin	juil.	août	sept.	oct.
☀	12,2	15,5	18,2	17,6	14,8	10,4
〃	4,7	5,2	5	4,7	4	4

220 chambres à 2 lits avec salle de bains—quelques-unes de 3 et 4 lits pour les familles. Il existe également[14] des chambres individuelles avec douche. Les chambres ferment à clef et sont équipées de coffrets de sécurité.[15] Vous pourrez louer des skis au village.

_____

1. fanatiques   2. *welcome*   3. jeux... *parlor games*   4. *recorded*
5. promenades   6. 1 mètre = 39 inches   7. vêtements   8. *plan for*
9. en... *hard surface*   10. *archery*   11. *discovery*   12. *middle*
13. *rifle practice*   14. aussi   15. coffrets... *safes*

En général

2 Parcourez le texte une première fois. Parmi les possibilités notées dans **Avant de lire,** quelles activités trouvez-vous dans l'article?

3 Parcourez le texte une deuxième fois et cochez les renseignements que vous y trouvez.

a. _____ une description de Bourg-St-Maurice

b. _____ les heures où on peut faire du ski

c. _____ le prix des différents sports

d. _____ les activités organisées par le club

e. _____ les activités supplémentaires

f. _____ le nombre de jours de pluie en été

g. _____ une description de l'hôtel et des chambres

En détail

4 **Les mots**

A. **Devinez.** Quel est le sens des mots suivants? Écrivez l'équivalent anglais. Vous allez remarquer que les mots sont presque identiques dans les deux langues.

1. le repos _____

2. majestueuses _____

3. l'embarras _____

4. le choix _____

5. au bord de _____

6. situé _____

7. société _____

8. se pratique _____

9. couvert _____

10. variées _____

11. la faune et la flore _____

12. sécurité _____

B. **Soulignez.** Maintenant, soulignez au moins dix autres mots dans l'article qui sont semblables (ou identiques) en anglais et en français.

5 **Le texte**

A. **Renseignements.** Complétez les phrases suivantes d'après l'article.

1. Pour danser je peux aller _____.

2. Tignes–Val Claret est près de la ville _____.

3. Pour faire du shopping à l'hôtel il y a une _____.

4. Quand on fait des randonnées on peut découvrir _____

_____.

5. Tignes–Val Claret est dans la partie de la France qui s'appelle _____.

6. Certaines chambres ont des bains et d'autres des _____.

B. **Le temps.** Choisissez la meilleure façon de terminer cette phrase.

Quand on considère les mois de mai, juin, juillet, août, septembre et octobre...

1. _____ est le mois avec les températures les plus élevées.

2. _____ est le mois avec les températures les moins élevées.

3. _____ est le mois avec plus de cinq jours de pluie.

4. _____ est/sont le(s) mois avec un minimum de pluie.

Et vous?

1. En regardant les activités offertes à Tignes–Val Claret, décidez ce que vous voudriez y faire pendant un séjour d'une semaine.

jours	mes activités		
	matin	**après-midi**	**soir**
dimanche			
lundi			
mardi			
mercredi			
jeudi			
vendredi			
samedi			

2. Quand on écrit une carte postale, ce qu'on dit dépend de la personne à qui on écrit. Le langage et les faits mentionnés peuvent varier beaucoup. Imaginez que vous avez passé une semaine magnifique à Tignes–Val Claret. D'abord, écrivez une carte postale à une personne âgée que vous avez rencontrée en France, puis une carte à votre meilleur(e) ami(e).

Chère madame,   Cher (chère) _____,

_____   _____

_____   _____

_____   _____

_____   _____

_____   _____

_____   _____

CHAPITRE 8

Les relations humaines

Première étape

A. **Il était une fois...** Mme Lagarde décrit sa jeunesse. Complétez les paragraphes suivants en employant l'imparfait des verbes indiqués.

       faire   rester   passer   aller

Dans ma famille, on _____ beaucoup de temps ensemble. Nous

_____ des travaux ménagers le samedi matin, et l'après-midi, nous

_____ quelquefois au parc ou au musée. Pendant la semaine, nous

_____ en général à la maison.

       regarder   écrire   avoir   lire   préférer

On _____ des goûts différents. Le soir, j(e) _____ des bandes

dessinées alors que mes sœurs _____ des rapports pour leurs cours. Quelquefois,

j(e) _____ des variétés ou des dessins animés avec mes sœurs, mais elles

_____ les feuilletons.

       être   aimer   partager   avoir   dire

La vie n(e) _____ quand même pas parfaite. Nous _____ de temps

en temps des disputes, comme tous les enfants. Parce que mes sœurs _____ plus

âgées, elles n(e) _____ pas jouer avec moi, et elles n(e) _____ pas leurs

affaires avec moi non plus. Elles _____ que j(e) _____ trop jeune.

faire   passer   jouer   écouter

Alors, par pitié, maman et Thierry, mon petit frère, _____ aux cartes avec

moi, ou nous _____ de la musique à la radio. En somme, j(e) _____

des heures à m'amuser, mais à huit heures tous les soirs, chaque enfant _____ ses

devoirs!

B. **En vacances!**   Quand elle était petite, Christine et sa famille passaient cinq semaines
chaque été à Amboise dans le Val de Loire en France. Regardez les renseignements touristiques sur la région (page 97), puis essayez d'imaginer ce qu'ils faisaient. En employant l'imparfait des verbes donnés, écrivez plusieurs possibilités.

➲ *(faire) Ils faisaient des promenades.*

1. (faire) _____

_____

_____

2. (jouer) _____

_____

_____

_____

3. (visiter)_____

_____

_____

_____

4. (?) _____

_____

_____

_____

FRANCE VAL DE LOIRE

TOURAINE

Jardin de la France

Amboise

37400 INDRE-ET-LOIRE

Séjour préféré des rois de France

ACTIVITÉS

Pêche en rivière

Nautisme
Canoë-kayak
Centre Charles-Péguy
Île d'Or

Tennis
Île d'Or
Centre Charles-Péguy

Promenades aériennes
-Aérodrome de Dierre, tél. (47) 57-93-91.
-Montgolfières - Promenades au-dessus des châteaux
 (Amboise, Chenonceaux)

Campings
CAMPING DE L'ÎLE D'OR ** - Tél. 57-23-37 - Bord de Loire
(1.200 campeurs)

Ne manquez pas de visiter

L'HÔTEL DE VILLE (XVIᵉ): Abrite des documents et œuvres d'art
relatifs à l'histoire de la ville d'Amboise.

CHAPELLE SAINT-JEAN: Édifice de la fin du XIIᵉ siècle. Belle
architecture intérieure du style angevin Plantagenêt.

ÉGLISE SAINT-FLORENTIN: Édifice du XVᵉ siècle entièrement
remanié à l'intérieur.

ÉGLISE DU BOUT-DE-PONTS: Édifice du XVIᵉ siècle.

CHÂTEAU: Moyen Âge. Renaissance. Nombreux événements et
souvenirs historiques. Tél. (47) 57-00-96.

CLOS-LUCE: Manoir du XVᵉ. Lieu où vécut et mourut Léonard de
Vinci. Monument privé. Tél. (47) 57-62-88.

C. **Ah, je comprends...** Gilles parle à Bruno de ses relations avec son amie et avec sa famille. Bruno répond en répétant ce que Gilles lui dit. Lisez ce que Gilles dit, puis écrivez la réponse de Bruno en choisissant parmi les verbes suivants.

se parler	ne pas s'ennuyer	se retrouver
se téléphoner	(ne pas) s'entendre (bien/mal)	se voir
s'amuser	se disputer	se comprendre

⮑ Julie et moi, nous avons de bonnes relations.
  Alors, vous vous entendez bien!

1. —Je téléphone tous les jours à mon amie. _____

   —_____

2. —Elle me comprend, et je pense que je la comprends aussi. _____

   —_____

3. —Nous avons rendez-vous au café ce soir. _____

   —_____

4. —Je vois ma famille le week-end.

   _____

5. —De temps en temps nous avons des disputes.

   —_____

6. —Mais la vie en famille n'est jamais ennuyeuse.

   —_____

D. **À l'âge de neuf ans...** Comment étiez-vous quand vous aviez neuf ans? Écrivez des phrases en employant l'imparfait des verbes indiqués.

1. être _____

   _____

2. avoir _____

   _____

3. vouloir _____

_____

4. s'amuser à _____

_____

Deuxième étape

A. **L'homme de ses rêves.** Caroline a rencontré l'homme de ses rêves. Lisez sa conversation avec sa copine Marianne. Complétez les phrases avec **qui** ou **que.**

—Alors, qui est cet homme de tes rêves?

—Pierre? Mais c'est l'homme (1.) _____ j'ai rencontré le mois dernier chez Claude et

Annette.

—Ah bon. Dis-moi, comment est-il?

—Alors, c'est un homme (2.) _____ aime s'amuser, (3.) _____ m'écoute, et

(4.) _____ je comprends parfaitement.

—Il semble exceptionnel!

—Eh oui, c'est un homme (5.) _____ n'est pas du tout égoïste et (6.) _____ tout le

monde trouve charmant.

—Et tes parents, que pensent-ils de cet homme (7.) _____ tu aimes tant (*so much*)?

—Voilà le problème. Il n'y a que mes parents (8.) _____ ne l'aiment pas!

B. **Et vous?** Décrivez l'homme/la femme idéal(e) pour vous.

Pour moi, l'homme/la femme idéal(e) c'est quelqu'un qui _____

_____

En plus, c'est quelqu'un que _____

_____

C. **Un copain fauché** (*broke*).   Votre camarade de chambre, Théo, n'a jamais d'argent et il vous demande constamment des «petits services». Répondez à ses questions en employant les pronoms **me, te, vous** et **nous.** Êtes-vous généreux, très généreux ou *trop* généreux?

⊃ Tu m'aides à trouver un cadeau pour Carole?
   Mais oui, je t'aide à trouver un cadeau!

1. Je peux te demander un petit service?

   _____

2. Tu me prêtes 100 F?

   _____

3. Tes parents vont nous payer notre loyer (*rent*) ce mois-ci?

   _____

4. Ils vont nous acheter à manger?

   _____

5. Tu me prêtes tes disques compacts?

   _____

6. Tu nous invites au restaurant ce soir, Carole et moi?

   _____

D. **Des plaintes** (*complaints*).   Les étudiants se plaignent, les parents se plaignent, tout le monde se plaint de temps en temps. Regardez les tableaux suivants et écrivez les plaintes des étudiants et du père. Ensuite, jouez le rôle des professeurs et du fils qui se défendent. Répondez en employant le pronom d'objet direct ou d'objet indirect **(me, te, nous, vous)** qui convient.

Plaintes des étudiants au sujet de leurs professeurs	Défense des professeurs
⊃ parler toujours en français	apprendre à parler français
1. poser trop de questions	aider toujours à répondre
2. donner trop de devoirs	donner de bonnes notes
3. ?	?

⊃ —*Vous nous parlez toujours en français.*
—*Oui, mais nous vous apprenons à parler français!*

1. _____

_____

2. _____

_____

3. _____

_____

Plaintes du père concernant son fils	Défense du fils
⊃ ne jamais téléphoner	apprécier beaucoup
4. ne pas écrire	dire toujours la vérité
5. ne jamais rendre visite	aimer beaucoup
6. ?	?

⊃ —*Tu ne me téléphones jamais.*
—*Oui, mais je t'apprécie beaucoup!*

4. _____

_____

5. _____

_____

6. _____

_____

Troisième étape

A. **L'amitié.** D'après les personnes suivantes, qu'est-ce que c'est que l'amitié? Composez des phrases pour répondre en employant un pronom tonique et en choisissant parmi les verbes indiqués.

se comprendre	partager ses idées (avec...)	s'amuser (ensemble)
pleurer (ensemble)	avoir les mêmes goûts	?

⊃ les étudiants
Pour eux, l'amitié c'est s'amuser ensemble.

1. vos parents _____

_____

2. votre sœur/frère _____

_____

3. votre camarade de chambre _____

_____

4. vos copains et vous _____

_____

5. vous _____

_____

B. **Le bonheur c'est la famille.** Votre camarade de chambre vous pose des questions sur les photos de famille que vous lui montrez. Répondez selon les indications données en employant un pronom tonique.

⊃ —C'est ton père? (oui)   —*Oui, c'est lui.*
—C'est ta mère? (non, tante)   —*Elle? Non, Ça, c'est ma tante.*

1. —C'est ton oncle Georges? (oui)   — _____

2. —Ce sont tes grands-parents? (oui)   — _____

3. —C'est ta sœur Lise? (non, cousine Anne)   — _____

4. —C'est ton frère? (non, cousin Paul)   — _____

5. —Ça, c'est toi avec tes parents? (oui)   — _____

C. **Des problèmes.** Caroline est très compréhensive (*understanding*) et elle donne souvent de bons conseils à ses soeurs, Aimée et Marianne. Lisez leurs plaintes, et jouez le rôle de Caroline en faisant des suggestions. Employez des expressions comme **avoir besoin, devoir, il faut,** etc.

   1. Aimée:

   Mes relations avec mon ami Étienne ne sont pas bonnes.

   _____

   _____

   Je ne suis pas bonne en français et je me sens découragée.

   _____

   _____

   Je veux voyager au Canada cet été, mais je n'ai pas assez d'argent.

   _____

   _____

   2. Marianne:

   Maman et papa ne me comprennent pas.

   _____

   _____

   Je n'ai pas assez de temps pour faire tous mes devoirs.

   _____

   _____

   Je m'ennuie.

   _____

   _____

Quatrième étape

Lecture: Sortir de sa solitude

Avant de lire

1 Quand vous pensez à un article du magazine *20 Ans* intitulé «Je ne connais personne» (*I don't know anyone*), quelles sont les images qui vous viennent à l'esprit? Cochez les suggestions appropriées.

Quand on ne connaît personne...

a. _____ on se sent populaire.

b. _____ on a des difficultés à se faire une carrière.

c. _____ on se sent seul.

d. _____ on n'a pas de partenaires pour jouer aux cartes.

e. _____ on s'apitoie (*feels sorry for oneself*).

2 Pour connaître des gens et remédier à sa solitude, que peut-on faire? Donnez cinq suggestions.

1. _____

2. _____

3. _____

4. _____

5. _____

Je ne connais personne!

Les gens se disent toujours: «Comment vaincre° ma solitude, me faire des relations et réussir brillamment dans la vie, puisque° je ne connais personne?» Rien n'est plus facile que de faire connaissance, surtout avec des gens qu'on ne connaît pas.

to conquer
since

Pourquoi connaître des gens?

Il y a très exactement trois raisons majeures de vouloir connaître des gens:

1. On se sent seul. On va de sa table de cuisine à sa table de salon. On se réveille le matin en ne se disant pas même bonjour. On ne s'appelle jamais au téléphone.

2. On veut faire carrière dans un métier° où il vaut mieux connaître des gens. Et on ne connaît personne.   *job*

3. On voudrait faire une partie de cartes parce que le Game Boy n'a plus de piles.°   *batteries*

Comment connaître des gens?

Leçon N° 1: Ne pas s'apitoyer.   Non. Car rien ne sert de s'apitoyer, il faut partir à temps.[1] Et en forme, frais et dispo.° Car ce n'est pas en pleurant sur son sort° qu'on va l'améliorer.°   *alert*
fate / improve

Leçon N° 2: Être gentil(le), faire des efforts.   Car il faudra finir par vous l'avouer:° si vous ne connaissez personne, alors que les autres en connaissent, c'est qu'il doit bien y avoir des raisons. Peut-être égoïste, ou trop indépendant(e), ou pas assez poli(e). Il faut donc y remédier.   *acknowledge*

Leçon N° 3: Mettre toutes les chances de son côté.   Et déjà, apprendre à jouer aux cartes. Ne serait-ce que pour se faire remarquer.° Car il est clair que les gens qu'on ne remarque pas, on ne les remarque pas. Donc, s'habiller° joliment, sentir° bon, et être de très bonne humeur.°   *se... get noticed*
dress
smell / bonne...
good mood

Leçon N° 4: Sortir de chez soi.   C'est évident, mais tout le monde ne semble pas en être conscient. Il y a par exemple des gens qui vous disent «Ah mais c'est incroyable, je ne rencontre jamais personne!» et qui ne sont pas sortis de chez eux depuis juin 1987.

Leçon N° 5: Se regrouper à plusieurs.°   *several*
  1. *Les clubs de sport,* réputés pour la solidité de leurs membres. Relationnellement parlant surtout.
  2. *Les boîtes de nuit.* En choisir une, arriver à y entrer, et y aller tous les soirs. Au bout de quelques semaines, si vous avez évité la dépression nerveuse, on ne vous désemplira° plus.   *on ne vous laissera plus seul(e)*
  3. *Les partis politiques.* Parce que beaucoup de leurs adhérents sont désœuvrés° les liens entre eux n'en sont que renforcés.°   *idle / plus forts*
  4. *Les amicales.°* Amis du beaujolais, de l'andouillette°...   *groupes qui ont un intérêt commun / sausage*
  5. *Les communautés spirituelles minoritaires.* Si la franc-maçonnerie, ou la Témoignerie de Jéhovah, ou la Scientologie, ou l'Adventisme du 7e jour vous attirent.
  6. *Les colonies de vacances.*
  7. *Les transports en commun.*
  8. *Les croisières aux bahamas.*
  9. *L'armée.*
  10. *Les manifestations dans la rue.*

20 ans, N° 23, mai 1994; pages 90–91

_____

1. **Rien ne sert de...** Expression that parallels a famous French proverb: **«Rien ne sert de courir, il faut partir à temps.»** (*It is useless to run, you have to leave on time.*)

En général

3 Parcourez le texte une première fois. Parmi les possibilités que vous avez notées dans **Avant de lire**, activité 2, quelles suggestions avez-vous trouvées?

_____

4 Parcourez le texte une deuxième fois et choisissez la meilleure façon de terminer la phrase.

On a recommandé aux gens qui ne connaissent personne...

a. _____ d'apprendre à jouer aux cartes, de ne pas être polis et de s'engager dans l'armée.

b. _____ de devenir plus indépendants et égoïstes, de bien s'habiller et d'aller en colonies de vacances.

c. _____ de sortir souvent, d'apprendre à jouer aux cartes et d'aller où il y a beaucoup de monde.

d. _____ de sentir bon, de participer aux manifestations dans la rue et d'acheter une belle maison.

En détail

5 **Les mots.** Devinez le sens des mots en caractères gras d'après le contexte ou en utilisant ce que vous savez des verbes pronominaux. Trouvez l'équivalent anglais dans la liste de droite.

1. _____ Les gens **se disent** toujours...

2. _____ Il y a ... trois raisons **majeures** de vouloir connaître des gens...

3. _____ On **se réveille** le matin...

4. _____ On ne **s'appelle** jamais au téléphone.

5. _____ **s'habiller** joliment

6. _____ **se regrouper** à plusieurs

a. say to themselves
b. to form a group
c. important
d. calls oneself
e. to dress oneself
f. wakes up

6 **Le texte.** Répondez aux questions suivantes, selon le texte.

1. Pourquoi le Game Boy n'est-il pas bon pour connaître des gens?

   _____

2. À quels traits de personnalité faut-il remédier?

   _____

3. Quelles sont les deux raisons données pour apprendre à jouer aux cartes?

   _____

4. Dans les groupes suivants, qu'est-ce qui aide les gens à se rencontrer?

   a. les clubs de sport _____

   b. les boîtes de nuit _____

   c. les partis politiques _____

   d. les amicales _____

   e. les communautés spirituelles minoritaires _____

Et vous?

A. Répondez aux questions suivantes.

1. Quand est-ce que vous vous sentez seul(e)? _____

   _____

2. Quelle carrière voulez-vous exercer? Est-ce qu'il faut connaître des gens pour cette

   carrière? Qui? Pourquoi? _____

   _____

   _____

3. Qu'est-ce que vous faites pour rencontrer des gens? _____

   _____

B. Imaginez que vous êtes journaliste et que vous répondez chaque mois aux lettres de vos lecteurs. Ce mois-ci vous allez répondre à une lettre de Paul, qui dit qu'il ne connaît personne. Écrivez vos suggestions à Paul.*

Cher Paul,

_____

_____

_____

_____

_____

_____

_____

_____

*Remember that journalists express themselves directly and in very few words due to the cost of space in publications. When writing as a journalist (even in a letter format), be sure to use a succinct style.

CHAPITRE 9

Les souvenirs

Première étape

A. **À l'étranger.** Hélène, une jeune Française, décrit sa première journée dans une univer-sité américaine où elle est venue passer un an. Complétez sa description avec le passé com-posé ou l'imparfait des verbes entre parenthèses.

Je me souviens bien de mon premier jour à la fac. J(e) (1. avoir) _____ un

peu peur parce que j(e) (2. être) _____ loin de ma famille et je n(e) (3. avoir)

_____ pas d'amis. Le campus (4. être) _____ très joli, mais très grand

aussi, comme une petite ville. Et il y (5. avoir) _____ beaucoup d'étudiants—

20 000 personnes! Pour m'inscrire aux cours, j(e) (6. aller) _____ au gymnase où

j(e) (7. attendre) _____ pendant deux heures avec beaucoup d'autres étudiants.

Pendant ce temps j(e) (8. faire) _____ la connaissance d'une jeune Américaine,

Janine. Elle (9. être) _____ très gentille, et je lui (10. poser) _____ des

questions au sujet du «système» américain. Elle m(e) (11. apprendre) _____

beaucoup de choses, et elle m(e) (12. inviter) _____ à sortir avec elle en disant,

«*I'll call you*». Je l(e) (13. remercier) _____ parce que j(e) (14. être)

_____ très contente d'avoir une nouvelle copine!

Après ça, j(e) (15. aller) _____ à la librairie universitaire où j(e) (16. acheter)

_____ mes manuels de classe. J(e) (17. avoir) _____ besoin de neuf manuels différents, et j(e) (18. trouver) _____ que les prix (19. être)

_____ exorbitants. Après, j(e) (20. avoir) _____ faim alors j(e)

(21. déjeuner) _____ au restaurant universitaire. La plupart des étudiants

(22. rire) _____ et (23. bavarder) _____ avec leurs copains en

mangeant des hamburgers, et moi, j(e) (24. être) _____ toute seule! Puis j(e)

(25. faire) _____ une petite promenade parce qu'il (26. faire) _____ si

beau—mais toujours toute seule. À la fin de la journée j(e) (27. commencer)

_____ à me sentir un peu triste et solitaire. Beaucoup d'étudiants que je ne con-

naissais (know) pas m(e) (28. dire) _____ «hello» en passant. Ça me (29. sembler)

_____ un peu superficiel parce que personne ne m(e) (30. vraiment parler)

_____. Ma camarade de chambre n(e) (31. être) _____ pas encore là

et j(e) (32. vouloir) _____ vraiment parler à ma famille.

Pour ce qui est de Janine—je ne l(e) (33. revoir jamais) _____ (*never saw her*

again). Plus tard, j(e) (34. apprendre) _____ que «*I'll call you*» n'est pas vraiment

une invitation. Il faut s'habituer aux coutumes différentes quand on habite à l'étranger,

n'est-ce pas?

B. **Le 24 décembre.** Qu'est-ce que la famille Robert a fait le 24 décembre? Pour chaque personne, écrivez une phrase au passé composé pour dire ce que la personne a fait et une autre
phrase à l'imparfait pour décrire quelles étaient les circonstances.

⊃ Mariette (s'amuser; être heureuse)
Mariette s'est amusée. Elle était heureuse.

1. Papa (dormir; être fatigué)

_____

2. Mariette (jouer avec son ours en peluche; attendre Noël avec impatience)

_____

3. Éric (écouter ses disques compacts; vouloir voir sa petite amie)

_____

4. Maman (écrire des cartes de Noël; avoir besoin de se reposer)

_____

5. La grand-mère (préparer le déjeuner; être contente)

_____

C. **Des excuses.** Pourquoi est-ce que ces étudiants n'ont pas bien préparé leur examen de français? Tout le monde a des excuses différentes. Complétez les phrases en employant le passé composé ou l'imparfait des verbes indiqués.

—Nous avons un examen? Moi, je ne (1. savoir) _____ pas!

—Et moi, j(e) (2. savoir) _____ ce matin seulement. Je (3. ne pas pou-

voir) _____ préparer parce que j(e) (4. avoir) _____

mes autres cours.

—Claude et moi, nous (5. ne pas pouvoir) _____ comprendre la

différence entre le passé composé et l'imparfait.

—Moi, je (6. devoir) _____ étudier avec André, mais j(e) (7. devoir)

_____ travailler tard au magasin et après j(e) (8. être)

_____ trop fatiguée.

—J(e) (9. avoir) _____ de la chance (*got lucky*). On m'a donné un billet

pour aller au concert, alors je (10. ne pas avoir) _____ le temps de bien

préparer l'examen.

—Béatrice n'a pas d'excuses. Elle (11. ne pas vouloir) _____ étudier!

Deuxième étape

A. **Classifions.** Classifiez les mots et les expressions suivants selon les usages indiqués.

une peluche	un passeport	un jeu vidéo	un ballon
Merci mille fois	Bonnes vacances	un jouet	C'est très aimable
Bon voyage	Bon anniversaire	Bonne année	le Jour d'action de grâces
le Ramadan	une valise	Noël	Vous êtes trop gentil
Hanoukka	une poupée		

1. Pour parler des jours de fête: *le Ramadan...* _____

2. Pour souhaiter: _____

3. Pour parler des cadeaux: _____

4. Pour remercier: _____

5. Pour parler des voyages: _____

B. **Que dire?** Écrivez une expression appropriée pour souhaiter, féliciter ou remercier les personnes indiquées dans les situations suivantes.

1. C'est le premier janvier et vous rencontrez une camarade de classe. _____

_____

2. C'est l'anniversaire de votre camarade de chambre. _____

3. Votre copain part pour la France. _____

4. Votre professeur vous félicite pour votre bon travail. _____

5. Votre petite sœur a eu la meilleure note de sa classe. _____

6. Vos grands-parents vous font un joli cadeau. _____

7. Votre frère vous remercie pour le CD que vous lui prêtez. _____

_____

8. Votre copine va passer un examen important dans dix minutes. _____

_____

C. **Questions, opinions.**   C'est la saison des fêtes de fin d'année. Jacques pose des questions à son père, à ses petites sœurs et à son frère aîné. Complétez les dialogues en ajoutant les questions qui conviennent et les réponses de la personne interrogée.

⮑   —*À quoi est-ce que tu penses?*
    —À la dinde farcie!
    —*Qu'est-ce que tu penses de la dinde farcie?*
    —*Moi, je l'aime beaucoup (pas du tout, etc.).*

1. —Papa, _____

    —Aux repas de fêtes!

    —_____

    —_____

2. —Brigitte, _____

    —Au Père Noël!

    —_____

    —_____

3. —Nathalie, _____

    —Aux cadeaux de Noël!

    —_____

    —_____

4. —Édouard, _____

    —À ma petite amie!

    —_____

    —_____

Troisième étape

A. **Connaître.** Formez des phrases en employant les éléments suivants pour indiquer qui connaît bien certaines régions francophones.

1. Édith / connaître bien / Polynésie française

   _____

2. Lionel et Mathieu / connaître / Québec

   _____

3. Ma famille et moi, nous / connaître bien / Louisiane

   _____

4. Je / ne pas connaître du tout / Côte d'Ivoire

   _____

5. Vous / ne pas connaître / Paris

   _____

6. Mais tu / reconnaître / photos de Paris

   _____

B. **Connaître ou savoir?** Simone et André discutent le voyage d'un copain, Édouard. Complétez le dialogue avec la forme convenable du verbe **connaître** ou du verbe **savoir**.

—Tu (1) _____ Édouard?

—Oui.

—Tu (2) _____ qu'il part pour le Maroc?

—Oui, mais je ne (3) _____ pas pourquoi. Je (4) _____ qu'il va y

passer deux mois.

—C'est vrai. Et il ne (5) _____ pas parler arabe!

—Mais il peut l'apprendre. Et tu ne (6) _____ pas qu'on parle français aussi au

Maroc? D'ailleurs, Édouard (7) _____ des gens qui habitent à Rabat, et eux, ils

(8) _____ les coutumes marocaines.

—Moi, je ne (9) _____ pas du tout le Maroc. Je ne (10) _____ même

pas exactement où ce pays se trouve.

—Tu ne (11) _____ pas que c'est un pays nord-africain et que le Maroc est une

ancienne (*former*) colonie française?

—Euh... maintenant je le (12) _____.

—Tu ne (13) _____ pas l'écrivain Tahar Ben Jelloun?

—Ah oui, je (14) _____ son roman *Les Yeux baissés*. Et maintenant je

(15) _____ qu'il est marocain!

C. **Un homme difficile.** Michel est un homme difficile. Il a passé ses vacances en Italie, mais il n'est pas content. Rien ne lui plaît. Jamais! Imaginez et écrivez ses réponses aux questions suivantes en employant **ne... jamais** et **ne... personne**.

➲ À qui est-ce que tu as rendu visite?
Je n'ai rendu visite à personne.

1. Qu'est-ce que tu as mangé d'intéressant? _____

_____

2. Avec qui est-ce que tu es sorti? _____

_____

3. Alors, tu as rencontré des gens intéressants? _____

_____

4. Mais qui t'a parlé? _____

_____

5. Alors qu'est-ce qui t'intéressait? _____

_____

6. Tu as écrit des cartes postales, n'est-ce pas? À qui? _____

_____

7. Qu'est-ce que tu as appris en voyageant? _____

_____

Quatrième étape

Lecture: Comment choisir vos vacances?

Avant de lire

1 Quand vous faites des projets de vacances, comment choisissez-vous votre destination et vos activités? Vous allez lire un questionnaire qui va vous aider à choisir. Quelles questions poseriez-vous à un(e) ami(e) qui fait des projets de vacances? Écrivez-en cinq.

⊃ *De quand datent tes dernières vacances?*

1. _____

2. _____

3. _____

4. _____

5. _____

De quel type de vacances avez-vous besoin?

Les meilleures vacances sont celles qui vous font plaisir.
Ce test vous aidera à choisir ce qui vous convient le mieux.

1. Quel âge avez-vous?
  a. Moins de 20 ans.
  b. Entre 20 et 30 ans.
  c. Entre 30 et 40 ans.
  d. Entre 40 et 60 ans.
  e. Plus de 60 ans.

2. Votre travail est-il surtout
  a. Physique?
  b. Sédentaire avec beaucoup de stress?
  c. Sédentaire, modérément stressé?

3. Faites-vous du sport?
  a. Oui, plusieurs fois par semaine.
  b. Occasionnellement.
  c. Non, rien ne vaut[1] la chaise longue.

4. Vivez-vous en couple actuellement?
  a. Oui.
  b. Non.

5. Avez-vous des enfants de moins de dix-huit ans?
  a. Oui, plusieurs.
  b. Oui, un seul.
  c. Non.

---

1. *There's nothing like*

6. Dormez-vous bien la nuit?
   a. Oui.
   b. Ça dépend.
   c. Non.

7. Quel est votre menu habituel?
   a. Peu de calories (poisson grillé).
   b. Rapide (steak-salade).
   c. Exotique (poulet au curry).
   d. Traditionnel (cassoulet[2]).

8. Qu'est-ce que vous buvez le plus souvent pendant la journée?
   a. Eau.
   b. Café ou thé.
   c. Vin ou bière.

9. Est-ce que vous fumez?
   a. Oui.
   b. Non.

10. Quel est votre moyen de transport habituel?
   a. Le vélo.
   b. Le métro ou le bus.
   c. La voiture.

11. Avez-vous facilement mal quelque part?
   a. Nulle part.[3]
   b. Aux jambes.[4]
   c. À la tête.[5]
   d. Au ventre.[6]
   e. Partout.[7]

12. Quelle est votre position favorite?
   a. Ça m'est égal.[8]
   b. Debout.[9]
   c. Assis.
   d. Couché.[10]

13. De quand datent vos dernières vacances?
   a. Moins de trois mois.
   b. Entre trois et neuf mois.
   c. Plus de neuf mois.
   d. Je ne m'en souviens pas.

14. Quel est votre loisir préféré pendant l'année?
   a. Gymnastique.
   b. Jardinage.
   c. Sortie avec des amis.
   d. Lecture.
   e. Soirée télé.

Comptez vos points
Pour chaque réponse: **a.** 1 point; **b.** 2 points; **c.** 3 points; **d.** 4 points; et
e. 5 points

Entre 14 et 25 points, vous avez besoin de...

Vacances super actives   Des activités extrêmes vous permettront de vous épanouir° physiquement et psychologiquement. Mais apprenez à connaître vos limites et à ne pas les dépasser.° De toute façon, une bonne préparation est indispensable. N'hésitez pas à passer chez le médecin pour un check-up avant de partir. Si vous partez loin, commencez vos vacances par quelques jours de récupération pour vous adapter au changement d'heure et de climat. Mais ne paniquez pas. Vous êtes en forme et vous le resterez.

to blossom
to exceed

Entre 26 et 37 points, vous avez besoin de...

Vacances modérément actives   Même si votre forme physique n'est pas parfaite, vous commencerez l'été dans de bonnes conditions. Profitez de vos vacances pour devenir plus actif. Pas besoin de faire du rafting ou de la plongée.° Simplement faites un peu de gym tous les matins pour gagner pro-gressivement en souplesse.° Autres possibilités: le vélo, le tennis, la natation. Essayez de faire une de ces activités tous les jours. Prenez des repas réguliers et équilibrés. Enfin, gardez ces bonnes résolutions à la rentrée.

scuba diving
flexibility

---

2. *rich casserole with meat and beans*   3. *nowhere*   4. *legs*   5. *head*
6. *abdomen*   7. *everywhere*   8. *I don't care*   9. *standing*   10. *lying down*

Entre 38 et 49 points, vous avez besoin de...

Vacances découvertes   Votre forme physique n'est pas formidable et une activité trop énergique risque de vous fatiguer. Pourquoi ne pas aller à la découverte d'un nouveau pays? Si vous partez loin, prenez le temps de vous adapter aux conditions locales: changement d'heure, de climat, de régime alimentaire. Suivez les conseils de votre médecin en matière de prévention (nourriture, soleil, insectes). Et en cultivant l'esprit, n'oubliez pas de cultiver votre corps. Sortez parfois de votre voiture et explorez à pied.

Entre 50 et 57 points, vous avez besoin de...

Repos absolu   Vous êtes sur le point de craquer. Attention, le moindre effort superflu peut vous rendre malade. Vos vacances doivent être l'occasion de recharger vos batteries. Profitez du soleil... à l'ombre. Passez le plus de temps possible à l'horizontale. Prenez des repas réguliers et équilibrés et faites quelques petites promenades. Attention aux changements d'horaire, de climat, de régime alimentaire! Cela risque de vous fatiguer encore plus.

En général

2 Parcourez le test pour vérifier quelles questions vous avez anticipées dans la section **Avant de lire**. Cochez celles qui correspondent.

3 Remplissez le questionnaire et comptez vos points. D'après les résultats, quelles vacances vous conviennent le mieux?

_____

4 Relisez la partie de l'article qui suit le test. Quel est le critère principal d'après lequel l'article décide du type de vacances qui convient? Cochez la bonne réponse.

a. _____ intérêt culturel

b. _____ activités préférées

c. _____ préférences gastronomiques

d. _____ forme physique

En détail

5 **Les mots**

A. **Les adjectifs.**   Devinez d'après le contexte le sens des adjectifs en caractères gras. Écrivez l'équivalent anglais.

1. Des activités **extrêmes** vous permettront de vous épanouir. _____

2. Une bonne préparation est **indispensable.** _____

3. Prenez des repas **réguliers** _____ et **équilibrés.** _____

4. Votre forme physique n'est pas **formidable.** _____

5. Allez à la **découverte** d'un nouveau pays. _____

6. Attention! Vous êtes très fatigué. Vous avez besoin d'un repos **absolu.** _____

7. Ne faites pas d'effort **superflu!** _____

B. **Les adverbes.** Pouvez-vous deviner le sens des adverbes suivants? À quel adjectif correspondent-ils? (Il se trouvent tous dans l'explication des scores.)

⊃ physiquement *physique*

1. psychologiquement _____   3. simplement _____

2. modérément _____   4. progressivement _____

6 **Le texte.** Complétez les phrases suivantes en choisissant la réponse appropriée.

D'après l'article on recommande...

1. pour des vacances super actives

  a. _____ de voir un médecin.

  b. _____ de dépasser vos limites.

2. pour des vacances modérément actives

  a. _____ de faire un stage de rafting ou de plongée.

  b. _____ de faire de l'exercice physique tous les jours.

3. pour des vacances découvertes

  a. _____ de visiter une région connue.

  b. _____ de visiter un pays inconnu.

4. pour des vacances de repos absolu

  a. _____ de changer ses habitudes alimentaires.

  b. _____ de recharger ses batteries.

Et vous?

Quelles étaient les meilleures vacances d'été que vous avez passées récemment? Était-ce avec la famille? des ami(e)s? dans une grande ville? à la plage? à la campagne? Écrivez un paragraphe qui décrit un de vos meilleurs souvenirs de vacances.

1. D'abord, choisissez le souvenir et identifiez-le en quelques mots.

   _____

2. Donnez un titre à votre paragraphe. _____

3. Faites une liste de verbes qui disent ce qui s'est passé et quelles étaient les circonstances (sentiments, temps, etc.).

Qu'est-ce qui s'est passé?   *Quelles étaient les circonstances?*

_____

_____

_____

_____

_____

4. Maintenant, écrivez votre paragraphe.

_____ (titre)

_____

_____

_____

_____

_____

_____

_____

CHAPITRE 10

La vie de tous les jours

. . . .

Première étape

A. **Au Tchad.** Décrivez une journée typique du petit frère de Larmé. Choisissez parmi les verbes suivants. Employez chaque verbe une seule fois.

se coucher	se dépêcher	se fâcher
s'intéresser	se laver	se lever
se réveiller	s'habiller	se reposer

1. Zoua n'aime pas dormir tard. Il _____ de bonne heure.

2. D'habitude, il _____ tout de suite.

3. Ensuite il _____ et quand il fait chaud il

   _____ en short (*shorts*).

4. Il (ne pas) _____ pour aller aux champs parce qu'il (ne pas)

   _____ beaucoup au travail.

5. Papa _____ quand il arrive en retard aux champs.

6. Après le travail des champs, il _____ avec les hommes.

7. Le soir, il _____ quand il fait trop noir pour y voir.

B. **Samedi, une journée typique?**   Hier, samedi, les personnes suivantes en ont eu marre (*got fed up*) de la routine quotidienne. Indiquez si elles ont fait ou n'ont pas fait les choses indiquées. Attention à l'accord des participes!

⊃ Sophie / se réveiller à six heures du matin
Sophie ne s'est pas réveillée à six heures du matin.

1. Patrick et Patricia / s'habiller en short

_____

2. Mon (Ma) camarade de chambre et moi, nous / nous lever de bonne heure

_____

3. Mon professeur / se dépêcher

_____

4. Vous / vous laver les cheveux

_____

5. Tu / te brosser les dents

_____

6. Je / m'intéresser à mes études

_____

7. Les enfants / se coucher de bonne heure

_____

8. Tout le monde / se reposer

_____

Deuxième étape

A. **Vêtements.**   Monsieur et Madame Dujardin vont faire des achats pour leurs enfants. Lisez les descriptions données, puis suggérez au moins cinq vêtements dont chaque enfant aura besoin (*will need*).

1. Julien a 19 ans. Il vient d'avoir (*just passed*) son bac. L'année prochaine il va faire un stage aux États-Unis. Il va étudier l'anglais dans une université dans l'Orégon.

   Je suggère: _____

   _____

2. Denise a 24 ans. Elle vient de trouver un poste dans une maison d'édition (*publishing house*). La compagnie est à Montréal.

   Je suggère: _____

   _____

3. Charles a 10 ans. Il va bientôt aller en colonie de vacances où il espère faire du sport: du foot, du basket, du tennis. La colonie est près d'un lac, alors il va pouvoir nager aussi.

   Je suggère: _____

   _____

B. **Le temps et les vêtements.**   Complétez les phrases suivantes avec la bonne forme du verbe **mettre** et des vêtements appropriés selon la météo ou la saison.

1. Il va pleuvoir aujourd'hui, alors Claude _____

   _____

2. Quand il fait moins de 0 degrés, les étudiants _____

   _____

3. Au printemps, tu _____

   _____

4. En été je _____

   _____

5. S'il fait très, très chaud, mes copains et moi, nous _____

   _____

6. Et vous? Est-ce que vous _____

_____en automne?

C. **Qu'est-ce que je mets?**   Votre camarade de chambre est un étudiant d'échange du Togo. Il vous demande toujours conseil au sujet de ses vêtements parce qu'il ne connaît pas très bien les coutumes américaines. Répondez à ses questions en employant l'impératif du verbe **mettre** à l'affirmatif ou au négatif selon le cas. Si vous employez le négatif, suggérez un autre vêtement.

⟳ Pour me promener dans le parc, je mets mon costume?
Non, ne le mets pas! Mets ton jean!

1. Pour aller en cours, je mets ma cravate?

_____

2. Pour aller au centre commercial, je mets mes chaussures habillées?

_____

3. Pour aller au gymnase, je mets mon jogging?

_____

4. Pour sortir avec des copains, je mets mes tennis?

_____

5. Pour jouer au basket, je mets mon polo?

_____

6. Pour aller à un mariage, je mets ma veste?

_____

Troisième étape

A. **Vocabulaire: les parties du corps.**   Testez votre mémoire. Écrivez les noms des parties du corps indiquées sur le dessin, puis corrigez vos réponses. Ensuite comptez vos points— un point pour chaque réponse correcte. Quelle note avez-vous?

18–20 points: excellent
15–17 points: très bien
13–15 points: satisfaisant
10–12 points: insuffisant

1. _____

8. _____

2. _____

3. _____

4. _____

5. _____

9. _____

6. _____

10. _____

7. _____

11. _____

15. _____

16. _____

12. _____

17. _____

13. _____

14. _____

19. _____

18. _____

20. _____

B. **Grossir ou maigrir?** Lisez ce que les personnes suivantes prennent habituellement. Décidez s'ils grossissent ou maigrissent en prenant les aliments ou les boissons mentionnés.

⊃ Caroline: du beurre / du thé au citron
Elle grossit quand elle prend du beurre. Elle maigrit quand elle boit du thé au citron.

1. les étudiants: des hamburgers et des frites / de l'eau minérale

_____

2. le professeur: de la salade / du gâteau

_____

3. toi: de la mousse au chocolat / de la tarte au citron

_____

4. moi: des carottes / des tacos et des chips

_____

5. nous: de la glace au chocolat / une pomme

_____

6. vous: des desserts / des légumes

_____

C. **Les gens disciplinés.** Indiquez ce que font et ce que ne font pas les gens qui sont disci-plinés. Ensuite comparez-les aux autres personnes mentionnées. Font-elles les mêmes choses ou non?

> ⊃ choisir des desserts au chocolat (les gens disciplinés)
> *Les gens disciplinés ne choisissent pas de dessert au chocolat!*
> (je) *Moi, je choisis toujours des desserts au chocolat.*
> *ou: Moi non plus, je ne choisis pas de dessert au chocolat.*

1. ne pas grossir pendant les vacances

(les gens disciplinés) _____

(mon copain) _____

(je) _____

2. réussir à faire de l'exercice tous les jours

(les gens disciplinés) _____

(ma famille et moi, nous) _____

(vous) _____

3. finir vite leurs devoirs

(les étudiants disciplinés) _____

(mes camarades de classe) _____

(je) _____

4. choisir des cours importants

(les étudiants disciplinés) _____

(mon/ma camarade de chambre) _____

(je) _____

Quatrième étape

Lecture: L'origine du pantalon

Avant de lire

1 Depuis quand porte-t-on des pantalons? Pouvez-vous deviner la réponse? La réponse est-elle différente pour les femmes et pour les hommes?

a. les femmes _____

b. les hommes _____

Depuis quand porte-t-on des pantalons?

C'est vers 2500 avant Jésus-Christ qu'on commence à porter le pantalon dans les steppes de Russie et du sud de l'Europe où monter à cheval° était une nouveauté. Les cavaliers nomades adoptent ce vêtement flottant qui se ferme à la cheville° par une courroie° pour être plus à l'aise à cheval. Les Grecs près de la mer Noire et les Perses suivent la mode scythe.° Par contre, dans l'antiquité, les Romains portent la toge et considèrent le pantalon comme signe de barbarie.

Le vêtement est donc ancien, mais le mot est plus récent. Pantalon est le nom d'un personnage de la *commedia del arte* très en faveur au temps de la Renaissance en Italie et en France. Ce personnage, un vieillard dupé, portait des culottes longues. Au XVIe siècle, le roi Henri III, qui s'intéresse beaucoup à la mode, imite le costume des comédiens italiens et essaie de faire adopter le pantalon en France. Celui-ci reste une excentricité des nobles. En 1789, lors de la Révolution, les «sans-culottes°» abandonnent la culotte bouffante s'arrêtant au genou portée par les aristocrates et adoptent le pantalon large.

Après 1793, celui-ci est remplacé par le pantalon collant porté avec des bottes. Dorénavant, les hommes porteront le pantalon. Bien qu'au XIXe siècle quelques pionnières, comme l'écrivain George Sand, fassent scandale en adoptant ce vêtement, les femmes ne commenceront vraiment à porter le pantalon que vers 1920 sous la forme du «pyjama de plage».

horse

ankle / strap
russe

révolutionnaires

En général

2 Parcourez l'article une première fois pour comparer vos réponses dans la section **Avant de lire** avec celles données dans l'article.

3 Choisissez le titre qui convient le mieux à l'article parmi les choix suivants.

a. _____ L'origine du mot «pantalon»

b. _____ L'histoire du pantalon: le vêtement et le mot

c. _____ L'histoire du pantalon depuis l'ère chrétienne

d. _____ Les Grecs: inventeurs du pantalon

En détail

4 **Les mots.** Pouvez-vous deviner le sens des mots apparentés suivants? Vous les trouverez dans l'article dans l'ordre donné.

1. les steppes _____

2. adoptent _____

3. flottant _____

4. la toge _____

5. la barbarie _____

6. dupé _____

7. une excentricité _____

8. les pionnières _____

9. le scandale _____

5 **Le texte.** Complétez le tableau d'après les renseignements donnés dans l'article.

Date	Groupe/endroit	Usage du pantalon
2500 av. J.-C.		portent des pantalons pour être à l'aise à cheval
av. J.-C.	les Grecs de la mer Noire et les Perses	
av. J.-C.	l'ouest de l'Europe: les Romains	
	Henri III	
1789		portent le pantalon large
	les aristocrates	
	les hommes; George Sand	
vers 1920		portent le pyjama de plage

Et vous?

Pensez à un vêtement qui vous rappelle des souvenirs particuliers. Écrivez un paragraphe où vous racontez ces souvenirs. D'abord décrivez le vêtement et la période de votre vie dont il s'agit. Puis, racontez vos souvenirs et les sentiments que vous y associez. Voici quelques suggestions pour commencer vos phrases.

Quand j'avais (j'étais)...

Je me souviens toujours de (du)...

_____

_____

_____

_____

_____

_____

_____

CHAPITRE 11

Plans et projets
· ·

Première étape

A. **Devinette: les professions.** Devinez le nom des professions correspondant aux descriptions qui suivent. Écrivez le nom de toutes les professions qui correspondent. Ajoutez **un** ou **une** pour indiquer le genre.

1. Une personne qui aide les malades: _____

2. Un reporter: _____

3. Un professeur: _____

4. Une personne qui travaille dans une usine (*factory*): _____

5. Une personne qui travaille pour le gouvernement: _____

6. Un chef dans un restaurant: _____

7. Une personne qui vous prête ou ne vous prête pas d'argent: _____

8. Une personne qui vous aide à préparer votre déclaration d'impôts (*taxes*): _____

   _____

9. Une personne qui vous aide dans un magasin: _____

10. Une personne qui est directeur (-trice) d'une société: _____

B. **Un job commun?**   Regardez les résultats du sondage suivant, puis complétez les phrases en indiquant ce que les jeunes français entre 15 et 25 ans ont l'intention de faire dans l'avenir. Employez les verbes et les expressions suivantes: **espérer, compter, avoir l'intention de, avoir envie de, vouloir.**

Quels sont les secteurs professionnels que vous préférez?

le commerce et l'artisanat	14%
les médias et la publicité	13%
la mode	10%
une activité artistique	10%
l'informatique	9%
la santé	7%
la recherche scientifique	7%
l'espace	6%
l'administration	6%
l'aide sociale	6%
l'enseignement	5%
l'armée	4%
l'industrie	4%

⟹ 5% _espèrent travailler dans l'enseignement._

1. 9% _____

2. 13% _____

3. 14% _____

4. 10% _____

5. 7% _____

6. Moi, j(e) _____

C. **L'avenir lointain ou l'avenir proche?**   Alexis aime rêver de l'avenir lointain. Sa sœur, Marina, a plutôt l'esprit pratique et pense en général à l'avenir proche. Lisez leur conversation, et complétez-la avec le futur simple des verbes entre parenthèses.

ALEXIS: Moi, quand j(e) (1. avoir) _aurai_ trente ans, j(e) (2. être)

serai agent de publicité et je (3. gagner) _gagnerai_ beaucoup

d'argent. Je (4. travailler) _travaillerai_ avec des gens célèbres—des acteurs,

des actrices, des millionnaires... Je (5. monter) _monterai_ vite dans la com-

pagnie. Je (6. devoir) _devrai_ voyager souvent pour vendre les produits

de mes clients. J(e) (7. aller) _irai_ partout en Europe, en Afrique, en

Amérique du Nord et du Sud. Je (8. pouvoir) *pourrai* visiter toutes les

capitales du monde. Quand j'en (9. avoir) *aurai* marre de travailler, je

(10. ne plus travailler) *ne travaillerai plus*. Je (11. faire) *ferai* des

achats ou je (12. m'amuser) *m'amuserai* avec des gens riches.

MARINA: Peut-être, mais demain il te (13. falloir) *faudra* chercher un travail

d'été. Tu (14. lire) *liras* les petites annonces, tu (15. demander)

demanderas un entretien, tu (16. remplir) *rempliras* un formulaire

et—si tu as de la chance—tu (17. être) *seras* embauché. Tu ne

(18. gagner) *gagneras* pas beaucoup d'argent, mais tu (19. travailler)

travailleras dur. C'est ça la réalité quand on a dix-sept ans!

Deuxième étape

A. **L'avenir.** Parlez de l'avenir en composant des phrases qui utilisent les éléments donnés. Mettez les verbes au futur.

⊃ Quand ma copine / avoir son bac / ?
Quand ma copine aura son bac, elle étudiera à la fac.

Quand
Dèsque > f.s. + f.s.

1. Quand mes copains / avoir trente ans / ?

Quand ils auront trente ans, ils auront des enfants.

2. Quand ma sœur (mon frère) / finir ses études / ?

Quand elle finira ses études, elle ira en France.

3. Quand tu / aller au Québec / ?

Quand tu iras au Quebec, tu me donneras un cedeau

4. Dès que je / parler bien le français / ?

Dès que je parlerai bien le francais, je serai heureuse.

5. Dès que ma famille et moi, nous / avoir le temps / ?

Dès que ma famille et moi, nous aurons le temps, nous nous rendrons visite.

6. Dès que vous / réussir à trouver un poste / ?

Dès que vous réussirez à trouver un poste, vous ~~pouv~~ acheterez un timbre.

Chapitre 11 Workbook Activities **133**

B. Si... Marie-Christine essaie d'expliquer au professeur pourquoi elle a dépensé son argent pour des billets de loterie au lieu d'acheter son manuel de classe. Elle dit que c'est une bonne façon d'apprendre le français! Pour comprendre sa logique, enchaînez les verbes suivants selon l'exemple.

P + f.s.

    a. acheter beaucoup de billets de loterie
    b. gagner à la loterie
    c. être riche
    d. abandonner mes études
    e. pouvoir voyager
    f. aller en France
    g. rencontrer des Français
    h. apprendre à parler français

    ➲ (a–b) *Si j'achète beaucoup de billets de loterie, je gagnerai à la loterie.*

1. (b–c) _Si je gagne à la loterie, je serai riche._
2. (c–d) _Si je suis riche, j'abandonnerai mes études._
3. (d–e) _Si j'abandonne mes études, je pourrai voyager._
4. (e–f) _Si je peux voyager, j'irai en France._
5. (f–g) _Si je vais en France, je rencontrerai des Français._
6. (g–h) _Si je rencontre des Français, j'apprendrai à parler français._

C. Tout! Lucien discute des problèmes dans la compagnie où il travaille. Pour comprendre les problèmes, complétez le paragraphe avec une forme de l'adjectif **tout,** avec le pronom **tout,** ou avec une expression avec **tout.**

(1.) _Tout_ va mal dans notre compagnie. (2.) _Tous_ les employés

passent (3.) _toute_ la journée—de huit heures à six heures—à travailler. Et

(4.) _tous_ les samedis en plus. C'est trop! Maintenant (5.) _tout le monde_ est

stressé, et il y a (6.) _tous les jours_ des disputes à cause du stress. (7.) _Tout le monde_

veut réussir—et pas demain mais (8.) _tout de suite_! C'est dommage, mais

(9.) _toutes_ ces ambitions nous rendent (*make us*) malades.

Troisième étape

A. L'égalité? Qualifiez les phrases suivantes en employant des adverbes formés sur les adjectifs donnés. Ensuite indiquez si c'est probablement le député libéral ou le député conservateur qui a dit chaque phrase.

⊃ (sûr) On peut parler d'égalité entre les hommes et les femmes aujourd'hui.
   On peut sûrement parler d'égalité entre les hommes et les femmes aujourd'hui.
   (député conservateur)

1. (absolu) Les femmes sont les égales des hommes dans le monde professionnel.

   Les femmes sont absolument les égales

2. (évident) Le pouvoir économique et politique est réservé aux hommes. *Évident ~~ment~~ évidemment*

   Le pouvoir économique et politique est évidemment ~~réservé~~ réservé

3. (fréquent) Ce sont les hommes qui dirigent les grandes entreprises. *fréquent ~~mment~~*

   Ce sont des hommes qui dirigent fréquemment les grandes...

4. (difficile) Les femmes montent dans les entreprises.

   Les femmes montent difficilement dans les entreprises

5. (général) Les femmes gagnent moins que les hommes.

   Les femmes gagnent généralement moins...

6. (malheureux) Il y a très peu de femmes au Parlement français.

   Il y a malheureusement très peu de femmes...

7. (vrai) Il faut beaucoup de temps pour changer les institutions et les mentalités.

   Il faut vraiment beaucoup de temps...

B. Au contraire! Joseph et Gérard ont des opinions opposées au sujet de l'avenir. Gérard est optimiste tandis que Joseph est plutôt pessimiste. Complétez leur dialogue en ajoutant des expressions pour garder ou prendre la parole et pour interrompre. Variez les expressions autant que possible.

tandis que = while
plutôt = rather
autant que = as much that

GÉRARD: Pour réussir, il faut avoir un diplôme universitaire.

JOSEPH: _____. Il y a beaucoup de jeunes diplômés qui ne

travaillent pas...

GÉRARD: _____, si on est qualifié et responsable...

JOSEPH: _____, mais rien n'est sûr, même si on est qualifié.

_____, moi je connais...

GÉRARD: _____, je pense qu'on peut faire fortune si on a de

l'ambition et si...

JOSEPH: ... on est au bon endroit au bon moment! _____

Gérard, tu es naïf. Tu ne...

GÉRARD: _____, Joseph. Je ne suis pas naïf; je suis optimiste.

_____, si on travaille dur...

JOSEPH: _____ «Si on travaille dur... » D'abord, il faut avoir

un travail!

Quatrième étape

Lecture: Les femmes dans la population active

Avant de lire

1 D'abord, regardez le titre du passage qui suit. Pouvez-vous deviner quel en est le sujet? Cochez la réponse qui convient.

a. _____ la journée d'une femme

b. _____ les femmes et les exercices d'aérobic

c. _____ les femmes au foyer

d. _____ les femmes qui travaillent

e. _____ les femmes mères de famille

2 Maintenant, regardez les sous-titres des quatre parties de ce passage. Quelle réponse est la bonne?

_____

3 Ensuite, regardez l'illustration «Le partage du travail» et essayez de répondre aux questions suivantes.

1. En quelle année le taux d'activité des femmes a-t-il été le plus bas? _____

2. En quelle année le taux d'activité des hommes a-t-il été le plus bas? _____

3. Quelle est votre interprétation initiale des changements que vous observez dans

   l'illustration? _____

   _____

Activité féminine

1. 46% des femmes de 15 ans ou plus sont actives.

L'accroissement du travail féminin est l'une des données° majeures de l'évolution sociale de ces vingt-cinq dernières années; leur nombre a augmenté de trois millions, contre moins d'un million pour les hommes. Pourtant, ce phénomène n'est pas nouveau.

de **donner**

Après avoir atteint° un maximum vers 1900, le taux d'activité des femmes avait fortement baissé jusqu'à la fin des années 60, sous l'effet de l'évolution démographique. Depuis, la proportion des femmes actives a augmenté, alors que celle des hommes diminuait.

reached

Si les femmes ont, depuis 1968, «repris le travail», c'est en partie sous l'impulsion du grand mouvement féministe des années 70, dont l'une des revendications° majeures était le droit au travail rémunéré, condition première de l'émancipation.

claims

2. Entre 25 et 49 ans, les trois quarts des femmes sont actives, contre moins de la moitié en 1968.

C'est entre 25 et 29 ans que l'activité féminine atteint son maximum: 80,5%. Les taux décroissent ensuite avec l'âge, du fait des contraintes familiales (maternités, éducation des enfants) et de la volonté d'exercer une activité rémunérée moins fréquente parmi les anciennes générations. Plus les femmes ont d'enfants et moins elles exercent une activité rémunérée. Entre 25 et 39 ans, neuf femmes sur dix n'ayant pas d'enfants à charge travaillent. Elles ne sont plus que 83% lorsqu'elles ont un enfant, 73% avec deux, 47% avec trois.

3. L'évolution de la nature des emplois a été favorable à l'insertion des femmes.

Le très fort développement des activités de service et la diminution du nombre d'emplois nécessitant la force masculine ont beaucoup favorisé l'arrivée des femmes sur le marché du travail; elles occupent ainsi plus de la moitié des emplois du secteur tertiaire.° À ces deux raisons liées au progrès économique et technique s'en sont ajoutées d'autres, moins avouables.° À travail égal, les femmes étaient le plus souvent moins bien payées que les hommes; une bonne aubaine° pour un certain nombre d'employeurs...

secteur... *service sector*
mentionable

windfall

Mais c'est peut-être le développement du travail à temps partiel qui a le plus contribué à celui du travail féminin. On constate d'ailleurs que c'est dans les pays où les possibilités de travail à temps partiel sont les plus développées que les femmes sont les plus nombreuses à travailler.

4. La norme de la femme au foyer° a été remplacée par celle de la femme au travail.

au... à la maison

Pour un nombre croissant de femmes, travailler est la condition de l'autonomie et de l'épanouissement° personnel. Les femmes qui n'ont jamais travaillé sont d'ailleurs trois fois moins nombreuses parmi les moins de 30 ans (moins de 4%) que parmi les plus âgées (12%). La diminution du nombre des mariages, l'accroissement du nombre des femmes seules, avec ou sans enfants, la sécurité (parfois la nécessité) pour un couple de disposer de deux salaires sont autant de raisons qui expliquent le regain de faveur du travail féminin.

fulfillment

La crainte° du chômage, la difficulté de trouver un travail conforme à ses aspirations, la fatigue représentée par la «double journée de travail» et les mesures d'incitation prises par le gouvernement pourront amener certaines femmes à rester au foyer. Mais elles ne semblent guère susceptibles de compenser les facteurs favorables au travail féminin.

la peur

Extrait de *Francoscopie* 1993

Le partage¹ du travail

Évolution du taux d'activité des hommes et des femmes (en % de la population de chaque sexe):

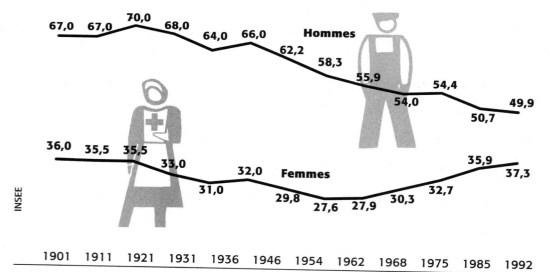

1. division

En général

4 Parcourez le texte une première fois pour identifier les sections qui contiennent les idées générales suivantes:

Section	Idées générales
1. _____	a. Environ 80 pour cent des femmes entre 25 et 29 ans travaillent.
2. _____	b. Il y a plusieurs facteurs démographiques et économiques qui sont favorables au travail des femmes.
3. _____	c. Il y a actuellement moins d'emplois qui nécessitent la force masculine.
4. _____	d. Depuis 1968, beaucoup de femmes considèrent le travail rémunéré comme un droit (*right*) qui est nécessaire à leur indépendance.

En détail

5 **Les mots**

A. **Plus ou moins?** Parmi les mots suivants du passage, lesquels indiquent «plus» (P) et lesquels indiquent «moins» (M)?

1. _____ l'accroissement   4. _____ diminuait   6. _____ la diminution

2. _____ baissé   5. _____ décroissent   7. _____ croissant

3. _____ augmenté

B. **Déduisez.** En utilisant le contexte et la logique, pouvez-vous déduire le sens des expressions en caractères gras?

1. Après avoir atteint un maximum vers 1900, **le taux d'activité des femmes** avait fortement baissé...

   a. _____ the active task of women

   b. _____ the proportion of women who work

2. Les taux décroissent ensuite avec l'âge, **du fait des** contraintes familiales...

   a. _____ as a function of

   b. _____ by making

3. **On constate d'ailleurs** que c'est dans [ces] pays que les femmes sont les plus nombreuses à travailler.

   a. _____ It is noted, moreover

   b. _____ A constant situation

4. Pour un nombre croissant de femmes, **travailler est la condition de** l'autonomie.

   a. _____ working is conditional

   b. _____ working is essential to

6 **Le texte.** Répondez aux questions suivantes.

1. D'après le passage, quelle est la position du mouvement féministe des années 70 à l'égard du travail des femmes?

   _____

2. Dans quel secteur est-ce que les femmes travaillent surtout?

   _____

3. Le travail à temps partiel est-il important pour les femmes qui travaillent?

   _____

Et vous?

1. Chaque famille est différente. Certaines ont une longue tradition de femmes qui travaillent hors du foyer. Dans d'autres familles la femme travaille seulement á la maison. Comparez les femmes de différentes générations dans votre famille en terminant les phrases suivantes.

   Ma grand-mère _____

   _____

   _____

   _____

   Ma mère _____

   _____

   _____

   _____

Pour moi, le travail _____

_____

_____

_____

2. Le passage dit que «pour un nombre croissant de femmes, travailler est une condition de l'autonomie et de l'épanouissement personnel». Êtes-vous d'accord? Écrivez vos idées à ce sujet.

_____

_____

_____

_____

_____

_____

CHAPITRE 12

Soucis et rêves

· · · · · · · · · · · · · · · · · ·

Première étape

A. **Devinette.** Écrivez le nom des maladies ou des problèmes médicaux décrits ci-dessous.

1. Une maladie causée par des allergies. On a le nez qui coule et on éternue.

   _____

2. Un mal d'estomac qu'on a après avoir mangé trop de sucre ou de matières grasses (*fat*)

   _____

3. Un problème grave du cœur (*heart*) _____

4. Une maladie contagieuse et toujours mortelle (*deadly*) _____

5. Un mal de tête très sévère _____

6. Une maladie commune où on a le nez bouché et mal à la gorge _____

7. Une maladie sérieuse qui peut attaquer toutes les parties du corps, par exemple les

   poumons (*lungs*), l'estomac, le cerveau (*brain*), etc. _____

8. Une infection des poumons. Il faut prendre un antibiotique pour combattre l'infection.

   _____

B. **Que feriez-vous?**   Si les situations suivantes se présentaient, quelle serait votre réaction ou la réaction des personnes indiquées? Lisez les circonstances qui suivent, puis complétez les phrases avec le conditionnel du verbe que vous choisissez.

⟳ Si je me sentais mal... (me coucher; demander conseil au pharmacien)
je me coucherais.   ou: _je demanderais conseil au pharmacien._

1. Si je tombais dans la rue... (me faire mal; me sentir stupide)

_____

2. Si mes camarades de classe étudiaient pendant dix heures... (avoir une migraine; se sentir bien)

_____

3. Si mon camarade de chambre tombait malade... (appeler le médecin; se coucher)

_____

4. Si mes copains et moi, nous avions mal aux jambes... (aller chez le médecin; prendre des comprimés)

_____

5. Si tu te blessais sérieusement... (mettre un pansement; aller à l'hôpital)

_____

6. Si ta copine et toi, vous toussiez tout le temps... (demander un antibiotique; acheter du sirop)

_____

C. **À sa place...**   Aimez-vous donner vos opinions aux autres quand ils ont des problèmes? Considérez les situations suivantes, puis écrivez des recommandations pour chaque image en employant les suggestions données avec le conditionnel des verbes **devoir** ou **pouvoir**. Ensuite écrivez une phrase originale pour indiquer ce que vous feriez à la place de ces gens.

⟳ Cette femme / appeler le pharmacien; prendre des comprimés; se coucher?
Cette femme devrait appeler le pharmacien. Elle pourrait prendre des comprimés et elle devrait se coucher. À sa place, je dormirais toute la journée.

1.

2.

1. ce garçon / ne plus manquer son cours; travailler plus sérieusement; poser plus de questions en classe?

    <u>Le semestre prochain, ce garçon</u> _____

    _____

    _____

2. Les témoins (*witnesses*) / appeler la police; faire venir une ambulance; ne pas bouger (*move*) le garçon?

    <u>Les témoins</u> _____

    _____

    _____

    _____

Deuxième étape

A. **Circonstances imaginaires!** Les rêves des profs ne sont pas toujours profonds—ni réalistes! Décrivez les fantasmes du prof au sujet des étudiants en employant **si** et les expressions verbales données.

> ⊃ parler plus / être moins anxieux
> *Si les étudiants parlaient plus, ils seraient moins anxieux.*

1. étudier en groupes / s'amuser mieux

   _____

2. poser plus de questions / comprendre mieux la leçon

   _____

3. faire les exercices / savoir les réponses

   _____

4. regarder les vidéos / parler mieux

   _____

5. travailler plus sérieusement / réussir aux examens

   _____

Maintenant, décrivez les fantasmes des étudiants concernant le professeur.

> ⊃ être plus patient / être moins anxieux
> *Si le prof était plus patient, nous serions moins anxieux.*

6. parler moins vite / comprendre mieux

   _____

7. nous montrer des films / nous amuser mieux

   _____

8. nous donner moins de devoirs / l'aimer beaucoup

   _____

9. être absent(e) / ne pas avoir de classe

_____

10. nous donner l'argent nécessaire / aller à Tahiti pour parler français

_____

B. **Fantasmes?**   Une camarade de classe qui veut être psychiatre s'entraîne à l'analyse en vous posant des questions hypothétiques. Répondez à ses questions en employant le conditionnel et en suivant l'exemple.

➲ Qu'est-ce que tu achèterais si tu pouvais avoir la voiture de tes rêves?
   Si je pouvais avoir la voiture de mes rêves, j'achèterais une Ferrari.

1. Si tu pouvais être un personnage historique, qui est-ce que tu serais?

_____

2. Qu'est-ce que tu ferais si tu étais millionnaire?

_____

3. Où irais-tu si tu pouvais voyager dans le temps?

_____

4. Comment serait la maison de tes rêves?

_____

5. Qu'est-ce que tu apporterais avec toi sur une île déserte?

_____

6. Qu'est-ce que tu serais si tu étais un animal?

_____

C. **Devoir.** Le fantasme de Peter? C'est de maîtriser les sens différents du verbe **devoir!** Aidez-le à traduire en français les phrases suivantes.

1. The teacher *has to* prepare the lesson.

   _____

2. The students wanted to go out last night, but they *had to* stay home and study.

   _____

3. Claude *was supposed to* listen to the cassette with me.

   _____

4. Anne *will have to* read the chapter tomorrow.

   _____

5. I *should* do my workbook exercises tonight.

   _____

6. In fact, I *should have* done them yesterday.

   _____

Troisième étape

A. **Chômeurs.** Un journaliste prépare un article au sujet des chômeurs. Il interviewe Édouard, un jeune diplômé qui n'a pas de travail, et pour qui l'avenir semble incertain. Répondez pour Édouard en remplaçant les mots en italique par le pronom **en.**

> ⊃ Vous avez eu beaucoup *de soucis* récemment?
> *Oui, j'en ai eu beaucoup.*

1. Vous cherchez *un travail?*

   _____

2. Vous avez déjà eu *des entretiens* (*job interviews*)?

   _____

3. Vous avez parlé *de vos aspirations?*

   _____

4. Est-ce que vous avez *de l'ambition?*

_____

5. Vous avez peur *du chômage?*

_____

Maintenant, répondez aux questions 6–10 en choisissant parmi les pronoms suivants: **y / en / lui.**

6. Est-ce que vous vous intéressez *à une profession libérale?*

_____

7. Vous avez envie *d'un travail dans la fonction publique?*

_____

8. Vous pensez souvent *à l'avenir?*

_____

9. Avez-vous peur *de l'avenir?*

_____

10. Entre temps, est-ce que vous pouvez demander de l'aide *à votre père?*

_____

B. **Une bavarde!**   Josée sait beaucoup de choses au sujet des gens qui habitent son bâtiment parce qu'elle parle beaucoup—et à tout le monde! Complétez les phrases avec le pronom relatif qui convient: **dont** ou **où.**

1. Monsieur Girard? Il adore la politique. Il rêve du jour _____ il sera député ou

   même président!

2. Christine? Je sais qu'elle dépense trop d'argent dans les magasins _____ on

   vend des vêtements de haute couture!

3. Thomas? Lui, il a la voiture de sport _____ mon mari rêve!

4. Anne Marie? Oh, elle est très timide. Il y a beaucoup de gens _____ elle a

   peur.

5. Monsieur Lechef? Lui, il a un restaurant _____ on sert des spécialités tahitiennes.

6. Monsieur Dupont? Le professeur? Je suis sûr qu'il y a des jours _____ il ne veut pas aller en cours. Il aime dormir tard.

7. Madame Lamour? Eh bien, elle est si vieille qu'il y a beaucoup de choses _____ elle ne se souvient pas bien.

8. Olivier? Il a de la chance. Il connaît une femme _____ la fille est actrice. Il va pouvoir faire sa connaissance!

C. **Mauvaise mémoire.** Alain et son frère Alexis discutent de leurs souvenirs d'enfance. Complétez le dialogue avec le pronom relatif qui convient: **qui, que, dont** ou **où**.

—Tu te souviens de Monsieur Jospin?

—Le monsieur (1.) _____ j'avais peur à cause de son chapeau bizarre et sa barbe rousse?

—Oui, mais tu étais petit. C'est l'homme (2.) _____ j'aimais beaucoup parce qu'il jouait au foot avec moi.

—Tu veux dire le propriétaire du magasin (3.) _____ nous achetions des bonbons?

—Oui, c'était le magasin (4.) _____ tous les enfants aimaient beaucoup.

—C'est l'homme (5.) _____ habitait au coin de la rue (6.) _____ tu as eu cet accident de voiture?

—Oui. Le monsieur (7.) _____ la femme était prof à la fac.

—Celui (8.) _____ avait souvent le rhume des foins?

—Oui! Monsieur Jospin!

—Non, je ne me souviens pas de lui!

Quatrième étape

Lecture: Les médecines douces et la psychanalyse: sciences ou pseudosciences?

Avant de lire

1 Pouvez-vous deviner la définition probable de l'expression «les médecines douces»? Cochez une réponse.

a. _____ le sucre et la santé

b. _____ formes non traditionnelles de médecine

c. _____ la médecine classique

Toubib[1] or not toubib

Les médecines douces

Les médecines dites «douces» se sont considérablement développées ces dernières années. Elles doivent être pratiquées par des médecins, qu'ils soient généralistes ou spécialistes.

Les utilisateurs considèrent en général qu'il s'agit d'un recours complémentaire à la médecine classique, et non pas d'une méthode unique.

Le succès des médecines douces est souvent présenté comme une demande de contact personnalisé avec le médecin; une demande de prise en charge globale du malade[2] à laquelle ne répond pas la médecine moderne, très spécialisée et très technique. Le médecin applique des tarifs plus élevés que les tarifs remboursés par la Sécurité sociale, mais il sait prendre le temps d'écouter les malades.

Pour ceux qui ont recours aux médecines douces, l'homéopathie arrive en tête, suivie par l'acuponcture, puis la phythothérapie.[3] L'ostéopathie est également de plus en plus utilisée.

Les guérisseurs[4] ne sont pas reconnus légalement.[5] Ils peuvent être poursuivis pour exercice illégal de la médecine, bien qu'ils bénéficient le plus souvent d'une certaine tolérance.

La psychanalyse[6]

La psychanalyse est de plus en plus admise par les Français: 31% d'entre eux n'écarteraient pas l'idée de se faire psychanalyser (58% sont d'un avis contraire) et 46% déclarent qu'ils auraient une réaction favorable si leur conjoint décidait de se faire psychanalyser.

Les plus intéressés sont les femmes (33% des femmes contre 29% des hommes), les personnes ayant un niveau d'instruction supérieure, et les moins de 50 ans.

Les personnes interviewées voient le psychanalyste plutôt comme quelqu'un qui écoute et laisse parler (58%) que comme quelqu'un qui donne des conseils (24%).

C'est une thérapie qui leur parait utile pour traiter les problèmes de personnalité (51%) et dans une moindre mesure, les problèmes sexuels (35%), mais elles se montrent sceptiques sur son utilité pour les problèmes professionnels (31%). Elle peut s'adresser aussi aux enfants (64%).

Si la psychanalyse est aujourd'hui admise, elle n'est pourtant pas couramment pratiquée. 16% seulement des Français déclarent avoir dans leur entourage familial ou professionnel des gens qui ont fait une analyse.

---

1. *slang for* médecin   2. prise... *treatment of the whole patient rather than a specific ailment*
3. *herbal medicine*   4. *healers*   5. *In France, most practitioners of homeopathy have medical degrees. Most other "healers" do not.*   6. *D'après un sondage SOFRES pour* Le Figaro Magazine, 10–14 septembre 1987

La France d'aujoud'hui, 1991

En général

2 Parcourez le texte une première fois et cochez les renseignements que vous y trouvez.

a. _____ une période de temps où les médecines douces se sont développées

b. _____ une raison pour le succès de la médecine douce

c. _____ le nom de quelques médecins qui pratiquent la médecine douce

d. _____ le nom de quelques types de médecine douce

e. _____ la relation entre les guérisseurs et les psychanalystes

f. _____ la légalité de la psychanalyse

g. _____ l'utilité de la psychanalyse

En détail

3 **Les mots.** Devinez le sens des mots suivants. Vous allez remarquer qu'ils sont (presque) identiques dans les deux langues. Écrivez l'équivalent anglais.

1. pratiquées _____   6. demande _____

2. utilisateurs _____   7. remboursés _____

3. le recours _____   8. l'acuponcture _____

4. complémentaire _____   9. légalement _____

5. présenté _____   10. bénéficient _____

4 **Le texte**

A. **Vrai ou faux?** Écrivez **V** si la phrase est vraie ou **F** si la phrase est fausse. Corrigez les phrases fausses.

1. _____ Récemment les médecines douces sont de plus en plus populaires. _____

_____

2. _____ En général, les patients utilisent les médecines douces comme traitement unique.

_____

3. _____ La médecine moderne est trop technique. _____

_____

4. _____ La médecine classique est trop personnalisée. _____

_____

5. _____ Les médecins qui pratiquent la médecine douce ont des tarifs moins élevés que les

médecins «classiques». _____

_____

6. _____ L'acuponcture est moins utilisée que l'homéopathie. _____

_____

7. _____ On accepte avec tolérance les «guérisseurs». _____

_____

8. _____ 58% des Français considèrent l'idée de se faire psychanalyser. _____

_____

9. _____ Les femmes s'intéressent plus que les hommes à la psychanalyse. _____

_____

10. _____ La majorité des Français considèrent la psychanalyse utile pour des problèmes

professionnels. _____

_____

11. _____ D'après le sondage, 16% des Français ont un ami ou un membre de leur famille

qui est en traitement chez un psychanalyste. _____

_____

B. **L'humour du titre.** Expliquez ce qui est amusant dans le titre de cet article.

_____

_____

_____

_____

C. **L'humour de l'illustration.** Regardez l'illustration. Il faut savoir que les «plantes» des pieds sont le dessous des pieds (*soles*). Dans un article qui traite des «médecines douces», comment est-ce que le titre du livre que l'homme lit montre de l'humour?

_____

_____

_____

_____

Et vous?

Les médecines douces et la psychanalyse. Prenez position pour ou contre l'efficacité de la médecine non traditionnelle. Complétez le tableau qui suit, et donnez des exemples pour soutenir votre point de vue.

Type de médecine non traditionnelle	Efficacité (Oui ou non?)	Exemples
L'acuponcture		
La psychanalyse		
L'homéopathie		
L'ostéopathie		
La phythothérapie		

Maintenant, écrivez un paragraphe dans lequel vous développez une de ces idées.

_____

_____

_____

_____

_____

_____

CHAPITRE 13

Environnement et société
. . . .

Première étape

A. **Subjonctif?** Décidez si les phrases suivantes emploient le subjonctif. Soulignez le verbe au subjonctif. Indiquez pour chaque phrase s'il y a *un* sujet ou *deux*?

⊃ _2_ C'est malheureux que le gaspillage de nos ressources naturelles <u>continue</u>.

1. _____ L'industrie du papier dénue nos forêts.

2. _____ Il est temps que le gouvernement protège l'environnement.

3. _____ Nous avons tous besoin d'arrêter le gaspillage.

4. _____ Il faut que tout le monde s'intéresse à l'environnement.

5. _____ C'est dommage que les pluies acides détruisent les forêts.

6. _____ Il vaut mieux qu'on encourage l'agriculture biologique.

B. **La pollution.** Complétez les phrases suivantes avec le subjonctif des verbes indiqués.

1. Il vaut mieux que le gaspillage de nos ressources naturelles _____ (finir).

2. Il faut que le gouvernement _____ (prendre) des initiatives contre la pollution.

3. C'est dommage que tu _____ (ne pas comprendre) les conséquences des pluies acides.

4. Il est temps qu'on _____ (écrire) au maire (*mayor*).

5. Il faut que nous _____ (organiser) des manifestations (*demonstrations*) contre la

pollution.

6. C'est dommage que vous _____ (ne pas respecter) l'environnement.

7. C'est malheureux que nous _____ (ne pas réussir) à protéger les fleuves.

C. **Point de vue.** D'abord, lisez les phrases suivantes qui expriment un fait objectif, puis changez-les selon l'exemple pour exprimer une opinion subjective. Commencez chaque phrase avec une des expressions données.

Il est temps	Il faut	Il vaux mieux
C'est dommage	C'est malheureux	

⊃ Le gouvernement stimule la recherche pour trouver des solutions aux problèmes.
Il faut que le gouvernement stimule la recherche pour trouver des solutions aux problèmes.

1. Nous cherchons des solutions.

   _____

2. Vous ne pensez pas au problème de la pollution.

   _____

3. Le gouvernement réussit à protéger les forêts.

   _____

4. Nous recyclons les déchets.

   _____

5. Nous organisons des campagnes dans les médias.

   _____

6. Vous gaspillez nos ressources naturelles.

   _____

Deuxième étape

A. **Émotions.** Patrick est opposé à l'intolérance. Indiquez ses émotions et ses désirs en complétant les phrases suivantes.

➲ Je regrette que / ne pas avoir le droit à la différence
(on) *Je regrette qu'on n'ait pas le droit à la différence.*

1. Je regrette que / ne pas avoir le droit à la différence

(les immigrés) _____

(nous) _____

2. J'ai bien peur que / être intolérant

(vous) _____

(Jean-Marie) _____

3. Je suis surpris / vouloir fermer nos frontières

(vous) _____

(ces politiciens) _____

4. J'aimerais / pouvoir s'entendre

(tout le monde) _____

(nous) _____

5. Je suis content / faire partie de notre société

(vous) _____

(tu) _____

6. Je voudrais que / savoir communiquer

(on) _____

(ces gens) _____

B. **L'identité nationale.**   Selon Jean-Marie, l'identité française est menacée par l'immigration. Ses collègues ne sont pas d'accord. Complétez leurs phrases avec le subjonctif des verbes indiqués.

—Il faut que vous (1. être) _____ plus tolérant. Je suis surprise que vous

(2. vouloir) _____ fermer nos frontières aux étrangers. Il est temps qu'on

(3. défendre) _____ les immigrés. Moi, j'aimerais qu'ils (4. faire)

_____ vraiment partie de notre société.

—Eh bien, moi j'ai peur que la crise économique (5. rendre) _____ la situation

des immigrés plus difficule. C'est malheureux qu'ils (6. être) _____ les plus

touchés par le chômage. C'est dommage que vous ne (7. comprendre) _____

pas que la situation économique n'est pas la faute des immigrés.

—Ben, moi aussi je voudrais que tout le monde (8. pouvoir) _____ parler notre

langue, mais il ne faut pas qu'on (9. avoir) _____ des préjugés contre ceux qui

ne l'ont pas encore apprise.

—C'est vrai. Et moi, je regrette que les immigrés (10. ne pas avoir) _____ le droit

à la différence. C'est dommage qu'on (11. être) _____ obligé d'abandonner

absolument sa propre culture.

—Moi, je regrette que les différences culturelles (12. encourager) _____ la

division. J'ai bien peur que nous (13. ne pas savoir) _____ respecter les

différences. Je voudrais que nous (14. se comprendre) _____ mieux.

C. **Étudiants étrangers.**   Marianne explique ses sentiments au sujet des étudiants étrangers à son université. Pour savoir ce qu'elle pense, écrivez des phrases en employant les éléments suivants.

1. J'aimerais que / plus d'étudiants étrangers / choisir de venir à mon université

_____

2. Je suis contente que / ils / vouloir s'intégrer à la vie universitaire

_____

3. Je regrette que / on / ne pas se comprendre

_____

4. Je suis surprise que / nous / ne pas pouvoir respecter les autres

_____

5. Je voudrais que / l'université / encourager la diversité

_____

6. J'ai bien peur que / l'université / fermer ses portes aux étudiants étrangers

_____

Troisième étape

A. **Un sans-logis.**   Monsieur Chevalier, un des milliers de sans-logis en France, partage les sentiments de l'abbé Pierre. Complétez le paragraphe en employant l'infinitif ou le subjonctif des verbes suivants. N'employez chaque verbe qu'une fois.

attendre	faire	perdre	défendre
être	vivre	lancer	se mobiliser
aider			

C'est dommage que beaucoup de gens (1.) _____ leur logement. C'est

malheureux de (2.) _____ dans la rue. Je suis surpris que tant de gens

(3.) _____ si indifférents. Mais je suis content que l'abbé Pierre

(4.) _____ les pauvres. Il voudrait (5.) _____ les sans-logis. Il est triste

que le gouvernement (6. ne rien) _____. Il est temps de (7.) _____.

Il faudrait (8.) _____ des pétitions. Il ne faut pas qu'on (9.) _____

des catastrophes!

B. **Opinions.** En français, on peut exprimer ses opinions et ses sentiments en employant le sujonctif *ou* l'infinitif. Récrivez les phrases suivantes en employant le sujet donné et le subjonctif.

⊃ C'est dommage d'abandonner les sans-logis. (on)
C'est dommage qu'on abandonne les sans-logis.

1. C'est triste de ne pas avoir de logement. (les sans-abri)

   _____

2. C'est dommage de refuser de donner des logis vides aux sans-abri. (les villes)

   _____

3. C'est malheureux de dormir dans la rue. (tant de jeunes)

   _____

4. Il ne faut pas oublier les sans-abri. (nous)

   _____

Maintenant, récrivez les phrases suivantes en employant un infinitif selon l'exemple.

⊃ Il faut que nous aidions les pauvres.
Il faut aider les pauvres.

5. Il faut que tout le monde respecte les sans-abri.

   _____

6. Il est temps que nous bâtissions de nouveaux logements.

   _____

7. Il vaut mieux qu'on fasse appel aux maires.

   _____

8. Je voudrais que nous arrêtions la misère.

   _____

C. **Des problèmes sérieux.** Thomas et ses copains discutent de problèmes sérieux. Complétez les phrases en employant des expressions pour exprimer une opinion (page 517 dans votre manuel de classe).

—(1.) _____ la pollution est le problème mondial le plus

sérieux.

—(2.) _____ , (3.) _____ . Mais

(4.) _____ l'intolérance est le vrai ennemi de notre pays.

—(5.) _____ , la violence et la corruption sont encore plus

sérieuses.

—(6.) _____ , bien sûr, mais

(7.) _____ c'est la drogue qui menace notre société le plus.

Et vous? Indiquez votre opinion. Quel est le problème universel le plus sérieux selon vous?

_____

_____

_____

_____

_____

Quatrième étape

Lecture: Notre terre

Avant de lire

1 Rappelez-vous les sujets traités dans ce chapitre de votre texte et réfléchissez à l'interprétation qu'on doit donner au titre «La terre en jeu». Cochez votre choix.

a. _____ un jeu qui utilise de la terre

b. _____ un jeu qui s'appelle «La terre»

c. _____ l'avenir de notre planète

2 Lisez les lignes qui précèdent l'article. À qui pensez-vous que ce magazine s'adresse?

a. _____ aux professeurs

b. _____ aux jeunes

c. _____ aux biologistes

Pourquoi? _____

La terre en jeu

L'air que tu respires, l'eau que tu bois, les aliments que tu manges, tu les dois à l'environnement. Ta vie et ton bien-être° en dépendent. D'où l'importance d'un environnement sain.   well-being

Tu as sûrement entendu parler de pollution. Au Québec, elle est devenue un problème crucial. Pluies acides, fleuve Saint-Laurent pollué, épuisement° de nos ressources forestières, tout ceci nous oblige à repenser notre mode de vie.   using up

Pluies acides

À cause de sa position géographique, le Québec est une terre privilégiée pour les pluies acides. Les vents nous amènent° la pollution émise° par nos voisins du sud, les États-Unis, qui détruisent les arbres, les poissons et les aliments. Les forêts sont les principales victimes des pluies acides, lesquelles causent un grand tort à nos érables.° L'acidification des lacs affecte les poissons et d'autres espèces, dont les grenouilles.° Et quand il y a une espèce menacée, il est prouvé que plusieurs autres le sont aussi; dans la chaîne alimentaire, une espèce sert de nourriture à l'autre, qui sera aussi mangée par une autre et ainsi de suite.   bring / emitted   maples   frogs

Les principales sources des pluies acides sont les fumées° provenant de différentes industries, la combustion de l'huile et du charbon,° ainsi que les gaz   smoke   coal d'échappement des véhicules de transport: automobiles, avions, bateaux, trains, camions.

Un fleuve Saint-Laurent sain?

En plus de recevoir les agents polluants de nos industries, le fleuve reçoit ceux provenant des États-Unis et des Grands Lacs. Les substances toxiques sont transportées par les courants du fleuve sur des centaines de kilomètres, pour venir contaminer le Québec. Résultats: l'eau potable° est contaminée à plusieurs endroits dans le fleuve; depuis plusieurs années la baignade° y est interdite et la pêche en est affectée. Des tests faits sur les poissons et les oiseaux montrent que la faune du fleuve Saint-Laurent est contaminée.

l'eau... *drinking water*
bathing

    Les contaminants arrivent aussi par les poissons migrateurs. L'anguille° en est un. Chaque année, elle remonte le Saint-Laurent jusqu'au lac Ontario. En cours de voyage, elle se nourrit de poissons contaminés qu'elle rencontre sur son passage. Une fois revenue au Québec, l'anguille se fait elle-même manger par d'autres poissons. Les bélugas, petites baleines° blanches du fleuve et en voie de disparition, se nourrissent d'anguilles. Certains biologistes y voient la cause de la disparition des bélugas dans le fleuve Saint-Laurent.

eel

whales

Protéger nos forêts

Protéger son environnement, c'est aussi ne pas gaspiller nos ressources naturelles. Couper des arbres indûment a des conséquences graves puisqu'il faut entre 65 et 75 ans à un arbre pour arriver à maturité. De plus, si on rase les forêts, on prive les animaux de leur habitat; ceux-ci disparaîtront. Une façon de protéger nos forêts, c'est de récupérer et de recycler.

Récupérer plutôt que de jeter

Récupérer signifie amasser les produits recyclables tels le papier, le carton et le verre; recycler consiste à en faire de nouveaux produits: de la litière pour chat, du verre, du papier hygiénique, du papier journal, etc.

    Le recyclage permet aussi de diminuer la quantité de déchets domestiques et de faire un produit qui coûte environ 33% moins cher que de faire un produit à partir du neuf.

Si on s'y mettait!°

s'y... *commençait*

Dans le domaine de l'environnement les solutions sont à long terme. Il faut des dizaines d'années pour redresser des situations catastrophiques. Si on s'y mettait tout de suite!

Extrait de *Vidéo-Presse,* novembre 1989

En général

3 Parcourez le texte et nommez au moins trois menaces pour l'environnement et un remède.

Menaces: _____

_____

Remède: _____

En détail

4 **Les mots.** En utilisant le contexte et la logique, devinez le sens des mots en caractères gras. Écrivez leur équivalent en anglais.

1. L'acidification des lacs affecte les poissons et d'autres **espèces**, dont les grenouilles.

   _____

2. Dans **la chaîne alimentaire,** une espèce sert de nourriture à l'autre.

   _____

3. Les principales sources des pluies acides sont ... la combustion de l'huile et du charbon, ainsi que **les gaz d'échappement** des véhicules de transport.

   _____

4. Les substances toxiques sont transportées par **les courants** du fleuve.

   _____

5. Les contaminants arrivent aussi par **les poissons migrateurs.**

   _____

6. Les petites baleines blanches du fleuve, parce qu'elles se nourissent d'anguilles contaminées, sont **en voie de disparition.** _____

7. Couper des arbres **indûment** c'est gaspiller nos ressources naturelles.

   _____

5 **Le texte**

A. **Les causes.** Identifiez la cause qui correspond à chaque effet.

1. La vie et le bien-être

   a. _____ l'air et l'eau sains   b. _____ le gaspillage

2. La pollution de l'air

   a. _____ les poissons   b. _____ les fumées

3. Les espèces menacées

   a. _____ le gaspillage   b. _____ l'acidification des lacs

4. Un fleuve pollué

    a. _____ les substances toxiques   b. _____ les vents

B. **Les explications.**   Expliquez ou identifiez d'après l'article.

1. Le rôle des poissons migrateurs dans la pollution

_____

_____

_____

2. Pourquoi il ne faut pas couper trop d'arbres

_____

_____

_____

3. Pourquoi il est important de commencer immédiatement à nettoyer notre terre

_____

_____

_____

Et vous?

1. Pratiquez-vous le recyclage dans votre école? dans votre famille?

_____

_____

_____

2. Imaginez que vous préparez un éditorial pour le journal de votre université ou de votre ville. Le sujet est «Recycler ou ne pas recycler?». Écrivez vos idées pour cet éditorial en suivant les indications ci-dessous.

Introduction (une phrase qui explique la situation)

_____

_____

_____

Le pour (une liste des arguments pour votre thèse)

_____

_____

_____

Le contre (une liste des arguments contre votre thèse)

_____

_____

_____

Conclusion (une phrase qui présente votre opinion personnelle)

_____

_____

_____

Laboratory Manual

CHAPITRE PRÉLIMINAIRE

Bonjour !

Prononciation

A. **L'alphabet.** Listen to the French alphabet and repeat each letter.

a b c d e f g h i j k l m n o p q r s t u v w x y z

Now, listen again and write the letters you hear.

1. _____   4. _____

2. _____   5. _____

3. _____   6. _____

B. **Les accents.** Listen to the French diacritical marks and repeat each one.

un accent aigu   un tréma
un accent grave   un trait d'union
un accent circonflexe   une apostrophe
une cédille

You will now hear a series of letters, each followed by a diacritical mark. Listen and write each letter with its diacritical mark.

1. _____   4. _____

2. _____   5. _____

3. _____   6. _____

C. **Comment ça s'écrit?**   Listen as the following names are read. Spell them and then listen to verify your answers.

> ⊃ *You see and hear*: Sandrine Rosier
> *You say*: S-a-n-d-r-i-n-e R-o-s-i-e-r
> *You hear*: S-a-n-d-r-i-n-e R-o-s-i-e-r

1. Thierry Villain
2. Josée Tourneau
3. Gérard Perdreaux
4. Robert Coufin
5. Karima Wéry
6. Mariama Bâ
7. Jean-François Gruyère

Activités de compréhension

A. **Formel? familier?**   Listen to the statements and indicate whether they are formal or familiar by circling your choice.

1. formel   familier
2. formel   familier
3. formel   familier
4. formel   familier
5. formel   familier
6. formel   familier
7. formel   familier
8. formel   familier

B. **Masculin? féminin?**   For each noun that you hear, give the indefinite article **un** or **une**. Then listen to verify your responses.

> ⊃ *You hear*: craie
> *You say*: une craie
> *You verify*: une craie

CHAPITRE 1

Qui êtes-vous?

À l'écoute: Faisons connaissance

You will hear a short interview with a young woman from Madagascar, a large Francophone island in the Indian Ocean. Do task 1 in **Avant d'écouter,** then read task 2 in **Écoutons** before you listen to the interview.

Avant d'écouter

1 Look at the map of the Francophone world in your textbook, and locate Madagascar. Can you predict the ethnic origins of the people who live there? Check the possibilities that seem likely to you.

Ils sont d'origine...

_____ africaine (Afrique).

_____ asiatique (Asie).

_____ européenne (Europe).

_____ polynésienne (Polynésie).

Écoutons

Attention! As you listen to the interview, remember that you do not need to understand every word. For each task, focus only on what you are asked to listen for. One step at a time, your ability to understand will increase.

2 Listen to the interview a first time in order to identify the topics covered. Check the categories that are mentioned.

1. _____ name of the interviewer

2. _____ name of the young woman from Madagascar

3. _____ origin of her name

4. _____ origin of the people of Madagascar in general **(les Malgaches)**

5. _____ origin of her family **(la famille)**

6. _____ her profession

7. _____ adjectives that describe **les Malgaches** in general

8. _____ adjectives that describe her personally

3 Rewind and play the conversation again, listening for the nationalities mentioned. Were your predictions correct? Circle the ethnic origins that are mentioned, either as adjectives or through the name of the continent or country.

africaine	égyptienne	sénégalaise	arabe
asiatique	chinoise	malaysienne	japonaise
européenne	française	allemande	anglaise
polynésienne	australienne		

4 Rewind once more and listen to the conversation a third time, paying close attention to the young woman's name. Fill in the missing letters **(les lettres),** then answer the two questions.

1. FRANÇOISE RA __ __ __ __A __ __ __IV __ __O

2. Using the context and logic, can you infer the meaning of **quinze?** Write it in digits.

   Quinze = _____

3. What is the probable origin of the prefix Ra- in that last name?

   Ra- est un préfixe d'origine _____.

5 Rewind again and listen to the conversation a final time in order to identify the adjectives that Françoise uses to describe herself. Complete the list.

complexe, _____, _____

Prononciation

 A. **Les consonnes finales et la liaison.**   Review the pronunciation section on final consonants and **liaisons** in the **Première étape** of Chapter 1 in your textbook. Then, in the following sentences, look at the consonants in bold type. Cross out the ones that should be
silent, underline the ones that should be pronounced, and indicate the **liaisons** with a link
mark (‿).

⊃ Françoise n'est pas‿africaine.

1. Ils sont africains.

2. Elles ne sont pas anglaises.

3. Elle est petite, intelligente, amusante; elle est heureuse.

4. Il est petit, intelligent, amusant; il est heureux.

5. C'est un garçon très intéressant; il n'est pas ennuyeux.

6. C'est une fille très intéressante; elle n'est pas ennuyeuse.

Now, listen to the sentences, and repeat each one.

B. **Le rythme et l'accentuation.**   First, review the pronunciation section on rhythm and
accentuation in the **Troisième étape** of Chapter 1 in your textbook.

Now, listen to the following sentences a first time and mark them as you listen. Use a slash
to indicate the word groups you hear, and underline the accented syllables.

1. Les Malgaches sont d'origine malaysienne, polynésienne, africaine et arabe.

2. Les origines de ma famille, c'est la Malaysie, la Polynésie et la France.

3. Françoise est complexe, sérieuse... et principalement heureuse.

4. Elle est petite et mince, brune et très sympathique.

You will now hear the sentences again. Listen and repeat each one. Make sure you say each
syllable evenly except the last syllable of each group, which must be slightly longer and
show a change in intonation.

Activités de compréhension

A. **Le verbe *être*.**   First, listen carefully and decide if the sentences you hear refer to one person or to more than one person. Indicate your answers by circling your choices.

1. one person   more than one person

2. one person   more than one person

3. one person   more than one person

4. one person   more than one person

5. one person   more than one person

6. one person   more than one person

7. one person   more than one person

8. one person   more than one person

You will now hear the sentences again. If the sentence refers to one person, change it so that it refers to more than one person and vice versa. Then, listen in order to verify your answers.

> ⊃ *You hear*:   Tu es italien?
> *You say*:   Vous êtes italiens?
> *You verify*:   Vous êtes italiens?

B. **Traits de caractère.**   Listen to Nicolas's questions. Answer each of his questions positively, using a subject pronoun in place of the noun subject.

> ⊃ *You hear*:   Je suis allergique à l'école?
> *You write*:   Oui, *tu es* allergique à l'école.

1. Oui, _____ _____ sympathique.

2. Oui, _____ _____ amusants.

3. Oui, _____ _____ sociables.

4. Oui, _____ _____ typique.

5. Oui, _____ _____ raisonnable.

6. Oui, _____ _____ actifs.

C. **Masculin, féminin.**   Check whether each adjective or noun you hear refers to a man **(homme)** or a woman **(femme)**. If you can't tell, check **?**.

> ⊃ *You hear*:   grand
> *You check*:   ✔ homme _____ femme _____ ?

1. _____ homme   _____ femme   _____ ?

2. _____ homme   _____ femme   _____ ?

3. _____ homme   _____ femme   _____ ?

4. _____ homme   _____ femme   _____ ?

5. _____ homme   _____ femme   _____ ?

6. _____ homme   _____ femme   _____ ?

7. ____ homme   ____ femme   ____ ?

8. ____ homme   ____ femme   ____ ?

D. **Qui est-ce?**   You will hear the descriptions of five people, four of whom are pictured below. Do not worry if you do not understand every word you hear. Just listen for familiar words, and write the number of the description you hear under its corresponding picture. Can you draw in the picture that is missing?

a. ____

c. ____

e. ____

b. ____

d. ____

E. **C'est? Il est?**   For each adjective or noun you hear, check the expression you would use if you were saying a complete sentence.

⟳ *You hear*:   américaine
   You check: _____ c'est   _____ il est   _✔_ elle est

1. _____ c'est   _____ il est   _____ elle est

2. _____ c'est   _____ il est   _____ elle est

3. _____ c'est   _____ il est   _____ elle est

4. _____ c'est   _____ il est   _____ elle est

5. _____ c'est   _____ il est   _____ elle est

6. _____ c'est   _____ il est   _____ elle est

F. **Personnages célèbres.**   You will hear a brief description of four people. Listen carefully and fill in the chart with the required information. Then, complete your chart by writing in the name of a person that fits each description.

nationalité	profession	trait physique ou de caractère	nom
1.			
2.			
3.			
4.			

G. **C'est faux!**   Disagree with each statement you hear according to the example. Then listen in order to verify your response.

⟳ *You hear*:   Nicolas est malade.
   You say: C'est faux. Il n'est pas malade.
   You verify: C'est faux. Il n'est pas malade.

H. **Dictée.**   Listen to the following paragraph as often as necessary to fill in the words that are missing. Then, answer the question that follows.

Je _____ _____. _____ suis _____

et _____. Nicolas _____ Alceste _____ mes (*my*)

_____. Nicolas _____ _____ _____ un peu

fou—et il _____ _____ malade! Alceste _____

_____ mais un peu _____. Moi, _____ _____

_____ et énergique. _____ _____ nous _____

_____ élèves _____?

Et moi, qui suis-je? _____

CHAPITRE 2

La famille
. . . .

À l'écoute: La famille de Françoise

Do you remember Françoise from Madagascar? (See Chapter 1 in your lab manual.) You will now hear her speak about her family. Do task 1 in **Avant d'écouter,** then read task 2 in **Écoutons** before you listen to the conversation.

Avant d'écouter

1 In describing a family with several children, the following words are likely to be mentioned. Can you infer their meaning? Match them with their equivalent.

1. _____ le/la deuxième

2. _____ le/la troisième

3. _____ le fils/la fille aîné(e)

    a. l'enfant numéro 1

    b. l'enfant numéro 2

    c. l'enfant numéro 3

Écoutons

Attention! This conversation contains some unfamiliar expressions that you are not expected to understand. For each task, focus only on what you are asked to listen for. One task at a time, your comprehension will increase.

2 Listen to the conversation a first time in order to identify the type of information it contains. Check all categories that are mentioned, then listen again and put them in the proper sequence, following the example.

☑ __2__ information about her parents

☐ ____ information about her brothers and/or sisters

☐ ____ information about her grandparents

☐ ____ information about family activities

3 Rewind and listen to the conversation again in order to identify how many children there are in Françoise's family, and where she fits in. Circle the correct answers.

1. Nombre de fils   0   1   2   3   4   5

2. Nombre de filles   0   1   2   3   4   5

3. Françoise est   l'aînée   la deuxième   la troisième de sa famille.

4 Now rewind and play the conversation as often as necessary in order to complete the following chart. Write X in each box for which the information is either not given or irrelevant.

Nom	Age	Marié(e)?	Nombre d'enfants	Profession
Françoise		non		
Anne–Marie	35 ans			travaille à Air-Madagascar
Chantal			3	
Béatrice		fiancée		infirmière (*nurse*)
Christiane				travaille dans un bureau
Cyril				
Aimée				

5 Rewind once more and listen to the conversation a final time in order to answer the following questions.

1. Qui n'a pas un prénom typiquement français? _____

2. Quel est le nom de jeune fille (*maiden name*) de la mère? Complétez.

    R __ Z __ __ __ __ __ O

3. Quelles sont les activités préférées de la famille de Françoise? Cochez les bonnes réponses.

    a. _____ manger ensemble (*together*)

    b. _____ le cinéma

    c. _____ le sport

    d. _____ les jeux: le Scrabble, les dominos, etc.

    e. _____ voyager

Prononciation

 A. **Le son [r].**   First, review the three keys to pronouncing a French [r] correctly in the **Première étape** of Chapter 2 in your textbook.

Now, listen to the following sentences and repeat each one, paying close attention to the pronunciation of the French **r.**
1. Alors, Françoise n'a pas de frères.
2. Anne-Marie, la sœur aînée, a trente-cinq ans.
3. Elle travaille à Air-Madagascar.
4. La sœur qui est architecte est mariée et a trois enfants.
5. Béatrice n'est pas mariée.
6. Christiane travaille dans un bureau.
7. Le père s'appelle Cyril.

B. **L'intonation.**   Review the four basic intonation patterns outlined in the pronunciation section of the **Troisième étape** of Chapter 2 in your textbook.

Now, listen to the following sentences and repeat each one, using proper intonation as indicated.

1. Alors ma sœur aînée s'appelle Anne-Marie, elle a trente-cinq ans, elle est mariée, elle a deux garçons et elle travaille à Air-Madagascar.
2. Ma petite sœur est à Madagascar, avec mes parents. Elle a vingt-neuf ans et elle travaille dans un bureau.
3. Comment s'appelle-t-elle? —Christiane.
4. Vos parents aussi ont des noms bien français?
5. Mon père s'appelle Cyril et ma mère s'appelle Aimée.

Activités de compréhension

A. **Adjectifs possessifs.** Listen to the following nouns, and write the possessive adjectives that correspond to the subject pronouns provided.

> ⊃ *You hear:* une mère
> *You see:* je
> *You write:* <u>ma mère</u>

1. elle _____

2. il _____

3. tu _____

4. tu _____

5. je _____

6. je _____

7. ils_____

8. nous _____

9. vous _____

10. elles_____

B. **Les adjectifs démonstratifs.** Listen as several people are described. Indicate the form of the demonstrative adjective that you hear in each sentence.

> ⊃ *You hear:* Cet homme est français.
> *You check:* _____ ce   ✔ cet   _____ cette   _____ ces

1. _____ ce   _____ cet   _____ cette   _____ ces

2. _____ ce   _____ cet   _____ cette   _____ ces

3. _____ ce   _____ cet   _____ cette   _____ ces

4. _____ ce   _____ cet   _____ cette   _____ ces

5. _____ ce   _____ cet   _____ cette   _____ ces

6. _____ ce   _____ cet   _____ cette   _____ ces

C. **Les verbes en -er.** Listen to the following sentences and determine if each one is singular or plural. If it is singular, change the sentence to the plural. If it is plural, change it to the singular. Don't forget to pay particular attention to **liaison.**

> ⊃ *You hear:* Il écoute la radio.
> *You say:* Ils écoutent la radio.
> *You verify:* Ils écoutent la radio.

D. **La famille d'Angèle.** Angèle is going to describe the likes and dislikes of the members of her family. Listen as many times as necessary to fill in the chart with the information you hear. Stop the tape as needed to write your answers.

la personne	ce qu'on aime	ce qu'on n'aime pas	un adjectif pour le/la décrire
1. La sœur			
2.			
3.			sérieux
4.			

E. **Mais oui, mais non.** Listen to the statements and questions, and check the most logical response.

⟶ *You hear:* Tu aimes la classe de français?
You check: _____ Moi aussi.   ✔ Bien sûr.

1. _____ Moi aussi.   _____ Mais non.

2. _____ Mais si.   _____ Moi non plus.

3. _____ Pas du tout.   _____ Moi non plus.

4. _____ Moi aussi.   _____ Mais non.

5. _____ Bien sûr.   _____ Mais si.

F. **Comment?** Patrick surveyed students in his French class on their likes and dislikes. Listen as he reads the results of his poll. For each of his statements, confirm what you heard by asking a question using **qu'est-ce que** or **qui est-ce que**. Then, listen in order to verify your questions.

⟶ *You hear:* Nous aimons les vacances.
You say: Qu'est-ce que vous aimez?
You verify: Qu'est-ce que vous aimez?

G. **Les nombres.**   Write down the ages of the people you hear mentioned.

➲ *You hear:*   Robert a 13 ans.
   You write: Robert: _13_ ans

1. Nicolas: _____ ans   5. Mon grand-père: _____ ans

2. Hélène: _____ ans   6. Étienne:_____ ans

3. Tante Geneviève:_____ ans   7. Anne:_____ ans

4. Oncle Joseph:_____ ans   8. Moi: _____ ans

H. **Dictée.**   First, listen as Babette describes her family. Then rewind and listen to her description as many times as necessary in order to complete the paragraph with the missing words. When you finish the paragraph, answer the question about Babette's family that follows.

J' _____ une _____ assez _____. Nous

_____ _____ personnes. _____ _____

_____ _____ père, _____ _____,

_____ deux _____ et moi. Chez nous, _____

_____ beaucoup les _____ en _____, _____

_____, les concerts et _____ _____ aussi. Bientôt

_____ _____ fête de _____ _____ Charles qui

_____ _____ ans. Il _____ amusant _____ il

_____ beaucoup _____ _____ _____.

_____ _____ Bernard _____ _____

_____ et il _____ _____ aussi. Tous les deux,

_____ _____ les matchs de _____ et de _____.

Moi, _____ _____ la _____: _____ musique

_____ et _____ _____. J' _____

_____ de disques compacts et de _____. J'_____ aussi les

_____ _____. _____ _____ _____

la _____ classique et les _____ , _____ _____ la

_____ . Nous _____ _____ _____

_____ à la maison. Peut-être que nous _____ _____

_____ _____ _____ typique!

Based on Babette's description, which of the following magazines would you *not* expect to find in the family's home?

_____ Loisirs et sports

_____ Le Monde de la musique

_____ Télérama

_____ Études littéraires

_____ La Revue du cinéma

CHAPITRE 3

La maison et la ville
· ·

À l'écoute: Les maisons à Tahiti

You will hear a short interview with a Tahitian man who is going to talk about houses in French Polynesia. Do task 1 in **Avant d'écouter**, then read task 2 in **Écoutons** before you listen to the interview.

Avant d'écouter

1 The Tahitian word for house is **fare. Fare tupuna** is the traditional ancestral home. How do you imagine a **fare tupuna?** Check the possibilities that seem likely to you.

l'extérieur

_____ construction en bois (*wood*)

_____ construction en matières végétales: branches d'arbres (*trees*), feuilles (*leaves*), etc.

_____ construction en briques

l'intérieur

_____ une seule (*single*) pièce

_____ plusieurs (*several*) pièces séparées

_____ une seule maison pour plusieurs familles

_____ plusieurs maisons pour une famille

🔊 Écoutons

2 Listen to the interview a first time to identify its organization. Put the following topics in the proper sequence from 1 to 4.

a. _____ description of houses in Papeete, the capital of Tahiti

b. _____ the inside of a **fare tupuna**

c. _____ the outside of a **fare tupuna**

d. _____ family communities

3 Rewind and listen to the interview again to find out if the following statements are true or false. Write **V** for **Vrai** or **F** for **Faux,** and correct any false statements.

1. _____ Les maisons tahitiennes typiques sont construites en matières végétales.

   _____

2. _____ On utilise des feuilles de cocotier (*coconut tree*) pour le toit (*roof*).

   _____

3. _____ Le **fare tupuna** est une maison avec trois murs.

   _____

4. _____ Pour l'intimité (*privacy*) on utilise un système de rideaux.

   _____

5. _____ Trente personnes peuvent dormir (*can sleep*) dans la grande pièce.

   _____

6. _____ Il y a un coin cuisine dans la grande pièce.

   _____

7. _____ Il y a une maison séparée pour dormir, une maison pour se laver (*to wash up*), etc.

   _____

8. _____ Plusieurs familles qui sont rattachées au même **tupuna** (*related to the same ancestor*) habitent ensemble.

   _____

9. _____ À Papeete, il n'y a pas de maisons polynésiennes traditionnelles.

   _____

4 Rewind again and listen a final time to identify four specific rooms that are mentioned in the conversation.

   _____

   _____

   _____

   _____

Prononciation

 A. **Les voyelles nasales.** First, review the pronunciation section on nasal vowels in the **Première étape** of Chapter 3 in your textbook.

Now, listen to the following sentences, underline the nasal vowels you hear, and write the words with nasal sounds in the appropriate column. The first one is done for you.

	[ɑ̃]	[ɔ̃]	[ɛ̃]
1. Monsieur[1], vous êtes tahit<u>ien</u>... Comm<u>ent</u> s<u>ont</u> les mais<u>ons</u> à Tahiti?	comm<u>ent</u>	s<u>ont</u> mais<u>ons</u>	tahit<u>ien</u>
2. Les maisons tahitiennes sont construites en matières locales.			
3. La maison des ancêtres, c'est une grande pièce, comme une énorme chambre pour trente personnes.			
4. Les oncles et les tantes, les cousins et les cousines, les enfants, les parents et les grands-parents habitent ensemble.			
5. En ville, il y a des maisons comme en France avec des pièces séparées à l'intérieur.			

You will now hear the sentences again. Listen and repeat each one.

B. **Les sons [u] et [y].** First, review the pronunciation section on [u] and [y] in the **Troisième étape** of Chapter 3 in your textbook. Now, look at the following sentences. Underline the [u] sounds with one line and the [y] sounds with two lines.

1. Pouvez-vous nous parler des maisons à Tahiti?

2. C'est une maison avec ses quatre murs, pour une communauté de plusieurs familles.

3. Il y a une maison pour dormir, une maison pour la cuisine...

4. Et toi, tu connais Tahiti? —Pas du tout!

Now listen to the sentences, and repeat each one.

---

1. *Remember that the* **on** *in* **monsieur** *does not correspond to a nasal sound.*

Activités de comprehension

A. **Les pièces.** You will hear several people describing a room in their house or apartment. Listen and circle the room that is most likely being described.

1. une chambre   une cuisine   un séjour   une salle à manger
2. une chambre   une cuisine   un séjour   une salle à manger
3. une chambre   une cuisine   un séjour   une salle à manger
4. une chambre   une cuisine   un séjour   une salle à manger
5. une chambre   une cuisine   un séjour   une salle à manger
6. une chambre   une cuisine   un séjour   une salle à manger

B. **Questions.** You will hear several students asking questions. Listen and check the most logical response.

1. _____ Devant le cinéma.   _____ Agréable.   _____ Dakar.

2. _____ Au magasin.   _____ Français.   _____ Amusante.

3. _____ Sympathiques.   _____ Deux.   _____ Américains.

4. _____ Un peu fou.   _____ Maintenant.   _____ Georges.

5. _____ Je déteste les langues.   _____ Je vais aller en France.   _____ J'aime le jazz.

6. _____ Demain.   _____ Au centre-ville.   _____ C'est intéressant.

7. _____ Au restaurant.   _____ Le placard.   _____ Ma radio.

8. _____ Les films.   _____ Maintenant.   _____ Un studio.

9. _____ Je préfère les livres.   _____ J'aime les sports.   _____ Je déteste le rock.

C. **Les dépenses.** Étienne is trying to keep track of his expenses. Write down the amount he spent this month on each item and how much he has left.

1. Le studio: _____ F   4. Des livres: _____ F

2. Le téléphone: _____ F   5. Pour manger: _____ F

3. Le sac à dos: _____ F   6. Ce qui reste: _____ F

D. **Les adjectifs.** You will hear a list of adjectives. Listen and determine if each adjective refers to a bedroom or a living room, and circle the correct choice. If it can refer to either a bedroom or a living room, circle **les deux.**

1. une chambre   un salon   les deux
2. une chambre   un salon   les deux

3. une chambre   un salon   les deux

4. une chambre   un salon   les deux

5. une chambre   un salon   les deux

6. une chambre   un salon   les deux

7. une chambre   un salon   les deux

8. une chambre   un salon   les deux

You will now hear the adjectives again. Based on the choices you made in the first part of this activity, write the complete adjective + noun phrase(s).

> *You hear:*   petit
> *You write:*   *un petit salon*

1. _____

2. _____

3. _____

4. _____

5. _____

6. _____

7. _____

8. _____

E. **Le week-end.** You will hear a series of questions about week-end plans—yours and those of others you know. Listen and answer affirmatively or negatively.

> *You hear:*   Tu vas travailler beaucoup?
> *You say:*   Oui, je vais travailler beaucoup.
> *or:*   Non, je ne vais pas travailler beaucoup.

F. **L'impératif.** You will hear Madame Péron confirming the directions she has just been given. Reassure her by repeating the directions using the imperative. Then, listen in order to verify each of your statements.

> *You hear:*   Je tourne à gauche?
> *You say:*   Oui, tournez à gauche.
> *You verify:*   Oui, tournez à gauche.

G. **Où vont-ils?** You will hear bits of conversations or a variety of sounds. Listen carefully and write down where you think the people are or where they are going. Use the verbs **être** or **aller** as appropriate.

> ⟳ *You hear:* Une chambre pour deux personnes, s'il vous plaît.
> *You write:* <u>*Ils sont à l'hôtel.*</u>

1. _____

2. _____

3. _____

4. _____

5. _____

6. _____

7. _____

8. _____

H. **Dictée.** First, listen as Dominique describes his neighborhood. Then rewind and listen to his description as many times as necessary in order to complete the paragraph with the missing words. When you finish the paragraph, label the houses with the names of the people who live in them to find out which one belongs to Dominique's family.

J(e) _____ un _____ quartier (*neighborhood*) _____.

Mes _____ et mes _____ _____ dans _____

quartier aussi. Cécile _____ un _____ _____ dans un

bâtiment tout _____ _____ _____ poste.

_____ de Salima est _____ _____ _____ ce

studio. Mon copain Alain _____ une _____ maison _____

_____ _____ chez Salima (*Salima's place*), et Catherine a un

_____ appartement _____ _____ _____

chez Alain. Kofi, le _____ de Salima, habite _____ _____

d'elle. La _____ de _____ copain Gilles est _____

_____ _____ la _____. Enfin, ma _____ Denise

habite un _____ immeuble (*apartment building*) _____ la

_____ de Gilles.

Où est-ce que j'habite, moi?

CHAPITRE 4

L'école
. . . .

À l'écoute: En première année de fac

You will hear a short interview with a French student from the Paris area. Do task 1 in **Avant d'écouter**, then read task 2 in **Écoutons** before you listen to the conversation.

Avant d'écouter

1 In an interview with a student who is in her first year at a French university, what topics are likely to come up? Check the ones you would anticipate.

1. _____ des présentations: son nom, d'où elle vient, etc.

2. _____ ce qu'elle fait comme études (sa spécialisation)

3. _____ une description de ses cours

4. _____ ses plans: ce qu'elle veut devenir (*to become*)

5. _____ des commentaires sur ses profs

6. _____ des commentaires sur les examens

7. _____ son emploi du temps

8. _____ ce qu'elle fait après (*after*) les cours

9. _____ ce qu'elle fait pendant l'été (*during the summer*)

10. _____ une comparaison entre le lycée et la fac

🔊 Écoutons

2 Listen to the interview a first time in order to verify the topics discussed. Place a second check mark in task 1 next to the topics that are mentioned.

3 Rewind and listen to the conversation again in order to complete the following statements. Check the correct answers.

1. La jeune fille s'appelle Christelle

     a. _____ Guermantes.

     b. _____ Lazéras.

     c. _____ Marne-la-Vallée.

2. Elle vient de

     a. _____ Guermantes.

     b. _____ Lazéras.

     c. _____ Marne-la-Vallée.

3. Elle habite à _____ de Paris.

     a. _____ 2 km

     b. _____ 12 km

     c. _____ 24 km

4. Elle mentionne EuroDisney parce que c'est là

     a. _____ que son père travaille.

     b. _____ qu'elle travaille pendant l'été.

     c. _____ qu'elle veut travailler après ses études.

5. La fac où elle fait ses études est à

     a. _____ Paris.

     b. _____ Marne-la-Vallée.

     c. _____ L. C. E.

6. Elle fait des études

    a. _____ de langue et civilisation étrangères.

    b. _____ de commerce international.

    c. _____ d'informatique.

7. Elle a cours

    a. _____ de 9 h à 14 ou 15 h.

    b. _____ de 10 h à 16 ou 18 h.

    c. _____ de 8 h à 16 h.

8. Après ses cours, elle _____ avec des copains.

    a. _____ fait du sport

    b. _____ fait ses devoirs

    c. _____ va au café

9. Elle a _____ de devoirs par jour.

    a. _____ 2–3 heures

    b. _____ 3–4 heures

    c. _____ 4–5 heures

10. Dans son programme d'études, les professeurs donnent beaucoup

    a. _____ de dissertations (*papers*).

    b. _____ de travail de laboratoire.

    c. _____ d'examens.

4 Rewind again and listen to the conversation a final time in order to complete the list of her courses. Then answer the question about Christelle's professional plans.

1. Elle a des cours de

    a. _____ britannique

    b. grammaire _____

    c. littérature _____

d. littérature _____

e. _____ espagnole

f. conversation _____

g. _____ anglaise

h. _____ britannique

2. Quelle profession Christelle prépare-t-elle? _____

Prononciation

 A. **Les sons [e] et [ɛ].**   Review the pronunciation section on the sounds [e] and [ɛ] in the **Première étape** of Chapter 4 in your textbook.

 Now, listen to the following sentences, paying particular attention to the highlighted sounds. Underline the closed [e] sounds that you hear with one line, and the open [ɛ] sounds with two lines.

1. **Est**-ce que tu peux te pr**é**sent**er**?

2. Je m'app**e**lle Christ**e**lle Laz**é**ras.

3. Pendant l'**é**t**é** je travaille à EuroDisn**ey**.

4. Je suis en premi**è**re ann**ée** à la fac d**es** l**e**ttres de Marne-la-Vall**ée**; je f**ais** d**es é**tudes de langue et civilisation **é**trang**è**res.

5. J'**ai** de la gramm**ai**re angl**ai**se, un cours de litt**é**rature franç**ai**se, de la conv**e**rsation **e**spagnole. Qu'**est**-ce que j'**ai** d'autre?

6. C'**est** un emploi du temps ass**ez** charg**é**.

 Now, check the answers in the answer key.

 Listen to the sentences again and repeat each one, being careful to distinguish between the closed [e] and the open [ɛ] sounds. Make sure you do not make a diphthong for either sound.

 B. **Les sons [ø] et [œ].**   Review the pronunciation section on the sounds [ø] and [œ] in the **Troisième étape** of Chapter 4 in your textbook.

 Now, listen to the following sentences a first time and mark them as you listen. Do the highlighted sounds correspond to a closed [ø] or to an open [œ]? Underline the [ø] sounds that you hear with one line, and the [œ] sounds with two lines.

1. D'aill**eu**rs (*by the way*), elle travaille à **Eu**roDisney.

2. Christelle v**eu**t être profess**eu**r d'anglais.

3. Elle n'est pas paress**eu**se; c'est une j**eu**ne fille séri**eu**se.

4. Son cours qui commence à d**eu**x h**eu**res est quelquefois un p**eu** ennuy**eu**x.

5. Alors elle fait des dessins sur une feuille de son cahier, pour passer le temps...

6. Les étudiants qui veulent être avec leurs copains peuvent aller au café.

Now, check the answers in the answer key.

Listen to the sentences again and repeat each one, showing clearly the difference between the closed [ø] and the open [œ].

Activités de compréhension

A. L'heure.   You will hear several statements in which someone mentions the time of an event. Write down each indication of time that you hear.

⊃ *You hear:*   Le train numéro 300 pour Lyon-Ville part à 22 h 40
You write: *22 h 40*

1. _____   4. _____   7. _____

2. _____   5. _____   8. _____

3. _____   6. _____   9. _____

B. Réactions.   Listen to several statements made by your roommate, then check the *least* appropriate response.

1. ____ Vraiment?   ____ Tiens!   ____ Formidable!   ____ Et alors?

2. ____ J'en ai marre!   ____ Quelle chance!   ____ C'est vrai?   ____ Chouette!

3. ____ Super!   ____ C'est pas vrai!   ____ Mince!   ____ Ah bon?

4. ____ C'est incroyable!   ____ Tant pis!   ____ Zut alors!   ____ Oui?

5. ____ Tu plaisantes!   ____ C'est embêtant!   ____ Zut alors!   ____ Je m'en fiche.

C. Les dates de naissance.   You will hear a number of people giving their birth date. Write down the dates you hear.

⊃ *You hear:*   Mon anniversaire est le 5 septembre 1947.
You write: *5/9/47*

1. _____   4. _____   7. _____

2. _____   5. _____   8. _____

3. _____   6. _____   9. _____

D. **Les cours.** You will hear Suzette talk about her weekly schedule. Listen as often as necessary in order to complete the schedule that follows.

LUNDI	MARDI	MERCREDI	JEUDI	VENDREDI	SAMEDI	DIMANCHE

What do you think she does on Saturday and Sunday? Include several activities in the schedule for those days.

E. **Que font-ils?**   You will hear statements describing the following pictures. Write the number of each statement below the picture to which it corresponds.

a. _____

d. _____

g. _____

b. _____

e. _____

h. _____

c. _____

f. _____

F. **Les verbes.**   Listen to the following sentences and determine if each one is singular or plural. If it is singular, repeat the sentence in the plural and vice versa paying particular attention to pronunciation. Then listen to verify your answer.

> *You hear:*   Il apprend le français.
> *You say:*   Ils apprennent le français.
> *You verify:*   Ils apprennent le français.

G. **La diseuse de bonne aventure** (*fortune-teller*). Look into your crystal ball and say whether you think someone is or is not going to do the following things, based on the information you hear. Then listen and see if your answer is the same as that of the fortune-teller.

⟳ *You see:* faire ses devoirs
You hear: Elle déteste étudier.
You say: Elle ne va pas faire ses devoirs.
You verify: Elle ne va pas faire ses devoirs.

1. être médecin
2. comprendre les Français
3. comprendre le professeur
4. avoir une bonne note
5. étudier aujourd'hui
6. jouer au golf ce week-end
7. faire de la natation
8. apprendre à jouer au tennis

H. **Dictée.** First listen as a young person describes himself. Then rewind and listen to the description as often as necessary in order to complete the paragraph with the missing words. When you finish the paragraph, answer the question that follows.

Je _____ très _____. _____

_____ _____, et _____

_____ _____ lire. _____

_____ dans _____ _____ de

_____ _____. _____

_____ ce que papa écrit _____

_____ aussi. Papa _____ _____ et

fier de moi, _____ maman dit qu'il a tort (*he's wrong*).

_____ _____ _____.

_____ _____ convaincue que _____

cerveau _____ éclater, _____ _____

dit que _____ _____ _____

_____ _____ _____

_____ avec papa.

Qui suis-je? _____

CHAPITRE 5

À table!
. . . .

À l'écoute: Les repas au Cameroun

You will hear a short conversation in which a woman from Cameroon talks about meals in her native country. Do task 1 in **Avant d'écouter**, then read task 2 in **Écoutons** before you listen to the conversation.

Avant d'écouter

1 What kind of food do you think people generally eat in West Africa **(en Afrique de l'ouest)**? Check the items you think are plausible.

a. _____ du pain et du camembert

b. _____ des pâtes

c. _____ du riz

d. _____ du couscous *(wheat semolina)*

e. _____ du bœuf

f. _____ du poulet

g. _____ du poisson

h. _____ des haricots verts

i. _____ des tomates

j. _____ des épinards *(spinach)*

k. _____ des bananes

l. _____ des mangues *(mangoes)*

m. _____ des arachides *(peanuts)*

n. _____ des soupes

o. _____ des sauces

p. _____ ?

🖭 Écoutons

2 Listen to the conversation a first time in order to verify your predictions. Put a second check mark in task 1 next to the food items that are actually mentioned.

3 Rewind and play the conversation again in order to complete the following statements. Check all correct completions; however, do *not* check answers that are *not* mentioned in the conversation.

1. Élise mentionne que chaque (*each*) région du Cameroun a

    a. _____ son mode de vie (*way of life*).

    b. _____ son climat.

    c. _____ ses repas particuliers.

2. Élise vient

    a. _____ de l'ouest du Cameroun.

    b. _____ du sud (*south*) du Cameroun.

    c. _____ de la région de Lolodorf.

3. Le plantain

    a. _____ est une banane.

    b. _____ se prépare (*is prepared*) comme les pommes de terre.

    c. _____ se mange avec la viande.

4. En Afrique de l'Ouest, on fait des sauces avec

    a. _____ des arachides.

    b. _____ des mangues sauvages (*wild*).

    c. _____ des tomates.

5. Les légumes se mangent avec

    a. _____ du beurre.

    b. _____ des arachides.

    c. _____ de la crème de palme.

6. Les haricots verts et les petits pois sont

   a. _____ très communs dans les villages.

   b. _____ considérés comme la nourriture des Blancs.

   c. _____ importés de France.

7. Le couscous se mange avec

   a. _____ les doigts (*fingers*).

   b. _____ une fourchette.

   c. _____ une cuillère.

8. On mange la majorité des plats en Afrique de l'Ouest avec

   a. _____ de la sauce.

   b. _____ une cuillère en bois (*wooden*).

   c. _____ les doigts.

4 Rewind and listen to the conversation a final time in order to answer the following questions. Find at least three things to say for each question.

1. Qu'est-ce que c'est que le plantain?

   _____

   _____

   _____

2. Qu'avez-vous appris ici sur les légumes au Cameroun?

   _____

   _____

   _____

3. Qu'avez-vous appris sur les sauces?

   _____

   _____

   _____

Prononciation

A. **Le *e* caduc.** Review the pronunciation section in the **Première étape** of Chapter 5 in your textbook.

Now, listen to the following sentences a first time, paying close attention to the **e caducs** in bold type. As you listen, underline the ones that are pronounced and cross out the ones that are dropped.

1. Nous avons plusieurs sortes d**e** r**e**pas, tout dépend d**e** la région.

2. L**e** plantain, ça s**e** prépare comme les pommes d**e** terre, et ça s**e** mange avec la viande, la sauce, tout c**e** qu'on veut.

3. On mange beaucoup d**e** légumes. Les légumes, en Afrique d**e** l'Ouest, ça s**e** mange avec la crème d**e** palme.

Now, check your answers in the answer key.

Listen to the sentences again and repeat each one, making sure you drop the **e caducs** where necessary.

B. **Les articles et l'articulation.** Review the pronunciation section in the **Troisième étape** of Chapter 5 in your textbook.

Now, listen to the following summary of the conversation about food in Cameroon, and fill in the articles you hear. Cross out the **e caducs** that are not pronounced on the tape.

_____ gens _____ Cameroun ne mangent pas _____ pommes de terre, mais _____ plantain est comme _____ pomme de terre. _____ viande se mange donc avec _____ plantain et _____ sauce. _____ sauces _____ arachides ou _____ mangues sauvages sont très agréables avec _____ poulet. _____ légumes, comme _____ épinards par ex-emple, se mangent aussi avec _____ sauce spéciale.

Check your answers in the answer key.

Now, practice saying the preceding paragraph at fluent speed, making sure you drop the **e caducs** where necessary and pronounce all other vowels distinctly.

Activités de compréhension

A. **Les verbes.** Listen as Richard makes statements about his friend Michel and his twin brothers Alain and Alexis. If you can tell who he is referring to in each sentence, check the appropriate column. If you can't tell, check the question mark.

> ⟲ *You hear:* Ils achètent beaucoup de gâteaux.
> *You check:* Alain et Alexis

	Michel	Alain et Alexis	?
1.	____	____	____
2.	____	____	____
3.	____	____	____
4.	____	____	____
5.	____	____	____
6.	____	____	____
7.	____	____	____
8.	____	____	____

B. **Au restaurant.** You will hear a series of statements about what Laure and her friends are having for lunch. Based on the drawings that follow, indicate whether the statements you hear are probably true or probably false by writing **V** for **vrai** or **F** for **faux.**

le repas de Laure

le repas d'Aimée

le repas de Salima

1. _____   3. _____   5. _____

2. _____   4. _____   6. _____

C. **Ce qu'elles mangent.**   Refer once again to the drawing of the meals of Laure and her friends. You will hear a name and a food or drink item. Say whether or not each person is having that item.

> *You hear:*   Laure / frites?
> *You say:*   Oui, elle prend des frites.
> *You verify:*   Oui, elle prend des frites.
>
> *You hear:*   Laure / homard?
> *You say:*   Non, elle ne prend pas de homard.
> *You verify:*   Non, elle ne prend pas de homard.

D. **La fête.**   Lise and Karine are discussing what everyone has brought for a gathering of friends that evening. Listen to their conversation and fill in the chart with the items brought by each person.

Lise	Karine	Gilles	Charles
		1 bouteille d'eau minérale	*de la salsita*

E. **On joue aux cartes.**   The Martin children like to play a card game called *Fruits et Légumes*, in which players are awarded points for the various cards they have won. First, listen to their conversation and fill in the first part of the score card—the part that shows how many cards they have of each fruit and vegetable.

	pêches	fraises	framboises	carottes	oignons	tomates	total des points
Anne							
Paul							
Jean							
Lise							

Now switch off the cassette and figure out how many points each child has. Fill in the total in the right column of the score card. Each fruit and vegetable card is worth a different number of points:

oignons = 1 point   tomates = 3 points   framboises = 5 points
carottes = 2 points   fraises = 4 points   pêches = 6 points

Now answer the following questions, using complete sentences.

1. Qui a plus de carottes qu'Anne?

_____

2. Qui a autant de fraises que Paul?

_____

3. Qui a moins de tomates que Lise?

_____

4. Qui a plus de points qu'Anne?

_____

5. Qui a moins de points que Lise?

_____

6. Qui a gagné (won)?

_____

 F. **Aujourd'hui? Hier? Demain?**   Listen as various people make statements about their activities. Decide whether they are referring to the present, the past, or the future. Indicate your choice by circling either **aujourd'hui, hier,** or **demain.**

1. aujourd'hui   hier   demain
2. aujourd'hui   hier   demain
3. aujourd'hui   hier   demain
4. aujourd'hui   hier   demain
5. aujourd'hui   hier   demain
6. aujourd'hui   hier   demain
7. aujourd'hui   hier   demain
8. aujourd'hui   hier   demain

G. **L'anniversaire de maman.** The whole family contributed in making mom's birthday special. As your grandmother asks about everyone's participation, tell her what everyone did, using the passé composé of the verbs indicated.

⊃ *You hear:* Qu'est-ce que Caroline a fait?
You see: manger beaucoup de gâteau
You say: Elle a mangé beaucoup de gâteau.
You verify: Elle a mangé beaucoup de gâteau.

1. faire les courses
2. acheter le gâteau
3. oublier d'acheter le cadeau
4. préparer le dîner
5. beaucoup manger
6. prendre des photos

H. **Dictée.** You will hear Mme Bouvier talking about the groceries she purchased. Listen to the paragraph as often as necessary to fill in the missing words.

Pour préparer _____ _____, j'_____

_____ beaucoup _____ choses: deux

_____ _____ _____ et un kilo de

_____ de _____. J'_____

_____ aussi des _____, _____

_____, des _____. Puis, au _____

j'ai pris _____ _____, _____

_____ _____, des _____,

_____ _____, _____

_____ vanille et deux _____ de

_____. Et _____ pas le _____.

Nous _____ toujours _____ _____

avec le _____.

Now write down which dish(es) you believe she prepared based on the items she purchased.

une pizza?　　　une quiche?　　　un gâteau?　　　un ragoût?

Elle a préparé _____ et _____.

CHAPITRE 6

Le temps et les passe-temps

. . . .

À l'écoute: Les loisirs de Christelle

Do you remember Christelle, the French student from the Paris area? (See Chapter 4 in your lab manual.) You will now hear her speak about her leisure activities. Do task 1 in **Avant d'écouter,** then read task 2 in **Écoutons** before you listen to the conversation.

Avant d'écouter

1 How do you react to the following television shows? Check your personal reactions.

	je regarde ou j'enregistre (*record*)	j'éteins la télé	je m'endors (*fall asleep*)	ça m'énerve (ça m'irrite)
le journal télévisé				
un film historique				
un drame psychologique				
une comédie				
un jeu télévisé				
une émission de sport				
un documentaire				
un vieux film tard le soir				

2 Listen to the conversation a first time in order to identify its organization. Put the following topics in the proper sequence, from 1 to 4.

Christelle parle...

a. _____ des livres.

b. _____ de la télé.

c. _____ des activités pour «se changer les idées» (*change of pace*).

d. _____ du sport.

3 Listen to the conversation again in order to complete the following statements. Check *all* correct answers.

1. En période de cours (pendant l'année scolaire), Christelle

   a. _____ regarde souvent la télé

   b. _____ n'a pas le temps de regarder la télé.

2. Quand il y a une émission très intéressante à la télé, elle s'arrange (*makes arrangements*) pour

   a. _____ la regarder.

   b. _____ l'enregistrer.

3. Les émissions qu'elle considère comme très intéressantes sont

   a. _____ des films ou des documentaires.

   b. _____ des émissions de variétés ou de sport.

4. Pendant les vacances, elle

   a. _____ regarde souvent la télé le soir.

   b. _____ s'endort devant la télé presque (*almost*) tous les soirs.

5. Elle ne regarde pas souvent les jeux

    a. _____ parce qu'elle trouve que c'est bête.

    b. _____ parce que ça énerve sa petite sœur.

6. Elle aime

    a. _____ les films qui font penser (*that make you think*).

    b. _____ les drames.

7. Elle pense que les comédies

    a. _____ ont des répercussions sur sa vie.

    b. _____ on les oublie facilement.

8. Elle aime les livres

    a. _____ qui font penser.

    b. _____ qui ne font pas penser.

9. Elle dit que les étudiants français

    a. _____ jouent souvent au tennis.

    b. _____ n'ont pas le temps de faire beaucoup de sport.

10. Pour se changer les idées, Christelle aime

    a. _____ se balader (faire des promenades) dans Paris.

    b. _____ passer des heures dans les musées.

Prononciation

 A. **Les sons [o] et [ɔ].**   Review the pronunciation section of the **Première étape** of Chapter 6 in your textbook, and note the cases when the closed [o] occurs. All other **o**'s correspond to the open [ɔ]. Now, look at the following sentences. Underline the [o] sounds with one line, and the [ɔ] sounds with two lines.

1. Elle aime les documentaires et les films historiques; elle n'aime pas beaucoup les comédies.

2. Elle adore lire des romans, des poèmes et des journaux.

3. Quand il fait beau, elle fait du sport.

4. Comme autres loisirs, elle aime faire des promenades dans Paris.

 Now, listen to the sentences and repeat each one.

 B. **Les consonnes s et c.**   First, review the pronunciation section of the **Troisième étape** of Chapter 6 in your textbook on the various pronunciations of the letters **s** and **c** in French. Now, imagine that you are strolling through Paris with Christelle and you see the following expressions on signs or other notices. Some are familiar to you, others are not. Would you know how to pronounce them? Above the highlighted letters, write the proper sound: [s], [z], or [k].

1. Poisson frais!

2. Danger! Poison!

3. Traversée du désert du Sahara.

4. Spécialités de desserts-maison!

5. Visitez le site de vos prochaines vacances: Tarascon!

6. Ce coussin (*cushion*) pour votre cousin...

7. Conversion assurée de vos possessions!

Now, listen to the expressions and repeat each one.

Activités de compréhension

A. **Le 4 juillet.**   You will hear a meteorologist giving the day's weather report for several locations. Using the weather map as a guide, write the name of the city or region for each forecast you hear.

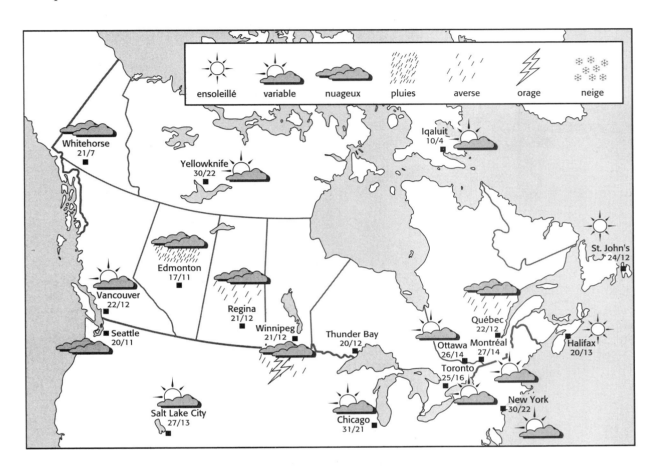

1. _____

2. _____

3. _____

4. _____

5. _____

B. **Des questions personnelles.** Sandrine's French teacher tends to ask a lot of personal questions every Monday morning to get the students to practice the passé composé. Listen as she questions Sandrine about her weekend activities. You play the role of Sandrine, answering the questions based on the written cues—using the passé composé, of course. Then listen in order to verify your answers.

> *You hear:* Qu'est-ce que vous avez fait ce week-end, Sandrine?
> *You see:* aller au cinéma
> *You say:* Je suis allée au cinéma.
> *You verify:* Je suis allée au cinéma.

1. aller avec ma copine
2. arriver vers 7 h 30
3. non / commencer vers 7 h 45
4. voir *Germinal*
5. aller au café
6. retrouver nos amis
7. rester deux heures
8. non / rentrer avant minuit

C. **Une visite.** You will hear Madame Ducharme talk about the visit of her husband's aunt. Listen a first time, numbering the verbs below in chronological order. The first one has been done for you.

_____ nous téléphoner _____

_____ rentrer chez elle _____

_____ aller à l'exposition Picasso _____

_____ décider de nous rendre visite _____

__1__ passer une semaine chez nous *l'année dernière.* _____

_____ écrire une lettre _____

_____ aller voir un match de foot _____

_____ arriver à la gare _____

_____ rentrer _____

Now listen as the statements are read again, and write *when* each activity occurred or will occur in the blank beside the corresponding verb.

D. **Les verbes.** Listen to the following sentences and determine if each one is singular or plural. If it is singular, repeat the sentence in the plural and vice versa paying particular attention to pronunciation. Then listen in order to verify your answers.

> ⟳ *You hear:* Vous dites la vérité.
> *You say:* Tu dis la vérité.
> *You verify:* Tu dis la vérité.

E. **Moi, je l'ai fait.** Answer each implied question using a direct object pronoun and the verb: **lire, dire, écrire,** or **voir.** Don't forget to make agreement with the past participle when necessary. Then listen in order to verify your answer.

> ⟳ *You hear:* Ce rapport?
> *You say:* Je l'ai écrit.
> *You verify:* Je l'ai écrit.
>
> *You hear:* Ce feuilleton?
> *You say:* Je l'ai vu.
> *You verify:* Je l'ai vu.

F. **Les relations personnelles.** Claude and Claudine are twins but they are very different in the way they react to others. Which one do you resemble the most? Answer the following questions about your relationships with others, using an indirect object pronoun in your answer. Then, as Claude and Claudine respond to the question, check the answer that corresponds to your own.

> ⟳ *You hear:* Tu poses des questions au professeur?
> *You say:* Bien sûr, je lui pose des questions.
> *or:* Mais non, je ne lui pose pas de questions.
> *You hear:* (Claude) Bien sûr, je lui pose des questions.
> (Claudine) Mais non, je ne lui pose pas de questions.
> *You check:* _____ Claude   *or*   _____ Claudine

1. _____ Claude   _____ Claudine

2. _____ Claude   _____ Claudine

3. _____ Claude   _____ Claudine

4. _____ Claude   _____ Claudine

5. _____ Claude   _____ Claudine

6. _____ Claude   _____ Claudine

7. _____ Claude   _____ Claudine

G. **Invitations.** You will hear four conversations in which an invitation is being extended. As you listen to each conversation, fill in the chart with the place, time, and expression used to accept or refuse each invitation.

Où va-t-on?	À quelle heure?	Expression pour accepter/refuser
1.		
2.		
3.		
4.		

H. **Dictée.** First listen as Claudine tells her roommate what she and her cousins did last weekend. Then rewind and listen to her description as many times as necessary in order to complete the paragraph with the missing words. When you finish the paragraph, complete the statement that follows about what you do to understand French better.

L' _____ _____ j'_____ _____ deux

_____ au Canada où je _____ _____ _____

mes grands-parents. Nous _____ _____ tous les sites touristiques—le

château, les _____, le Parlement. J'_____ beaucoup _____

la ville de Québec, et je _____ _____ _____

_____ un seul jour _____ _____ _____. Je

_____ _____ _____ mois de _____ quand il

_____ _____ alors j'_____ _____ beaucoup de

_____ avec _____ _____, et _____

_____ _____ tard. J'_____ _____ à

_____ bonjour au lieu d'_____ _____—c'est la coutume

au Québec! Maintenant je _____ mieux le _____ parce que

j'_____ _____ le _____ et j'_____

_____ des _____ à la _____ tous les jours.

J'_____ _____ beaucoup _____ cartes postales à

_____ _____ aussi—en _____, _____

_____. Voilà ce que j'_____ _____ l'été _____.

Pour mieux comprendre le français, moi, je _____

_____

CHAPITRE 7

Voyages et transports

· ·

À l'écoute: Un Africain à Paris

Larmé is a twenty-six-year-old student from Chad in Africa. You will hear him talk about his first day in France. Do task 1 in **Avant d'écouter**, then read task 2 in **Écoutons** before you listen to the conversation.

Avant d'écouter

1 Imagine an African student arriving in France for the first time. What do you think were his first impressions? What might have happened to him? Check the answers you anticipate.

1. À votre avis, quelle est la première chose qui l'a frappé (a fait une grande impression)?

   a. _____ La ville.

   b. _____ Le climat.

   c. _____ Le comportement (*behavior*) des gens.

2. Où a-t-il passé sa première nuit à Paris?

   a. _____ Dans un centre d'accueil (*welcome*) pour étudiants étrangers.

   b. _____ Dans un hôtel.

   c. _____ Chez un individu qui l'a hébergé et nourri (qui lui a donné une chambre et à manger).

3. Sur quelle sorte de personnes est-il tombé (*did he run across*)?

    a. _____ Des gens sympathiques.

    b. _____ Des gens bizarres.

    c. _____ Des gens indifférents.

🔊 Écoutons

2   Listen to the conversation a first time with the questions in task 1 in mind. Were your predictions accurate? Circle the correct answers.

3   Rewind and listen again to the conversation in order to answer the following questions. Several answers may be possible. Check *all* correct answers.

1. Quand Larmé est-il arrivé en France?

    a. _____ Il y a un an.

    b. _____ En hiver.

    c. _____ Un dimanche.

2. Qu'est-ce qu'il a pensé du climat? Il faisait (*it was*)...

    a. _____ frais.

    b. _____ un peu froid.

    c. _____ très froid.

3. Qui devait (*was supposed to*) venir le chercher à l'aéroport?

    a. _____ Le service d'accueil des étudiants étrangers.

    b. _____ Personne.

    c. _____ Un chauffeur de taxi.

4. Qu'est-ce que Larmé a fait à l'aéroport?

    a. _____ Il a téléphoné au centre international des étudiants et stagiaires.

    b. _____ Il a attendu plus d'une heure.

    c. _____ Il est tombé sur quelqu'un qui a eu pitié de lui (*felt sorry for him*).

5. Qui était (*was*) le monsieur de la Côte d'Ivoire?

   a. _____ Un employé de l'aéroport.

   b. _____ Un chauffeur de taxi.

   c. _____ Un autre étudiant étranger.

6. Qu'est-ce que ce monsieur a fait?

   a. _____ Il l'a hébergé et nourri chez lui (dans sa maison).

   b. _____ Il l'a conduit (*drove him*) à l'hôtel.

   c. _____ Le lendemain il l'a conduit au centre des étudiants étrangers.

7. Qu'est-ce qui a frappé Larmé quand il a vu Paris pour la première fois?

   a. _____ L'architecture des bâtiments.

   b. _____ Les gens.

   c. _____ Les voitures.

8. Comment sont les Parisiens, selon Larmé?

   a. _____ Assez (*rather*) grands.

   b. _____ Assez petits.

   c. _____ Toujours pressés.

4 Rewind and listen a final time to the conversation in order to answer the following questions. Write out your answers.

1. Qu'est-ce qui a été «comme un choc» quand Larmé est sorti de l'aéroport? Qu'est-ce qu'il a fait tout de suite?

   _____

   _____

2. Qui s'est occupé de (*took care of*) Larmé...

   a. le premier jour? _____

   b. le deuxième jour? _____

3. Résumez les trois différences que Larmé a trouvées entre le Tchad (l'Afrique) et la France.

_____

_____

_____

Prononciation

 A. **Les semi-voyelles [w] et [ɥ].** Review the pronunciation section on the semi-vowels [w] and [ɥ] in the **Première étape** of Chapter 7 in your textbook.

 Now, listen to the following sentences, paying particular attention to the highlighted sounds. Underline with one line the short [u] sounds you hear, like in **oui** [wi] or **soir** [swar]; underline with two lines the short [ɥ] sounds like in **huit** [ɥit].

1. Je s**ui**s venu en France pour contin**uer** mes études.

2. C'était au m**oi**s d'octobre, mais pour m**oi**, venant du Tchad, il faisait très fr**oi**d.

3. Je s**ui**s tombé sur un monsieur de la Côte d'Iv**oi**re.

4. Je l**ui** ai expliqué ma sit**ua**tion et il a eu pitié de m**oi**.

5. Il m'a hébergé pour la n**ui**t.

You will now hear the sentences again. Listen and repeat each one.

 B. **La lettre _l_.** Review the pronunciation section on the letter l in the **Troisième étape** of Chapter 7 of your textbook. Now, look at the following postcard that Larmé might have sent to his family after his first week in France. Underline the **-ll-** that are pronounced like a _y_. Check your answers in the answer key, then practice reading the sentences aloud, paying special attention to the **l**'s.

Chers papa, maman et toute la fam**ille**,

   La France est belle! J'ai vu beaucoup de vieilles villes et des petits villages tranquilles. J'ai visité le château de Chantilly, qui n'est pas loin de Paris.

   J'habite près de la place de la Bastille. Ma voisine est très gentille; hier, elle m'a donné des gâteaux qui s'appellent des mille-feuilles—c'est une spécialité française. Quel délice!

   À bientôt d'autres nouvelles.

                Larmé

 You will now hear the sentences from the postcard. Listen and repeat each one.

Activités de compréhension

A. **A l'hôtel.** Listen as different hotel clerks speak with clients. Fill in the type of room requested (**simple, double**) then mark the amenities mentioned in each conversation in the following chart. Put a check mark for those available and an X for those unavailable or not chosen.

CLIENT	CHAMBRE			HÔTEL						
	simple	double	sdb.	🏊	🛗	🐕	R.	🚗	💳	☆
Lagarde			✓							
Michard										
Martin										
Rocher			X							

Légende des abbréviations

sdb. = salle de bains   R. = restaurant

🏊 = piscine   🚗 = garage

🛗 = ascenseur   💳 = cartes de crédit

🐕 = chiens admis   ☆ = petit déjeuner

B. **La concierge.** Madame Bavarde, the concierge of a large apartment building, knows all about the habits of the tenants who live there. Play the role of the concierge as she responds to the questions of her equally curious husband. Use the cues provided. Then listen as Monsieur Bavarde confirms your responses.

> *You hear:* (Mme Bavarde) Monsieur Martin sort à 8 heures d'habitude.
> (M. Bavarde) Et Madame Martin?
> *You see:* Mme Martin / 8 h 30
> *You say:* Madame Martin sort à huit heures et demie.
> *You verify:* Ah, elle sort à huit heures et demie.

1. Madame Martin / 8 h 30
2. les Dupont / 8 h
3. les enfants / 8 h 20
4. Madame Thomas / 6 h 30
5. ses fils / 1 h du matin
6. ses fils / 7 h 30
7. Madame Thomas / 8 h
8. Madame Thomas / 9 h ce matin
9. Madame Thomas / 4 h
10. ses fils / pas encore

C. **À Cassis.** Today Monsieur Godot took the train from Paris to meet his family at their summer home in Cassis. It is now eight o'clock in the evening, and Monsieur Estragon asks you several questions about Monsieur and Madame Godot's activities during the day. Answer using an appropriate time expression (**il y a, pendant,** or **depuis**) according to the information that follows. Then listen as Monsieur Estragon confirms your answers.

9 h:	M. Godot sort de son bureau.	17 h 30:	M. Godot arrive à la gare de Cassis.
10 h:	M. Godot part de Paris.		
17 h:	Mme Godot sort de la maison.	18 h:	M. et Mme Godot rentrent.
17 h 20:	Mme Godot arrive à la gare de Cassis.	20 h:	l'heure actuelle (*current*)

➲ *You hear:* Il y a combien de temps que Monsieur Godot est sorti de son bureau?
You say: Il y a onze heures.
You verify: Ah, bon. Il y a onze heures.

D. **Où ça?** You will hear several tourists describe places they visited today. As you listen, choose the correct country or city among the choices given for that sentence. Then write in the appropriate preposition for the location you selected.

1. _____ France   _____ Chili   _____ Australie

2. _____ Toronto   _____ Bruxelles   _____ Rome

3. _____ Pays-Bas   _____ États-Unis   _____ Iran

4. _____ Égypte   _____ Philippines _____ Espagne

5. _____ Tunisie   _____ Colombie   _____ Angleterre

6. _____ Algérie   _____ Sénégal   _____ Portugal

7. _____ Tokyo   _____ Moscou   _____ Jérusalem

8. _____ Mexique   _____ Suisse   _____ Japon

E. **Quel verbe?** You will hear a series of questions containing the **-re** verbs you studied in this chapter. Listen to the questions a first time and circle the verb that you hear in each one. Then listen as the questions are repeated, and write the form of the verb that you hear in the blank at the end of the line.

➲ *You hear:* Ils attendent le professeur?
You circle: (attendre) descendre entendre répondre vendre

You hear: Ils attendent le professeur?
You write: *attendent*

1. attendre   descendre   entendre   répondre   vendre   _____

2. attendre   descendre   entendre   répondre   vendre   _____

3. attendre   descendre   entendre   répondre   vendre   _____

4. attendre	descendre	entendre	répondre	vendre	_____
5. attendre	descendre	entendre	répondre	vendre	_____
6. attendre	descendre	entendre	répondre	vendre	_____
7. attendre	descendre	entendre	répondre	vendre	_____
8. attendre	descendre	entendre	répondre	vendre	_____
9. attendre	descendre	entendre	répondre	vendre	_____

F. **De l'aide? Des renseignements?**   You will hear several people making requests. As you listen a first time, indicate whether each person is asking for help or information by circling either **aide** or **renseignements.** Then listen as the requests are repeated, and write an appropriate response to either accept or refuse the request, using expressions from the **Stratégies de communication** in Chapter 7, pages 276–277.

1. aide / renseignements _____

2. aide / renseignements _____

3. aide / renseignements _____

4. aide / renseignements _____

5. aide / renseignements _____

G. **Y? Lui?**   You will hear Nicolas asking his roommate Robert several questions about his plans. Assume the role of Robert, answering that you completed the activity yesterday or will do it tomorrow. Listen to Nicolas's questions, then give Robert's answers using the pronoun **y** or **lui** as appropriate. Then listen in order to verify your responses.

⟳ *You hear:*   Tu vas parler au prof?
You say: Oui, je vais lui parler demain.
You verify: Oui, je vais lui parler demain.

You hear: Tu es allé au cinéma?
You say: Oui, j'y suis allé hier.
You verify: Oui, j'y suis allé hier.

H. **Dictée.** First listen as Hélène reads the letter she has written to her parents while on vacation. Then rewind and listen as many times as necessary in order to complete the blanks in the letter. When you finish, decide where she and her husband are vacationing, and check your choice.

Chers Maman et Papa,

Quelles _____! Nous _____ _____ dans

_____ El Mouradi, un _____ de _____ luxe. C'est

merveilleux! _____ _____ tard tous les _____ parce

qu'ici _____ _____ le _____ _____ jusqu'à

_____. Après, _____ _____ vers midi _____

aller à la _____, ou _____ _____ mosquées ou

_____ marché où _____ _____ des _____ et

des _____ exotiques, _____ poteries et des _____. Puis le

guide nous _____ chaque _____ à _____ pour des

excursions en 4x4 _____ le _____. Cet _____ nous

_____ pour Tozeur et Nefta. Il y a trop à _____ et trop à

_____! Georges et moi, _____ _____ samedi

_____. Nous _____ vers 8 h _____ _____.

J'espère que _____ _____ nous _____ à

_____ à _____. Grosses bises!

Hélène

Hélène et Georges sont

_____ au Sénégal?

_____ en Égypte?

_____ en Tunisie?

CHAPITRE 8

Les relations humaines

À l'écoute: Les copains

You will hear a short interview with a young Frenchman named Nicolas. Do task 1 in **Avant d'écouter,** then read task 2 in **Écoutons** before you listen to the interview.

Avant d'écouter

1 Look at the following activities. Which age group do you think they pertain to? Write **e** for **enfant, a** for **adolescent,** or **e/a** for both.

1. _____ jouer au foot

2. _____ jouer à cache-cache (*hide and seek*)

3. _____ faire du vélo

4. _____ jouer au billard

5. _____ jouer au baby-foot (*Foosball*)

6. _____ jouer à des jeux électroniques

7. _____ jouer à des jeux de société comme le Monopoly, Dessiner C'est Gagner (*Pictionary*), Donjons et Dragons, etc.

8. _____ appartenir (*belong*) à des clubs de musique ou autres

🎞 Écoutons

2 Listen to the interview a first time in order to identify the type of information it contains. Check the points that are mentioned, then put them in the proper sequence, following the example.

__1__ Nicolas se présente.

_____ Il parle de sa famille.

_____ Il parle de ses amis du lycée.

_____ Il parle de ses copains de l'école primaire.

_____ Il parle de ses copains à l'université.

_____ Il définit le bonheur.

_____ Il mentionne des clubs.

_____ Il mentionne ses activités pendant l'été.

_____ Il compare l'amitié entre filles et entre garçons.

3 Rewind and listen to the interview again to see which of the activities listed in task 1 (page 231) are mentioned. Underline those activities and confirm whether they pertained to Nicolas as a young child (**e**) or as an adolescent (**a**).

4 Rewind and listen to the interview again in order to complete the following statements from the choices given. Several completions may be possible. Check *all* correct answers.

1. Nicolas vient

   a. _____ de Biarritz.

   b. _____ du Pays basque.

   c. _____ du sud-ouest de la France.

2. Quand il était à l'école primaire, ses copains et lui se retrouvaient

   a. _____ après l'école.

   b. _____ le mercredi.

   c. _____ le week-end.

3. Ils aimaient jouer à cache-cache

    a. _____ après l'école.

    b. _____ le mercredi soir.

    c. _____ quand il faisait nuit.

4. Quand il était au lycée, Nicolas avait

    a. _____ plus d'amis.

    b. _____ moins d'amis.

    c. _____ des amis plus proches (*closer*).

5. Après les cours, ils aimaient

    a. _____ aller dans une salle de jeux.

    b. _____ aller au gymnase.

    c. _____ s'installer à une terrasse de café.

6. Le week-end, ils aimaient

    a. _____ aller au cinéma.

    b. _____ regarder des vidéos.

    c. _____ jouer à des jeux de société.

7. L'été, ils passaient beaucoup de temps

    a. _____ dans les salles de jeux.

    b. _____ dans les discothèques.

    c. _____ à la plage.

8. Nicolas appartenait à

    a. _____ un club de jazz.

    b. _____ un club de foot.

    c. _____ un club de théâtre.

9. Pour le premier club qu'il mentionne, il répétait (*practiced*)

   a. _____ presque tous les jours entre midi et 14 heures.

   b. _____ trois fois par semaine de 17 à 19 heures.

   c. _____ dix heures par semaine.

10. Il jouait

    a. _____ de la trompette.

    b. _____ de la batterie (*drums*).

    c. _____ de l'harmonica.

11. Il mentionne qu'il a joué des pièces de

    a. _____ Molière.

    b. _____ Pagnol.

    c. _____ Shakespeare.

12. Il dit que ce qui faisait son bonheur à cette époque, c'était

    a. _____ être avec ses amis.

    b. _____ discuter.

    c. _____ faire de la musique.

Prononciation

A. **La lettre g.** Review the pronunciation section on the letter **g** in the **Première étape** of Chapter 8 in your textbook. Now, look at the following sentences. Which sounds do the highlighted **g**'s correspond to? Above the **g**'s write 1 for [ʒ], 2 for [g], and 3 for [ɲ].

1. La pla**g**e de Biarritz est ma**gn**ifique.

2. Un des copains de Nicolas s'appelait **Gu**illaume; il y avait aussi **G**ontran, **G**ilbert et **G**érard.

3. En **g**énéral, ils man**g**eaient un petit **g**oûter (*afternoon snack*) avant d'aller jouer.

4. Ils i**gn**oraient l'heure quand ils jouaient à cache-cache.

5. Le père de Nicolas était **g**ynécolo**g**ue (un médecin spécialisé).

Now, listen to the sentences and repeat each one.

B. **Les consonnes finales.**   Review the pronunciation section on final consonants in the **Troisième étape** of Chapter 8 in your textbook.

Listen to the following sentences, paying close attention to the final consonants that are highlighted. Cross out the ones that are not pronounced and underline the ones that are pronounced.

1. Nicolas vient du Pays basque, dans le sud-ouest de la France.

2. Le mercredi, les garçons se retrouvaient tous pour jouer au foot.

3. Au lycée, Nicolas était plus seul; en fait, il avait moins de copains mais plus d'amis proches.

4. Les jeunes préféraient le billard au tennis.

5. L'été, ils étaient tout le temps à la plage.

6. Tout le monde s'amusait au bord de la mer.

You will now hear the sentences again. Listen and repeat each one. Make sure you release all final consonant sounds clearly and completely.

Activités de compréhension

A. **De bons ou de mauvais rapports?**   Lionel and Céleste fell in love at the same time as Thierry and Caroline. The first couple lived happily ever after, but Thierry and Caroline went their separate ways. As you listen to a series of statements about what the two couples' relationships were like, indicate whether the sentences refer to Lionel and Céleste or to Thierry and Caroline.

> *You hear*:   Ils ne s'amusaient plus.
> *You check*:   _____ Lionel et Céleste   ✔ Thierry et Caroline

1. _____ Lionel et Céleste   _____ Thierry et Caroline

2. _____ Lionel et Céleste   _____ Thierry et Caroline

3. _____ Lionel et Céleste   _____ Thierry et Caroline

4. _____ Lionel et Céleste   _____ Thierry et Caroline

5. _____ Lionel et Céleste   _____ Thierry et Caroline

6. _____ Lionel et Céleste   _____ Thierry et Caroline

7. _____ Lionel et Céleste   _____ Thierry et Caroline

8. _____ Lionel et Céleste   _____ Thierry et Caroline

B. **Aujourd'hui / autrefois.** You will hear several sentences describing Josée's current activities. The drawings that follow illustrate her childhood activities. Compare each sentence you hear with the related drawing, and make a statement about how things *used to be* for Josée. (Some things *never* change!) Then listen to verify your answers.

⮑ *You hear*:   Aujourd'hui Josée va à son bureau le matin.
   You see: the preceding drawing
   You say: Autrefois elle allait à l'école.
   You verify: Autrefois elle allait à l'école.

1.

2.

3.

4.

5.

6.

C. **Rapports.** You will hear a series of questions about your relationships with other people: **votre copain/copine, votre petit(e) ami(e), vos parents, vos professeurs.** Complete the following answers using the relative pronoun **qui** or **que.**

> ⤺ *You hear*: Qui vous fait rire *(makes you laugh)*?
> *You write*: C'est/~~Ce sont~~ *mon copain qui* me/~~m'~~ *fait* rire.

1. C'est/Ce sont _____ je/j' _____ souvent le

   samedi.

2. C'est/Ce sont _____ me/m' _____ de l'argent.

3. C'est/Ce sont _____ je/j' _____ beaucoup.

4. C'est/Ce sont _____ me/m' _____ bien.

5. C'est/Ce sont _____ me/m' _____ beaucoup de

   questions.

6. C'est/Ce sont _____ je/j' _____ toujours.

7. C'est/Ce sont _____ je/j' _____ tous les jours.

8. C'est/Ce sont _____ me/m' _____ des lettres.

D. **Qui l'a dit?** You will hear a series of questions and statements. Listen to identify which of the following persons most likely asked the question or made the statement:

   a. une mère à son enfant
   b. un prof à ses étudiants
   c. un adolescent à ses parents
   d. votre camarade de chambre à vous

Then respond as the person addressed, using the appropriate object pronoun: **me, te, nous,** or **vous.** Finally, listen to verify your answers.

> ⤺ *You hear*: Vous avez des questions à me poser?
> *You identify*: b (un prof à ses étudiants)
> *You say*: Oui, nous avons des questions à vous poser.
> *You verify*: Oui, nous avons des questions à vous poser.

1. _____   3. _____   5. _____   7. _____

2. _____   4. _____   6. _____

E. **Comment sont-ils?** You will hear Jacques asking Françoise to describe various members of her family. Play the role of Françoise, responding to the questions you hear, using a stress pronoun and the cues that follow. Then listen to verify your answers.

> ➲ *You hear*:   Comment est ton frère?
> *You see*:   petit
> *You say*:   Lui, il est petit.
> *You verify*: Lui, il est petit.

1. timide
2. énergique
3. généreux
4. actives
5. sportifs
6. assez sérieux
7. pas du tout sérieuse
8. sociables

F. **Conseils.** You will hear four people mention a problem they are having. Respond to each one, choosing the most logical response of those suggested. Then listen to verify your answer.

1. _____ Il faut lui parler.

   _____ Tu dois acheter un nouveau livre.

   _____ Tu as besoin de dormir.

   _____

2. _____ Il faut travailler.

   _____ Si tu allais au cinéma avec moi?

   _____ Tu dois étudier plus souvent.

   _____

3. _____ Il faut parler au professeur.

   _____ Tu dois en demander à tes copains.

   _____ Si tu trouvais un job?

   _____

4. _____ Si tu faisais une promenade?

_____ Il faut savoir écouter.

_____ Tu as besoin de ranger ta chambre.

_____

You will now hear the cues repeated. Listen and write a suggestion of your own in the blank provided.

G. **Dictée.** After reading an article on love and marriage in the nineties, Madame Rigolo expresses concern about her granddaughter's relationship with her fiancé. Then she and her husband compare that relationship with their own as they reminisce about the early days of their courtship. Listen to their conversation as often as necessary to complete the blanks, then answer the question that follows.

— Tu _____ _____ cet article au sujet de _____ et du

_____? C'est _____. La _____ des _____

comme Christophe et Simone est _____ _____ _____.

— _____ _____. Quand _____ _____

_____, _____ choses _____ bien _____. Tu

_____ _____?

— _____ sûr. Par exemple, Christophe _____ tous les jours

_____ Simone, et _____, _____ ne _____

_____ _____.

— _____ _____ _____ de _____! Je

_____ des _____—des _____!

— Et _____ ne _____ _____ jamais _____ des

_____ _____ _____.

— _____ boîtes de nuit?! Je _____ _____ toujours chez

toi—avec toute _____ _____... ta _____, ton

_____, _____ _____ _____!

— Mais _____ _____ ensemble et _____

_____ de tout.

— Eh oui, _____ _____ nos _____ et _____,

tu _____ _____ toujours des _____. Je ne

_____ jamais avec _____.

— C'est _____ qu'on _____ bien.

— On _____ _____ _____.

— Comme tout le monde. Mais _____ _____ sans _____.

— On _____ _____ _____ _____ toujours.

— Mais nous _____ _____ bien ensemble.

— _____?! Nous _____ _____ toujours ensemble,

_____ _____?

— Pas _____!

D'après vous, quel âge ont Monsieur et Madame Rigolo? _____

CHAPITRE 9

Les souvenirs

· · · · · · · · · · · · · · · · ·

À l'écoute: Un séjour chez les Amérindiens

You will hear a short interview with a young man from Quebec. Do task 1 in **Avant d'écouter,** then read task 2 in **Écoutons** before you listen to the conversation.

Avant d'écouter

1 Michel Dubois, a native of the city of Quebec, had a chance to spend some time on an Indian reservation **(une réserve)** near Sept-Îles, on the northernmost banks of the Saint Lawrence River. The following words will be mentioned in the interview:

> un chantier (un lieu de travail de construction)
> des arbres (*trees*); le bois (*wood*)
> pêcher; chasser
> un site de camping

From these words, what can you speculate about Michel's reason for going **chez les Amérindiens?** Check the reason that seems most likely to you.

Michel est allé dans une réserve

_____ pour y passer ses vacances.

_____ pour y travailler.

_____ pour étudier l'effet des pluies acides sur les arbres.

Écoutons

2 Listen to the conversation a first time in order to verify your prediction. Underline in task 1 Michel's actual reason for going **chez les Amérindiens.**

3 Rewind and listen to the conversation again to find out if the following statements are true or false. Write **V** for **vrai** or **F** for **faux,** and correct false statements.

1. _____ Michel appelle les Amérindiens «les autochtones».

   _____

2. _____ La réserve où il est allé était pour la tribu des Montagnais.

   _____

3. _____ La réserve était à 500 km de la ville de Québec.

   _____

4. _____ Il y est allé avec un programme d'échanges pour jeunes travailleurs.

   _____

5. _____ La communauté où il est allé n'avait pas l'habitude (*wasn't accustomed*) de vivre avec des étrangers.

   _____

6. _____ Michel est allé seulement une fois dans cette réserve.

   _____

7. _____ Il y est resté pendant trois semaines en tout (*in all*).

   _____

8. _____ Les Amérindiens de cette réserve ne reçoivent pas d'aide sociale du gouvernement canadien.

   _____

9. _____ L'industrie principale de la région est l'industrie du bois.

   _____

10. _____ Michel a travaillé à l'aménagement (la construction) des routes.

   _____

11. _____ Le projet était financé par Hydro-Québec.

   _____

12. ____ Pour ce projet, il était nécessaire de couper (*cut down*) des arbres.

_____

4 Rewind and listen again to the end of the interview in order to answer the following questions.

1. «Sans le savoir, ils détruisaient (causaient la destruction de) leur propre (*own*) territoire.»

   a. De qui Michel parle-t-il? _____

   b. Que faisaient-ils comme destruction? _____

   _____

   c. Pour quelle raison? _____

2. Qu'est-ce que Michel a appris pendant son séjour chez les Amérindiens? Nommez cinq choses.

   Il a appris à _____

   _____

Activités de compréhension

A. **Evénements? Circonstances?**   You will hear Claudine talking about how she spent her last weekend. Listen to each statement and indicate if she is talking about events (and using the **passé composé**) or circumstances (and using the imperfect). Circle your choice.

    ⟲ *You hear:*   Mes copains m'ont téléphoné de bonne heure.
    You circle: (événement)/ circonstance

1. événement / circonstance	6. événement / circonstance
2. événement / circonstance	7. événement / circonstance
3. événement / circonstance	8. événement / circonstance
4. événement / circonstance	9. événement / circonstance
5. événement / circonstance	

B. **Bonne mémoire?**   You will hear Georges Cardin describing a crime committed when he was a child. However, some of the details have faded from his memory over the years. First listen and decide if each statement you hear is true or false based on the pictures that follow, and circle **vrai** or **faux**.

1. vrai / faux _____

2. vrai / faux _____

3. vrai / faux _____

4. vrai / faux _____

5. vrai / faux _____

6. vrai / faux _____

7. vrai / faux _____

8. vrai / faux _____

9. vrai / faux _____

10. vrai / faux _____

Now you will hear the statements again. Listen and correct any false information in the blanks provided.

C. **Un samedi décevant.**   You will hear David talking about a disappointing Saturday. For each sentence you hear, indicate which meaning of the verb is intended. Circle the correct answer.

⊃ *You hear:*   D'abord, j'ai dû ranger ma chambre.
  You see: devoir: was supposed to   had to
  You circle: devoir: was supposed to   (had to)

1. devoir: was supposed to   had to
2. pouvoir: couldn't   failed to
3. pouvoir: couldn't   failed to
4. vouloir: didn't want to   refused to
5. vouloir: wanted to   tried to
6. savoir: didn't know   didn't find out

D. **Stratégie.**   You will hear a series of statements expressing thanks or wishing someone well. Write the number of the statement in the blank beside the context in which you would most likely make that statement. The first one has been done for you.

_____   Your roommate received an A on an exam.

_____   Your roommate offers to pay for your dinner.

_____   Your roommate is about to take an important exam.

___1___   Your roommate is leaving for Hawaii.

_____   It's your roommate's birthday.

_____   Your friend thanks you for helping him with his homework.

_____   Your roommate has too much to do and not enough time.

E. **Le verbe *connaître*.**   You will hear a series of sentences containing the verb **connaître**. If the sentence refers to one person, change it so that it refers to more than one person, and vice versa. Then listen in order to verify your answers.

⊃ *You hear:*   Tu connais Paul?
  You say: Vous connaissez Paul?
  You verify: Vous connaissez Paul?

F. **Connaître? Savoir?**   You want to find out what your classmate knows and doesn't know. For each item you hear, ask if your classmate knows that person or thing, using the verb **connaître** or **savoir.** Then listen to verify your question.

> ⟳ *You hear:*   Québec
> *You say:*   Tu connais Québec?
> *You verify:* Tu connais Québec?

G. **Personne? Rien?**   You will hear David's French teacher ask him a series of questions about his weekend. He's feeling very uncooperative, so he responds negatively to every question. Listen to the questions, then give David's answers using **personne** or **rien.** Then listen to verify your answer.

> ⟳ *You hear:*   Qu'est-ce que vous avez fait?
> *You say:*   Je n'ai rien fait.
> *You verify:* Je n'ai rien fait.

H. **Dictée.**   First listen as Caroline describes how her family celebrated Bastille day. Then rewind and listen to her description as many times as necessary in order to complete the paragraph with the missing words. When you finish the paragraph, answer the question that follows about how you celebrated your national holiday.

C'_____ le _____ juillet et nous _____ célébrer la

_____ en famille. Mais que faire? _____ _____ d'accord

sur les activités. Moi, je _____ faire un _____ à la _____,

mais les autres _____ _____ _____ parce qu'

_____ _____ _____ toujours la foule (*crowd*) le quatorze

juillet. Papa _____ _____ qu'il _____ _____ à

la maison le _____. Puis Eric _____ _____ regarder le

_____ à la _____. Maman _____ ça _____; elle

_____ _____ _____ à nos _____. Mais

_____ _____ _____ _____ à _____

chez eux pour les petits _____ on _____ _____ de ne pas

_____ _____. Enfin, nous _____ _____

_____ décider quoi _____, alors nous _____

_____ à la _____, et nous _____ _____ fait.

Quelle _____ _____!

Qu'est-ce que vous avez fait l'année dernière pour célébrer la fête nationale?

_____

CHAPITRE 10

La vie de tous les jours

. . . .

À l'écoute: Les jeunes et la mode

Do you remember Nicolas from Biarritz? (See Chapter 8 in your lab manual.) You will now hear him speak about clothes and fashion. Do task 1 in **Avant d'écouter,** then read task 2 in **Écoutons** before you listen to the conversation.

Avant d'écouter

1 Think about the "typical" high school students you know. How do they dress? List some typical clothes and shoes, with their brand names **(la marque)** if appropriate, and indicate **F** for **filles, G** for **garçons,** and **F/G** for both.

vêtements	F/G	marque	chaussures	F/G	marque

Écoutons

2 Listen to the conversation a first time in order to identify its main ideas. Check the topics that are mentioned.

1. _____ l'importance de la mode dans les universités françaises

2. _____ description de la manière dont s'habillent les vedettes (les stars du cinéma et de la chanson)

3. _____ la mode pour les jeunes bourgeois

4. _____ la mode pour les jeunes «hard rock»

5. _____ la mode pour les jeunes d'origine étrangère (les immigrés)

6. _____ la mode pour les jeunes qui ne veulent pas s'identifier à un groupe social particulier

7. _____ les chaussures que les jeunes Français portent pour faire du sport

8. _____ les chaussures que les jeunes Français portent pour aller à l'école

9. _____ les marques préférées de Nicolas

3 Rewind and listen to the conversation again to see if Nicolas mentions some of the clothes, shoes, and brand names you listed in task 1. Put a check mark by the ones that are mentioned.

4 Rewind and listen again in order to complete the following statements. Several answers may be possible. Check all correct answers.

1. En ce qui concerne la mode, les jeunes Français sont influencés par

   a. _____ la télé.

   b. _____ les grands couturiers comme Dior et Yves Saint-Laurent.

   c. _____ le top 50 (les vedettes de la chanson).

2. Nicolas dit que Biarritz est une ville

   a. _____ très diverse du point de vue social et économique.

   b. _____ assez bourgeoise.

   c. _____ assez hippie.

3. Les jeunes de familles riches portent

    a. _____ un style décontracté (*relax*) mais classique.

    b. _____ des marques bien précises.

    c. _____ le Lévis 501.

4. Les marques «bourgeoises» que Nicolas mentionne incluent

    a. _____ Chevignon.

    b. _____ Lacoste.

    c. _____ Naf Naf.

5. Les filles portent généralement

    a. _____ des jupes.

    b. _____ des marques différentes.

    c. _____ la même chose que les garçons.

6. Pour le style «hard rock», Nicolas mentionne

    a. _____ les tee-shirts noirs.

    b. _____ les blousons noirs.

    c. _____ les cheveux longs.

7. Les jeunes qui ne veulent pas «se montrer» portent généralement

    a. _____ un jean et polo.

    b. _____ un jean et tee-shirt.

    c. _____ des vêtements plus habillés.

8. Comme chaussures, pour aller à l'école les jeunes Français portent

    a. _____ des tennis.

    b. _____ des baskets.

    c. _____ des mocassins.

9. Les _____ ne sont plus à la mode.

    a. _____ Converse

    b. _____ Doc Martens

    c. _____ Nike

10. En conclusion, Nicolas dit que la mode

    a. _____ est plus importante pour les filles que pour les garçons.

    b. _____ n'est plus très importante pour lui.

    c. _____ est moins importante qu'avant dans la société française.

Activités de compréhension

A. **Pas exactement.** You will hear a series of statements about Djamila's activities yesterday, but none of the statements is exactly accurate. Listen to the statements as you look at the corresponding pictures, and correct the statements using a pronominal verb in your response. Then listen to verify your answer.

    You hear: Djamila s'est levée de bonne heure.
    You see: the preceding picture
    You say: Mais non, elle s'est levée tard.
    You verify: Mais non, elle s'est levée tard.

1.

3.

5.

2.

4.

6.

B. **Les vêtements.** You will hear some background sounds and sometimes some people speaking. Listen carefully and decide what the people in these situations are probably wearing. Check *all* the choices you think are likely.

1. _____ un short   _____ un maillot   _____ un costume   _____ des sandales
                               de bain

2. _____ une veste   _____ un tee-shirt   _____ une robe   _____ une cravate

3. _____ des baskets   _____ des gants   _____ un short   _____ une jupe

4. _____ un jean   _____ des tennis   _____ un pyjama   _____ un pull

5. _____ un polo   _____ un manteau   _____ des gants   _____ des bottes

6. _____ un tee-shirt   _____ un pantalon   _____ une chemise   _____ un pyjama
                                                        de nuit

C. **Le verbe** *mettre.* You will hear a series of questions about what various people are putting on today. Answer using the pictures as cues, then listen to verify your answer.

↺ *You hear:* Qu'est-ce que le prof met aujourd'hui?
You see: the preceding picture
You say: Il met une chemise en coton uni.
You verify: Il met une chemise en coton uni.

1.

2.

3.

4.

5.

6.

D. **L'impératif.**   You will hear Pascal mention several items of clothing. If he mentions men's or unisex clothing, tell him to put it on. If he mentions women's clothing, tell him not to put it on. Listen as the items are repeated and verify your answers.

> ⮌ *You hear:*   Des chaussures habillées?
> *You say:*   Mets-les!
> *You verify:*   Des chaussures habillées? Mets-les!

E. **Des compliments.**   You will hear a series of mini-conversations in which one person pays a compliment and another person responds. Listen to the conversations, and decide whether the responses are appropriate or not in French, and circle **approprié** or **pas approprié.** Then write a better response for each one that you marked as inappropriate.

1. approprié   pas approprié   _____

2. approprié   pas approprié   _____

3. approprié   pas approprié   _____

4. approprié   pas approprié   _____

5. approprié   pas approprié   _____

F. **Dictée.**   First listen as Françoise describes a problem she wrestles with each spring: how to get into last year's bathing suit. Then, rewind and listen to her explanation as many times as necessary to complete the paragraph with the missing words. When you finish the paragraph, answer the question that follows about *your* habits.

Plus _____ _____! Dès aujourd'hui, je _____ des

_____ _____. Je _____ _____

_____—je _____! Pourquoi? Parce qu'il faut _____ à

_____ le _____ _____ _____ à fleurs que j'ai

acheté l'année dernière. Maintenant, il _____ _____

_____ _____ _____ du tout parce que je _____

_____ _____ _____ _____ _____.

Mais, dans trois mois... vous _____ _____! En fait, j'ai

_____ commencé mon _____. Ce matin, je _____

_____ _____ de bonne heure, et je _____

_____ _____ tout de suite. J'_____ _____ un

_____, un _____ et des _____ et j'_____

_____ une demi-heure devant la télé à _____ de l'_____

avec ce bel _____ musclé à la chaîne 2! «_____! _____!

_____ vos pieds!» Ouf! Après j'_____ _____ mon petit

déjeuner—du _____ grillé sans _____, du café _____, une

orange. Tout ça avant de _____ pour aller au travail. À midi, j'_____

_____ une _____—que je suis _____ ! L'après-midi je

_____ _____ _____ avec ma copine. Et maintenant, le

soir? Eh oui, j'ai _____ partout—aux _____, au _____,

aux _____. Mais dans trois mois... vous allez voir. Je _____

_____ _____ ce _____ de _____!

What steps have you ever taken to get in shape? Check all that apply.

_____ faire de l'aérobic?

_____ faire de la musculation

_____ faire du jogging

_____ choisir des légumes, des fruits

_____ ne pas manger de dessert

_____ ne pas manger du tout

CHAPITRE 11

Plans et projets
. . . .

À l'écoute: La femme en Afrique

In this short conversation, Larmé, the young man from Chad, will answer a few questions about women in Africa. Do task 1 in **Avant d'écouter,** then read task 2 in **Écoutons** before you listen to the conversation.

Avant d'écouter

1 In a conversation about women in Africa, what topics are likely to come up? Check the ones you would anticipate.

1. _____ discussion du rôle traditionnel de l'homme et de la femme en Afrique

2. _____ influences de l'Occident sur la société africaine

3. _____ question de la polygamie vs la monogamie

4. _____ commentaires sur l'éducation des femmes

5. _____ exemples de professions occupées par des femmes

6. _____ réformes proposées par le gouvernement

7. _____ prédictions sur l'avenir de la femme en Afrique

8. _____ anecdote(s) personnelle(s)

2 Listen to the conversation a first time in order to verify its topics. Put a second check mark in task 1 by the topics that are actually mentioned.

3 Rewind and listen to the conversation again in order to match the nouns on the left with the adjectives that Larmé uses to qualify them. Note that in the list on the right there are two extra adjectives that do not apply.

1. _____ la civilisation
2. _____ les influences extérieures
3. _____ les co-épouses
4. _____ la société africaine

a. de plus en plus forte(s) (*increasingly strong*)
b. dominée(s) par la religion
c. dominée(s) par l'homme
d. universelle(s)
e. moins traditionnelle(s)
f. beaucoup plus jeune(s)

4 Rewind and listen again in order to complete the following summary of the conversation. Fill in the blanks.

Les (1) _____ comme la radio et (2) _____ sont la raison pour

laquelle, selon Larmé, (3) _____ tend (*tends*) à être (4) _____.

Larmé pense que la société africaine évolue vers (5) _____, à cause de

l'influence de (6) _____ mais aussi pour des raisons (7) _____.

Larmé lui-même vient d'une famille (8) _____ avec (9) _____

femmes et (10) _____ enfants. Sa mère, qui est (11) _____ femme, a

aidé son père à (12) _____ les (13) _____. C'est une famille où

(14) _____ (15) _____ très bien, mais Larmé, comme beaucoup de

jeunes de sa génération, ne veut pas pratiquer (16) _____.

Il y a déjà beaucoup de femmes qui (17) _____ dans l'administration, dans

(18) _____ et ailleurs (*elsewhere*), mais l'indépendance ne sera pas

(19) _____ pour la femme africaine; ça va être une lutte (*struggle*) beaucoup

(20) _____ qu'en (21) _____.

5 If you had a chance to talk to Larmé, what questions would you like to ask him about **l'avenir de la femme—et de l'homme—en Afrique?** Jot down three or four questions in French.

1. _____

2. _____

3. _____

4. _____

Activités de compréhension

A. **Professions.** You will hear a series of people talking at work. Listen to what they say, and check the speaker's profession.

1. ____ ouvrière   ____ infirmière   ____ comptable

2. ____ fonctionnaire   ____ cuisinier   ____ enseignant

3. ____ journaliste   ____ vendeuse   ____ chef d'entreprise

4. ____ banquier   ____ infirmier   ____ cuisinier

5. ____ ouvrière   ____ vendeuse   ____ enseignante

6. ____ banquier   ____ comptable   ____ cuisinier

B. **Présent? Passé? Futur?** You will hear a series of statements about a job search. Indicate whether the sentences you hear are referring to the present, the past, or the future.

↪ *You hear:* Elles ont cherché un travail d'été.
    You check: ____ présent   ✓ passé composé   ____ futur

1. ____ présent   ____ passé composé   ____ futur

2. ____ présent   ____ passé composé   ____ futur

3. ____ présent   ____ passé composé   ____ futur

4. ____ présent   ____ passé composé   ____ futur

5. ____ présent   ____ passé composé   ____ futur

6. ____ présent   ____ passé composé   ____ futur

7. ____ présent   ____ passé composé   ____ futur

8. ____ présent   ____ passé composé   ____ futur

C. **Quel verbe?** You will hear Elise bemoaning her impending birthday and Françoise telling her that life doesn't end at thirty! Listen to each statement a first time, and circle the infinitive of the verb you hear. Then listen as the sentences are repeated, and write down the form of the verb that you hear.

> *You hear:* Demain j'aurai trente ans.
> *You circle:* faire   (avoir)   savoir   aller   pouvoir
> *You hear:* Demain j'aurai trente ans.
> *You write:* *aurai*

1. falloir   devoir   être   vouloir   venir   _____

2. falloir   devoir   être   vouloir   venir   _____

3. falloir   devoir   être   vouloir   venir   _____

4. falloir   devoir   être   vouloir   venir   _____

5. falloir   devoir   être   vouloir   venir   _____

6. faire   avoir   savoir   aller   pouvoir   _____

7. faire   avoir   savoir   aller   pouvoir   _____

8. faire   avoir   savoir   aller   pouvoir   _____

9. faire   avoir   savoir   aller   pouvoir   _____

10. faire   avoir   savoir   aller   pouvoir   _____

D. **L'avenir.** You will hear Alexis and his sister discussing his prospects for the future. They will speculate about numerous possible events and their outcomes. Listen to the tape as many times as necessary in order to answer the questions that follow.

1. Qu'est-ce qu'Alexis compte faire dès qu'il aura son diplôme?

_____

_____

2. Qu'est-ce qu'il fera, selon sa sœur?

_____

_____

3. Dans quelles circonstances est-ce qu'Alexis continuera ses études?

_____

_____

4. De quoi est-il sûr?

_____

_____

5. Qu'est-ce qu'il fera dès qu'il aura un poste de débutant?

_____

_____

6. Sa sœur est-elle sceptique (*skeptical*)? Comment le savez-vous?

_____

_____

E. **Tout.** You will hear a series of sentences, all containing a form of **tout.** Listen and circle the form of **tout** that is used.

⊃ *You hear:*   Tout va mal.
  You circle: (tout)   tous   toute   toutes

1. tout   tous   toute   toutes
2. tout   tous   toute   toutes
3. tout   tous   toute   toutes
4. tout   tous   toute   toutes
5. tout   tous   toute   toutes
6. tout   tous   toute   toutes
7. tout   tous   toute   toutes
8. tout   tous   toute   toutes

F. **Si je réussis ma vie...** You will hear several people saying what they will do if they become successful. Listen to each statement, and repeat the statement, adding the adverb formed from the adjective in the following list. Then listen to verify your answer.

> *You hear:* J'achèterai une voiture de luxe!
> *You see:* sûr
> *You say:* J'achèterai sûrement une voiture de luxe!
> *You verify:* J'achèterai sûrement une voiture de luxe!

1. vrai
2. constant
3. certain
4. probable
5. vrai
6. fréquent
7. rare
8. absolu

G. **Dictée.** Monsieur Rosier asked his class to imagine how the world of work will be different in twenty years and how society will change. First listen as he reads some of their predictions. Then, rewind and listen as many times as necessary in order to complete the statements with the missing words. When you finish, answer the question that follows.

Le monde du travail

_____ _____ moins, mais on _____ _____

d'_____. _____ la vie _____ plus _____.

Nous _____ _____ _____ de _____. Nous

_____ _____ _____ _____ au bureau. Nous

_____ _____ par _____ ou par courrier électronique

(*e-mail*).

_____ _____ _____ plus d'_____ entre les

_____ et les _____ dans le _____ _____. Les

_____ _____ plus _____ aux _____ de

_____.

La société

La société _____ _____. On _____ voyager dans

l'espace, sur les _____ planètes.

_____ _____ guérir (*cure*) le sida (*AIDS*) et le cancer, mais

_____ _____ _____ plus de famine, et il _____

toujours _____ les _____.

Le _____ sera plus _____. Les gens _____

_____ dans d'autres pays, et _____ _____

_____ _____ la même langue.

With which of the predictions do you agree? If you do not agree with a prediction, change it so that you do, and write it below.

_____

_____

CHAPITRE 12

Soucis et rêves

· ·

À l'écoute: La journée parfaite

You will hear three short interviews with people you already know: Larmé, from Chad (see Chapters 7 and 11 in the lab manual); Christelle, from the Paris area (see Chapters 4 and 6); and Michel, from Quebec (See Chapter 9). Each one will be asked the same question: **Si vous pouviez vivre la journée parfaite, comment serait cette journée?** Do task 1 in **Avant d'écouter,** then read task 2 in **Écoutons** before you listen to the interviews.

Avant d'écouter

1 **Si vous pouviez vivre la journée parfaite, comment serait cette journée?** If you were asked that question, what would you say? List two or three possibilities for each category below.

1. Où seriez-vous?

_____

_____

2. Que feriez-vous?

_____

_____

3. Y aurait-il d'autres personnes dans cette journée parfaite? Qui?

_____

_____

Écoutons

2 Listen to the interviews a couple of times as needed in order to identify who mentions what. Check the appropriate person.

	Larmé	Christelle	Michel
1. lire	____	____	____
2. rire	____	____	____
3. se lever tard	____	____	____
4. faire ce qu'on a programmé	____	____	____
5. aller à la pêche	____	____	____
6. se promener	____	____	____
7. faire du canotage (*canoeing*)	____	____	____
8. le spontané	____	____	____
9. des chansons	____	____	____
10. le beau temps	____	____	____
11. la tendresse	____	____	____
12. deux pays possibles	____	____	____

3 Rewind and listen to the interviews again in order to infer the meaning of the words in the left-hand column. (The initial next to each word indicates in which interview it occurs—L for Larmé, C for Christelle, M for Michel.) Match the words with the correct synonyms from the list on the right.

1. mettre à exécution (L)
2. se réaliser (L)
3. s'installer (C)
4. groover, énergiser (M)

a. arriver, devenir réel
b. tuer (*to kill*)
c. se mettre
d. donner du plaisir
e. changer
f. faire

4 Rewind and listen to the conversation again in order to answer the following questions.

1. Comment serait la journée parfaite de Larmé? Qu'est-ce qu'il mettrait à exécution?

   Qu'est-ce qui se réaliserait? _____

   _____

2. Qu'est-ce qui «ajoute de l'intérêt» à une journée parfaite, selon Larmé?

   _____

3. Où serait cette journée parfaite pour Larmé, et pourquoi?

   a. Contexte familial: _____

   _____

   b. Contexte général: _____

   _____

4. Quand est-ce que Christelle se lèverait pour sa journée parfaite? Que ferait-elle après?

   _____

   _____

5. Avec qui Christelle passerait-elle cette journée? Pourquoi?

   _____

   _____

6. Qu'est-ce qui «groove» Michel? _____

   _____

7. Où serait la journée parfaite de Michel? Avec qui? Qu'est-ce qu'ils feraient?

   _____

   _____

   _____

8. Complétez la définition que Michel donne de la journée parfaite. C'est une journée pleine

de _____, une journée _____, dans _____, avec

_____ qu'on _____.

5 Would your perfect day be more like Larmé's, like Christelle's or like Michel's? Compare and explain (in French).

_____

_____

_____

_____

Activités de compréhension

A. **Logique? Pas logique?**   You will hear several people mention an illness or a physical problem from which they are suffering. Look at the corresponding written statements, and decide if they are logical or not in light of what you hear. Circle **logique** or **pas logique**, and "correct" the comments that are not logical.

    ⊃ *You hear:*   J'ai une migraine.
        You see: Je prends un antibiotique.
        You circle: logique   (pas logique)
        You write: *Je ne prends pas d'antibiotique.* *or:* *Je prends de l'aspirine.*

1. Je tousse, et j'ai de la fièvre.   logique   pas logique

_____

2. L'infirmière me fait une piqûre.   logique   pas logique

_____

3. J'ai le nez qui coule.   logique   pas logique

_____

4. J'ai sûrement la grippe.   logique   pas logique

_____

5. Je prends du sirop.   logique   pas logique

_____

6. Je suis en bonne forme.   logique   pas logique

B. **Fantasmes.** You will hear a series of people saying what they would do if they had more time or more money. Match each statement you hear to the corresponding picture, and write the number of the statement under it. The first one has been done for you.

a. _____

d. _1_

f. _____

b. _____

e. _____

g. _____

c. _____

C. Conditions → conséquences. You will hear a series of "conditions." For each condition, circle the appropriate consequence.

➲ *You hear:* Si j'ai le temps ce soir...
You circle: ⓐ j'irai au cinéma   b. j'irais au cinéma.

1. a. elle sera actrice de cinéma.   b. elle serait actrice de cinéma.
2. a. nous irons sûrement au Louvre.   b. nous irions sûrement au Louvre.
3. a. elle se trouvera en haut d'une montagne.   b. elle se trouverait en haut d'une montagne.
4. a. je visiterai des pays francophones, bien sûr.   b. je visiterais des pays francophones, bien sûr.
5. a. je parlerai bien le français.   b. je parlerais bien le français.
6. a. j'irai au Québec.   b. j'irais au Québec.
7. a. nous sortirons avec nos copains.   b. nous sortirions avec nos copains.
8. a. j'aurai une bonne note.   b. j'aurais une bonne note.

D. Obligations. You will hear Jérôme talking about his obligations, past and present. Listen carefully and fill in the forms of the verbe **devoir** that he uses to talk about his obligations. Then stop the tape and write the sentences in English.

1. J(e) _____ me préparer la semaine dernière.

_____

2. J(e) _____ passer un examen de français.

_____

3. J(e) _____ retrouver mon copain, Charles.

_____

4. J(e) _____ travailler au restaurant.

_____

5. J(e) _____ lui téléphoner maintenant.

_____

6. J(e) _____ écrire un rapport.

_____

E. **Des regrets.** You will hear Patricia mention a series of circumstances—missed opportunities or situations she regrets. Listen and write down one statement Patricia might make to express regret for each situation. Then listen as the sentences are repeated, and write a statement her parents might make to indicate their disapproval. The first one has been done for you. (You may wish to review the **Stratégie de communication** in Chapter 12, pages 474–475, before beginning this activity.)

1. (regret) <u>Zut! J'aurais dû ranger ma chambre et faire la vaisselle.</u>_____

   (désapprobation) <u>Tu aurais dû ranger ta chambre.</u>_____

2. (regret) _____

   (désapprobation) _____

3. (regret) _____

   (désapprobation) _____

4. (regret) _____

   (désapprobation) _____

5. (regret) _____

   (désapprobation) _____

F. **De mauvaise humeur!** Georgette failed her geography test, and her friend Nicolas is trying to cheer her up. She, however, will not be coaxed out of her bad mood. Play the role of Georgette and answer Nicolas's questions using the pronoun **en**. Then listen to verify your responses.

> *You hear:* Tu as des soucis?
> *You see:* oui
> *You say:* Oui, j'en ai.
> *You verify:* Oui, j'en ai.

1. oui	3. oui	5. non
2. non	4. non	6. non

G. **Dictée.** Listen as Lionel tries to help Laure decide on a future profession. Then, rewind and listen again as many times as necessary in order to complete the dialogue with the missing words. When you finish the dialogue, answer the question that follows.

— _____ _____ tu _____, Laure, si tu _____ la

_____ de tes _____?

— Aucune idée! J'_____ les maths, les_____...

— Et tu _____ la biologie, _____ _____? Tu

_____ être _____, peut-être «médecin sans frontière». Tu

_____ dans des pays _____ on a très peu d'hôpitaux et de

médecins. Comme ça, tu _____ _____ les pauvres.

— Tu es fou, toi. _____ j'_____ un médecin sans frontière, je

_____ _____ mon temps avec des gens _____:

des gens qui _____, qui _____, qui _____ la

_____! Moi, j'_____ _____ d'attraper une

_____ _____! Et en plus, je _____ _____

beaucoup d'argent.

— Si tu _____ chirurgienne (*surgeon*)?

— Ah non. Je _____ éviter le sang (*blood*)!

— Alors, peut-être tu _____ être psychiatre? Moi, j'ai une copine

_____ la _____ est psychiatre, et elle est très _____ de

sa profession. Et comme ça, tes _____ ne saigneraient (*bleed*) pas!

— Non, mais ils _____ des _____. Ils _____ me voir parce

qu'ils _____ peur des _____, de la _____, de leur

_____! Je ne _____ jamais des gens comme ça!

— N'en parlons plus. Je commence à _____ _____ _____!

Can you suggest a profession for Laure? Complete the following sentence.

Moi, si j'étais Laure _____

CHAPITRE 13

Environnement et société
· ·

À l'écoute: Multiculturalisme et racisme

Michel, the young man from Quebec you have already met (see chapters 9 and 12 in the lab manual), will answer a few questions about multiculturalism and racism. Do task 1 in **Avant d'écouter,** then read task 2 in **Écoutons** before you listen to the conversation.

Avant d'écouter

1 In a conversation about **intercultural relations in Quebec,** what topics are likely to come up? Check the ones you would anticipate and add other possibilities as you see fit.

1. _____ un résumé historique de la colonisation du Québec

2. _____ le bilinguisme

3. _____ le rapport majoritaire-minoritaire entre les Anglais (les anglophones) et les Français (les francophones)

4. _____ la possibilité d'un Québec souverain (indépendant)

5. _____ exemple(s) de racisme au Québec

6. _____ suggestions pour surmonter (*overcome*) le racisme

7. _____ ?

🔲 Écoutons

2 Listen to the conversation a first time in order to verify its topics. Put a second check mark in task 1 next to the topics that are actually mentioned.

3 Rewind and listen to the conversation again in order to complete the following statements. Several answers may be possible. Check all correct answers.

1. Selon Michel, le Québec est

    a. _____ partagé (divisé) entre deux langues.

    b. _____ la seule partie vraiment bilingue du Canada.

2. L'Ontario et le Nouveau-Brunswick

    a. _____ sont un peu bilingues.

    b. _____ font beaucoup d'efforts pour préserver les deux langues.

3. Le bilinguisme cause des problèmes racistes parce que beaucoup de gens

    a. _____ s'arrêtent à l'identification linguistique.

    b. _____ voient la langue comme un mur.

4. Le français peut devenir minoritaire quand

    a. _____ la population francophone fait l'effort d'apprendre l'anglais.

    b. _____ les nouveaux immigrés apprennent seulement l'anglais.

5. Les chansons qu'on entend à la radio au Québec montrent

    a. _____ la pluralité—et l'égalité—des cultures.

    b. _____ le monopole anglais.

6. Les Français qui ont grandi au Québec ont l'habitude d'appeler les Anglais

    a. _____ des «blocks».

    b. _____ des «têtes carrées» (*square*).

7. Quand il était petit, Michel

    a. _____ allait dans une école primaire anglaise.

    b. _____ se battait tout le temps avec les enfants de l'école anglaise.

8. Michel pense que

    a. _____ le multilinguisme est plus difficile que le multiculturalisme.

    b. _____ le multiculturalisme pose plus de problèmes que le multilinguisme.

9. Selon Michel, le racisme vient

    a. _____ d'un manque (*lack*) de respect.

    b. _____ des rapports majoritaires-minoritaires.

10. Michel pense qu'il faut

    a. _____ éliminer les quatre races traditionnelles.

    b. _____ former une cinquième race.

11. On devient capable de «fusionner» (faire fusion, s'unir) si

    a. _____ on communique.

    b. _____ on a un bagage culturel multiple.

12. «S'enrichir auprès des autres cultures», c'est

    a. _____ apprendre la langue et la culture des autres.

    b. _____ profiter (*take advantage*) de leurs ressources économiques.

4 Rewind and listen to the conversation a final time to answer the following questions about (a) the conversation you just heard and (b) your own experience and opinions.

1. a. Quand est-ce que Michel se sent minoritaire, par exemple?

    _____

    b. Est-ce qu'il vous arrive de vous sentir minoritaire? Dans quelles circonstances?

    _____

    _____

2. a. De quoi Michel parle-t-il quand il dit que «c'est difficile d'en sortir»?

    _____

    b. Y a-t-il d'autres circonstances ou habitudes dont il est «difficile de sortir»? Donnez un exemple, personnel ou autre.

    _____

    _____

3. a. Quelle est cette cinquième race dont Michel parle?

   _____

   b. Pensez-vous que ce soit possible d'avoir une race comme cela?
      Pourquoi/pourquoi pas?

   _____

   _____

Activités de compréhension

A. **Qui l'a dit?**   You'll hear several statements that could be attributed to the people in the pictures that follow. Match each statement with the person most likely to have said it by writing the number of the statement under the appropriate picture. The first one has been done for you.

a. _____

c. __1__

b. _____

d. _____

B. **Fait? Opinion?**   Listen to the following statements of opinion and decide if the opinion is expressed using the subjunctive or using an infinitive. Circle your answer.

> ⊃ *You hear:*   Le gouvernement doit arrêter la pollution.
> *You circle:*   subjunctive   (infinitive)

1. subjunctive   infinitive
2. subjunctive   infinitive
3. subjunctive   infinitive
4. subjunctive   infinitive

5. subjunctive   infinitive
6. subjunctive   infinitive
7. subjunctive   infinitive
8. subjunctive   infinitive

C. **Quel verbe?**   You will hear a series of statements introduced by certain expressions you may not have studied in this chapter. Some of them are followed by the subjunctive and others are not. Listen carefully to the sentences and write the form of the given verb that you hear.

> ⊃ *You hear:*   Je ne suis pas sûr que nous puissions sauver la forêt.
> *You see:*   pouvoir
> *You write:* puissions

1. pouvoir _____

2. vouloir _____

3. comprendre _____

4. devoir _____

5. être _____

6. faire _____

7. finir _____

8. être _____

D. **Il faut/il ne faut pas.**   You will hear a series of factual statements. Repeat the sentence using the subjunctive mood and the expression indicated. Then listen to verify your answers.

> ⊃ *You hear:*   On reconnaît les problèmes écologiques.
> *You see:*   Il faut
> *You say:*   Il faut qu'on reconnaisse les problèmes écologiques.
> *You verify:* Il faut qu'on reconnaisse les problèmes écologiques.

1. il faut
2. il faut
3. il faut
4. il faut

5. il ne faut pas
6. il ne faut pas
7. il ne faut pas
8. il ne faut pas

E. **Que faire?**   Monique has an opinion on every topic and a solution for every problem. You will hear a series of questions her friends have asked her. First listen to the questions, and then answer for Monique using the cues given. Listen to verify her responses.

> ⊃ *You hear:*   Que penses-tu du gaspillage de nos ressources naturelles?
> *You see:*   Il faut / nous / apprendre à recycler
> *You say:*   Il faut que nous apprenions à recycler.
> *You verify:* Il faut que nous apprenions à recycler.

1. Il est temps / le gouvernement / arrêter la pollution
2. Je regrette / les industries / contribuer à la pollution
3. J'aimerais / on / être plus tolérant des différences
4. Il ne faut pas / nous / fermer les frontières
5. C'est malheureux / ils / ne pas avoir de logis
6. Je voudrais / tout le monde / s'intéresser à leur situation

F. **Dictée.** Michel is worried about his friend, Richard, a student activist who engages in numerous demonstrations and protest marches. First listen as Michel expresses his concern to Richard. Then, rewind and listen as many times as necessary in order to complete the paragraph with the missing words. When you finish the paragraph, answer the question that follows.

Tu _____ tout ton temps à _____ pour ou contre une cause ou

une autre. Maintenant il _____ _____ tu _____

le temps de _____ un peu. Tes amis _____ beaucoup

_____ tu _____ si occupé par toutes ces _____. Oui,

_____ _____ qu'il y _____ de la _____. Je suis

d'accord, c'est _____ que tant de gens _____ dans la

_____. Et je suis _____ que la _____ _____.

Mais, tu ne _____ _____, tu ne _____ plus!

J'_____ _____ _____ que tu _____ malade. Il

est _____ que tu _____ à te reposer. Il _____

_____ t'intéresser à d'autres choses aussi. Il y a autre chose que des

_____ dans le monde. Il y a des _____, des _____, de

l'_____! Il _____ que tu _____ une _____

personnelle, quoi!

Quel est le problème de Richard? Quelle solution est-ce que Michel propose?

_____

_____

Video Manual

Module 1

FAIRE CONNAISSANCE

· ·

OBJECTIFS ....

In Module 1 you will learn about greeting people and making introductions in French. After viewing the video and completing the activities, you will know how to introduce yourself, and you will be able to meet and greet others in French.

Préparez-vous!

A. **Présentations.** Before viewing, look at this photo from Module 1. Fatima, a college student, is introducing two friends to each other. Think about what you already know about greetings and introductions. Write down four vocabulary words that Élisabeth and her friends might use during their conversation.

1. _____   3. _____

2. _____   4. _____

B. **Le contexte.** In order to get the most out of the video, you will need to use all possible clues to understand what the characters are saying. Since you know that the people in the scene are college students, you can probably guess logically at the following questions. Check the correct responses for each one. Note that questions may have more than one correct response.

1. What do you think Fatima will tell Élisabeth when introducing Nicolas?

   a. _____ How much money his family has.

   b. _____ Where she met him.

   c. _____ What he ate for breakfast.

2. What is Élisabeth likely to say to Nicolas when she greets him?

a. _____ Enchantée.   e. _____ Merci.

b. _____ Au revoir.   f. _____ S'il te plaît.

c. _____ De rien.   g. _____ Bonjour.

d. _____ Bienvenu.   h. _____ Je vous en prie.

3. Which of the following topics will the three students most likely discuss?

a. _____ The weather.

b. _____ The price of baby formula.

c. _____ Classes and teachers.

d. _____ The American Revolution.

4. What kind of mood do you expect they'll be in?

a. _____ Friendly.

b. _____ Relaxed.

c. _____ Argumentative.

d. _____ Complaining.

5. When the students discuss their classes, which of the following expressions are you likely to hear?

a. _____ Je suis malade.

b. _____ Il est comment, ton prof?

c. _____ Excusez-moi.

d. _____ Qui suis-je?

Regardez!

Introduction (00:00:00–00:01:15)

C. **Comprenez-vous?**   First watch only the very beginning of the video and listen to Élisabeth's introduction. Choose the answer from the list provided that best completes each of the following sentences.

Aix-en-Provence	belge	Gautier
la chambre	Maroc	la médecine

1. Elle s'appelle Élisabeth _____.

2. Élisabeth est _____.

3. Elle est étudiante à _____.

4. Elle étudie _____.

5. Sa copine Fatima a _____ à côté.

6. Fatima est du _____.

Impressions (00:01:16–00:01:45)

D. **Les gestes.**   Watch the series of images that show people greeting one another (00:01:21–00:01:45) and check the things in the following list that you see them do.

_____ kiss

_____ slap each other on the back

_____ hug

_____ shake hands

Interaction (00:01:46–00:03:48)

E. **La visite.**   With the sound off, watch the entire scene in which Fatima and Nicolas pay a visit to Élisabeth. Indicate who does each of the following actions by writing the first letter of the person's name (**F, N,** or **É**) in the blank.

1. _____ opens the door.

2. _____ and _____ kiss on the cheeks.

3. _____ introduces Nicolas.

4. _____ and _____ shake hands.

5. _____ and _____ sit on the couch.

6. _____ sits in the armchair.

7. _____ offers chocolates to the others.

8. _____ accepts a chocloate.

9. _____ refuses a chocolate.

10. _____ and _____ go to the door.

F. **Les expressions importantes.**   Watch the segment again, this time with the sound on, and listen for the following words and expressions. Check the ones you hear.

_____ je suis allergique   _____ comment allez-vous?   _____ enfin, c'est une dame

_____ salut   _____ à votre service   _____ on y va

_____ je vous en prie   _____ je n'aime pas

G. **Les descriptions.**   Watch the scene again and fill in the following chart by checking all the names that correspond to each category.

Qui est... ?	Fatima	Nicolas	Élisabeth	Mme Berthaud (le prof)
1. en cours de sociologie				
2. français(e)				
3. belge				
4. marocain(e)				
5. étudiant(e)				
6. d'Aix-en-Provence				
7. en première année d'architecture				
8. très active et énergique				
9. assez grande avec des cheveux bruns				
10. le guide				

Interviews (00:03:49–00:05:34)

H. **Que voyez-vous?**   Watch the entire interview section and match the people in the left column to the corresponding background items in the right column.

1. _____ Laurence Rodriguez   a. mailbox
                                       b. white building
2. _____ Albert Parrain   c. Eiffel Tower
                                       d. café
3. _____ Audé Vincenti   e. bus

4. _____ Maître Jaffari

5. _____ Deva Vassin

I. **Comment vous appelez-vous? / Comment t'appelles-tu?**   Replay the interview segment with the first two questions and the people's responses (00:03:55–00:03:59). Check the first names that you hear in the following list.

_____ Charles   _____ Christine   _____ Albert

_____ Audé   _____ Julie   _____ Hélène

_____ Michel-Yves   _____ Emmanuel   _____ Marina

_____ Marie   _____ Laurence   _____ Catherine

J. **D'où êtes-vous?**   Watch the interview segment with the last question and listen to the responses to it (00:04:59–00:05:27). Then answer the following questions.

1. Qui est provençale? _____

2. Qui a une mère (*mother*) française et un père (*father*) du Togo? _____

3. Qui est d'Avignon depuis toujours? _____

4. Qui a le même (*same*) nom de famille qu'Élisabeth, l'étudiante belge? _____

5. Qui est d'Île-de-France? _____

K. **Et vous?**   Listen carefully to the question Élisabeth asks you at the end of the interview section (00:05:28) and write it down. Then, answer the question.

Question: _____

Réponse: _____

Récapitulez!

L. **La culture.**   Let's review some of the things you've learned about French culture by watching the video. You may have noticed some nuances without even realizing it. Try to answer the following questions. If necessary, review Module 1.

1. What gesture do the French use when greeting friends and family members? _____

_____

2. What gesture do the French use when greeting colleagues, acquaintances, or strangers?

_____

3. What color are mailboxes in France? _____

4. When spelling a name that has double letters, what do French speakers say? _____

_____

5. What gesture accompanies the expression **Non, merci**? _____

6. How does the question differ when a French person asks a child's name and an adult's

name?

For a child: _____

For an adult: _____

M. **Allez-y!** You are going to interview five of your classmates to get to know them better. Find out their names and how to spell them, and where they are from. First write the questions you will need to ask:

_____

_____

_____

	Nom	Ville d'origine
1.		
2.		
3.		
4.		
5.		

Module 2

LA FAMILLE DE NICOLAS

· ·

OBJECTIFS..

In Module 2 you will learn how to talk about families in French. You will
learn how to describe family members and relationships and talk about
various leisure activities.

Préparez-vous!

A. **Présentations.**   Study this photo from Module 2, in which Nicolas is introducing Élisabeth to his mother. Then, answer the following questions.

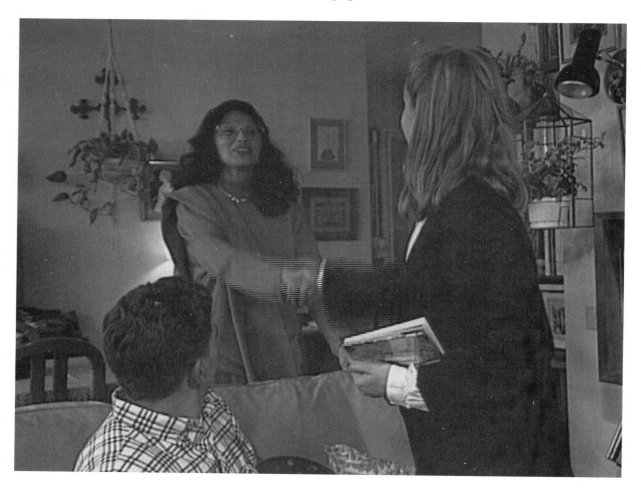

1. What do you think the people might be saying? Write at least three expressions in French you would expect to hear during this introduction.

   _____

   _____

   _____

2. Do you think Nicolas's mother and Élisabeth will address each other using the **tu** form or

   the **vous** form? Why? _____

3. Do you think Élisabeth will kiss Nicolas's mother on the cheek or shake her hand? _____

   _____

4. Where do you think these people are? _____

5. Which of the following subjects are they most likely to talk about?

    a. _____ classes and teachers   c. _____ the hottest band

    b. _____ their families   d. _____ other:_____

B. **Les familles de mots.** Circle the word in each group that doesn't belong with the others.

1. bonjour / salut / cousin / au revoir
2. télé / comédies / films d'aventure / tennis
3. mère / musique / père / sœur
4. content / dynamique / magnifique / connaissance
5. lecture / livres / ensemble / lisez
6. basket / foot / tennis / regarder
7. faire connaissance / présenter / voici / faire ensemble

Regardez!

Introduction (00:05:35–00:05:58)

C. **Comprenez-vous?**   First watch only the beginning of the video and listen to Élisabeth's introduction. Then, check the answer that best completes each of the following sentences.

1. Élisabeth est

    a. _____ chez elle.

    b. _____ chez ses parents.

    c. _____ chez les parents de Nicolas.

2. C'est

    a. _____ vendredi (*Friday*).

    b. _____ le week-end.

    c. _____ un jour de fête (*holiday*).

3. Élisabeth va faire la connaissance

    a. _____ du père de Nicolas.

    b. _____ de la mère de Nicolas.

    c. _____ de la famille entière de Nicolas.

Impressions (00:05:59–00:06:26)

D. **En famille.** Watch the montage of images that follows Élisabeth's introduction. In the following list, check the five types of family activities you see.

_____ taking a stroll	_____ relaxing at an outdoor café	_____ eating dinner
_____ wedding procession	_____ playing sports	_____ shopping
_____ funeral procession	_____ watching a sporting event	_____ watching TV
_____ preparing a meal	_____ riding a merry-go-round	_____ eating breakfast

Interaction (00:06:27–00:09:26)

E. **Que voyez-vous?** (*What do you see?*) Watch the scene with the sound off. In the following list, check the actions you see.

1. _____ Nicolas carries in a tray of refreshments.

2. _____ Nicolas offers Élisabeth something to eat.

3. _____ Élisabeth and Nicolas look at a photo album.

4. _____ Élisabeth and Nicolas look at a map of France.

5. _____ Nicolas introduces Élisabeth to his mother.

6. _____ Nicolas introduces Élisabeth to his mother and father.

F. **Écoutez bien!** Now watch the same scene with the sound on, and indicate who makes each of the following statements by checking the appropriate column.

	Élisabeth	Nicolas	La mère de Nicolas
1. J'aime passer mon temps en famille.	_____	_____	_____
2. On regarde ensemble. C'est vraiment sympa.	_____	_____	_____
3. Pas la télé? Mais c'est horrible, ça!	_____	_____	_____
4. Par contre, nous écoutons beaucoup de musique.	_____	_____	_____
5. Et mon père adore les documentaires...	_____	_____	_____
6. Alors vous êtes huit en tout?	_____	_____	_____
7. C'est la photo de la fête pour les quarante ans de mariage...	_____	_____	_____

	Élisabeth	Nicolas	La mère de Nicolas
8. Ils ont l'air vraiment bien.	____	____	____
9. Ils sont toujours aussi heureux ensemble.	____	____	____
10. C'est beau ça! C'est toute une vie!	____	____	____

G. **Vrai ou faux?**   Decide whether each of the following statements is true **(vrai)** or false **(faux)**. Write **V** or **F** and rewrite any false statements to make them true.

      ⊃   _F_   Nicolas aime travailler le week-end.
                   Nicolas aime passer le week-end en famille.

1. _____ Nicolas aime regarder les films à la télé avec sa mère.

        _____

2. _____ La famille d'Élisabeth n'a pas de livres.

        _____

3. _____ Élisabeth aime écouter la musique.

        _____

4. _____ La famille de Nicolas aime discuter de leurs livres préférés.

        _____

5. _____ Le frère de Nicolas aime regarder les documentaires sur la science et la nature.

        _____

6. _____ Élisabeth a une sœur et deux frères.

        _____

7. _____ Il y a trois personnes dans la famille d'Élisabeth.

        _____

8. _____ Les parents du père de Nicolas sont mariés depuis quarante ans.

        _____

9. _____ La sœur d'Élisabeth s'appelle Annette.

        _____

H. **Vive la différence!** The people interviewed in this segment have many different kinds of families. Listen to what they say and match each person listed in the left column (on page 295) with the appropriate family description in the right column.

Daniel

Christine

Françoise

Patrick

Audé

Pierre

Mᵉ Jaffari

Claudine

Christine

Antoine

1. _____ Daniel Chifleau
2. _____ Christine Gautier
3. _____ Françoise Claudel
4. _____ Patrick Écoutant
5. _____ Audé Vincenti
6. _____ Pierre Jourdain
7. _____ Maître Jaffari
8. _____ Claudine Masilly
9. _____ Christine et Antoine

a. Cette personne a une femme, mais pas d'enfants.
b. Cette personne a une femme, une grande fille, deux garçons et une petite fille.
c. Cette personne a deux filles et attend (*is expecting*) un autre bébé au mois de février.
d. Cette personne a une femme et deux enfants: un garçon et une fille.
e. Cette personne est mariée avec deux enfants qui sont déjà grands et qui habitent (*live*) dans la région parisienne.
f. Cette personne est célibataire (*single*).
g. Ces personnes ont des parents unis.
h. Cette personne a trois enfants: un garçon et deux petites filles.
i. Cette personne a une fille de huit ans et un garçon de onze ans qui vont à l'école.

I. **Les mots importants.**   Following are some lines excerpted from the interviews. Listen carefully and fill in the missing words.

1. Christine: Enfin une belle famille. On est _____!

2. Maître Jaffari: J'ai une _____ tout à fait normale, standard français puisque

   j'ai deux _____, garçon et fille.

3. Pierre Jourdain: Je suis seul avec ma _____. Je n'ai pas d'enfants.

4. Christine Gautier: Il y a un _____ qui a vingt-sept ans.

5. Françoise Claudel: La plus grande a eu _____ ans et la seconde va

   _____ un an...

J. **Et vous?**   At the end of the interview, Élisabeth asks you a question. Write her question and then give your response.

Question: _____

_____

Réponse: _____

_____

Récapitulez!

K. **La télévision.** Look at the following television listing for one evening. Answer the questions that follow.

TF1	**α2**	**CANAL+**
16.30 Ordinacœur Jeu présenté par Nathalie Galan et Bernard Montiel. Trois candidats et trois candidates doivent répondre aux questions indiscrètes d'un ordinateur qui découvre les couples les plus compatibles, et, pourquoi pas, le couple idéal. **18.55 Santa Barbara** DISTRIBUTION: Lane DAVIES, Nicholas COSTER, Marcy WALKER. Sixième épisode. **19.25 La roue de la fortune** Présenté par Christian Morin. **20.00 Journal** Présenté par Patrick Poivre D'Arvor. **20.25 Météo** **20.30 Tapis vert**	**17.10 Flash d'informations** **17.15 Graffitis 5-15** Présenté par Groucho et Chico. • «La Panthère rose: Pink Valient» • «La Petite Merveille: Qui commande ici!» **20.30 Météo 1. 2. 3-Soleil**	**17.25 Vas-y Julie!** Trente-cinquième épisode. **17.10 Les allumés du sport** LE COUREUR DU DÉSERT (Rediffusion.) Réalisé par Marc Chapman. Un jeune anglais de vingt-quatre ans, Gary Shopland a tenté le pari fou de traverser en courant une partie du désert de la vallée de la Mort, l'un des endroits les plus chauds de l'hémisphère occidental, situé dans la partie est de la Californie. Trois spécialistes de l'endurance physique et psychologique l'ont suivi. **12.30 La Petite Maison dans la prairie** **13.20 Docteur Erika Werner**

1. Vous aimez regarder la télé pour vous amuser. Vous préférez rire (*laugh*) quand vous regardez une émission (*show*). Vous allez choisir quelle émission? Donnez aussi la chaîne (*channel*). (The channel names are as follows: TF1 = France un; α2 = Antenne deux; Canal+ = Canal plus.)

   _____

2. Vous aimez deviner (*guess*) les mots et les phrases et regarder les joueurs qui peuvent acheter (*buy*) des voyelles. Vous regardez quelle émission?

   _____

3. Vous aimez regarder les émissions au sujet des gens qui ont des expériences extraordinaires. Comme ça, vous imaginez que vous voyagez, mais en réalité, vous restez chez vous. Qu'est-ce que vous regardez?

_____

4. Quelle émission montre (*shows*) les hommes et les femmes qui veulent sortir (*go out on a date*) mais qui sont assortis (*matched*) par un ordinateur (*computer*)?

_____

5. Vous aimez regarder les feuilletons (*series*). Quels choix est-ce que vous avez?

_____

6. Demain vous allez faire un pique-nique avec votre famille et vous voulez savoir (*know*) s'il va faire du soleil (*be sunny*). À quelles heures pouvez-vous trouver la réponse?

_____

Module 3

UN LOGEMENT À AIX

· ·

OBJECTIFS ··

In Module 3 you will learn about types of housing in France. You will learn
how to read ads describing available housing. You will practice giving and following directions.

Préparez-vous!

A. **Où trouver un logement?** Study this photo from Module 3 of three college students reading housing ads and consulting the map of Aix-en-Provence. Then do the activities that follow.

1. Check the words in the following list that you think the students are likely to use when they talk about housing.

   _____ en face de   _____ sociologie   _____ privé   _____ meublé

   _____ à gauche   _____ à droite   _____ loin de   _____ pommes

   _____ football   _____ violet   _____ tournes   _____ au coin

2. What kind of lodging do you consider **"idéal"**? Rank the following characteristics in order of importance. (1 = most important; 6 = least important)

   Je préfère un appartement...

   _____ près de la fac.   _____ dans un bon quartier (*neighborhood*).

   _____ économique (pas cher).   _____ près de mes amis.

   _____ meublé.   _____ spacieux.

B. **Le bon mot.** Choose from the list of words to complete the following sentences logically.

économique   chambre   fac
meublé   studio   journal

1. Pas de lit, pas de tables? Ce n'est pas pour moi! Je préfère un appartement

   _____.

2. Ils n'ont pas beaucoup d'argent, donc (*therefore*), ils cherchent un logement

   _____.

3. Je n'ai pas besoin d'un grand appartement. Un _____, pour moi ça suffit!

4. Et si on loue une _____ dans une maison particulière? Est-ce que c'est assez

   privé?

5. Fatima trouve un logement intéressant dans les annonces du _____.

6. Flore cherche un logement près de la _____ parce qu'elle est étudiante.

Regardez!

Introduction (00:11:12–00:11:34)

C. **Comprenez-vous?** First watch only the beginning of Module 3 and listen to Élisabeth's introduction. Then check the best completion for each of the following sentences.

1. Selon (*According to*) Élisabeth, Flore est la copine

   a. _____ de Nicolas.

   b. _____ d'Élisabeth.

   c. _____ de Fatima.

2. Flore vient

   a. _____ de Saint-Paul.

   b. _____ de Saint-Égal.

   c. _____ du Sénégal.

3. Flore cherche

    a. _____ une voiture à Aix.

    b. _____ un logement.

    c. _____ une camarade de chambre.

4. Les trois étudiantes consultent

    a. _____ le journal.

    b. _____ les magazines d'étudiant.

    c. _____ les annonces au Centre universitaire.

Impressions (00:11:35–00:12:15)

D. **Chez soi.** (*At home.*)   Watch the montage that follows Élisabeth's introduction and check the various things you see in the following lists.

À l'extérieur

_____ modern apartment building   _____ street sign

_____ patio   _____ brick house

_____ French flag on a house   _____ wooden house

_____ balcony   _____ stone house

_____ shutters on windows   _____ garden

_____ mailbox   _____ garage

À l'intérieur

_____ couloir (*hallway*)   _____ salle de bains

_____ cuisine   _____ salle à manger

_____ salon   _____ chambre à coucher

Interaction (00:12:16–00:14:22)

E. **Que voyez-vous?**   Watch the scene with the sound off, and check which of the three students is being described in each of the following statements. You may have to check more than one person for each statement.

	Élisabeth	Flore	Fatima
1. Elle consulte le journal.	_____	_____	_____
2. Elle indique la direction sur le plan de ville.	_____	_____	_____
3. Elle écrit (*writes*) des mots sur une feuille de papier.	_____	_____	_____
4. Elle indique où est le téléphone.	_____	_____	_____
5. Elle téléphone à quelqu'un.	_____	_____	_____

F. **Comprenez-vous?**   Watch the scene again, this time with the sound on, and choose the best answer for each of the following questions.

1. Pourquoi est-ce que Flore préfère une chambre?

    a. _____ Une chambre est plus économique.

    b. _____ Une chambre est plus privée.

    c. _____ Une chambre est meublée.

2. Combien coûte la chambre que Fatima trouve dans l'annonce?

    a. _____ 500 F.

    b. _____ 1200 F.

    c. _____ 1500 F.

3. Quelle est l'adresse de la chambre?

    a. _____ 23, rue Loubet.

    b. _____ 25, rue Pierre et Marie Curie.

    c. _____ 22, rue Loubet.

4. Quel est le numéro de téléphone de la propriétaire?

    a. _____ 24.34.46.35

    b. _____ 42.34.46.35

    c. _____ 42.35.47.36

5. Qu'est-ce qu'Élisabeth demande à Flore quand elle va téléphoner?

    a. _____ Si elle a une carte.

    b. _____ Où se trouve le téléphone.

    c. _____ Si elle a une télécarte.

G. **Qui le dit?** Watch the scene once again and listen for the following key phrases. First, indicate the order in which the phrases are said by writing the numbers 1–8 in the blanks at the left. Then listen again and indicate who says each phrase by checking the appropriate column at the right.

		Fatima	Flore	Élisabeth
1. _____	C'est bien placé, près du centre aussi.	_____	_____	_____
2. _____	Tu sors, tu tournes à droite.	_____	_____	_____
3. _____	Chambre meublée dans [une] maison privée...	_____	_____	_____
4. _____	Je peux lui parler?	_____	_____	_____
5. _____	Regardons sur le plan de la ville.	_____	_____	_____
6. _____	Voyons si j'ai bien compris...	_____	_____	_____
7. _____	... c'est idéal! Chouette alors!	_____	_____	_____
8. _____	... c'est assez près de la fac?	_____	_____	_____

H. **Voyons si j'ai bien compris...** Listen to the part of the conversation in which Flore writes down the directions from Élisabeth and Fatima's dorm to the room she hopes to rent, and trace her route on this map.

Interviews (00:14:23–00:16:04)

I. **La mode de vie.** Watch the interview segment of Module 3 and listen to the following people describe their living arrangements. For each person, list the letters of *all* the descriptions from the right-hand column that apply.

1. _____ Patrick Écoutant

2. _____ Claire

3. _____ Jamal Tchol

4. _____ José Rodriguez

5. _____ Michel-Yves

6. _____ Sophie Boustaine

7. _____ Frédéric

8. _____ Mlle Robillard

a. habite chez ses parents
b. habite à Paris
c. n'habite pas à Paris
d. habite dans une maison
e. habite dans un appartement
f. habite avec son copain

J. **Que disent-ils?** Watch the interview segment again and complete each sentence below with the appropriate word from the list provided. Some words can be used more than once.

appartement	maison	surtout (*especially*)	près	pollué
agréable	opéra	quitter (*to leave*)	tellement (*so much*)	campagne
vacances				

1. José Rodriguez pense (*thinks*) que Paris devient beaucoup trop bruyant et beaucoup trop

   _____ .

2. Patrick Écoutant habite Paris, _____ de la Bastille, _____ du nouvel

   _____ de la Bastille.

3. Audé Vincenti habite dans un _____ dans une _____ de famille.

4. Alphonse Legrand a une maison de _____ où il passe toutes ses _____ .

5. Nathalie habite à cinquante kilomètres d'ici dans la _____ .

6. Michel-Yves pense qu'habiter en ville a des avantages, _____ à Beaune, qu'il

   trouve une ville _____ .

7. Patrick croit qu'il n'arrive pas à _____ Paris _____ il l'aime.

K. **Et vous?**   Watch the very last part of Module 3 in which Élisabeth asks you a question. Write her question and then answer it as best you can.

Question: _____

Réponse: _____

Récapitulez!

L. **Une lettre.**   Read the letter that Flore wrote to her parents about her new lodgings and answer the questions that follow.

Aix, le 22 août

Chers Maman et Papa,

   Hier, j'ai trouvé un logement qui me plaît beaucoup. C'est une chambre dans une maison particulière. J'ai une salle de bains privée. La chambre est spacieuse avec quatre grandes fenêtres. J'ai une vue de la cathédrale qui est très belle et une vue de la gare aussi. Il y a un fauteuil, un grand lit, un placard et une table avec une chaise où je peux étudier.

   La propriétaire est une gentille femme qui s'appelle Mme Peltier. Elle a deux enfants, une fille, Sophie, qui a 11 ans, et un garçon, Michel, qui a 9 ans. Mme Peltier demande si je peux garder les enfants de temps en temps. Elle va me payer pour ça. M. Peltier voyage souvent pour son travail.

   La maison est près de la fac et près du centre aussi, donc, c'est idéal pour moi. Vous pouvez m'écrire à 22, rue Loubet.

   Je vous embrasse,

         Flore

---

1. Quels meubles sont dans la chambre que Flore loue?

_____

2. Qu'est-ce que Flore voit (*sees*) par la fenêtre?

_____

3. Comment s'appellent la propriétaire et ses deux enfants?

_____

4. Qu'est-ce que Flore va faire de temps en temps pour aider la propriétaire?

_____

Module 4

À L'UNIVERSITÉ

OBJECTIFS..

In this module, you will hear about classes, course loads, and fields of study in French universities, and you will learn how to describe your own academic experience.

Préparez-vous!

A. **Les études.**   Regardez la photo et cochez (*check*) la meilleure réponse aux questions suivantes. Il est possible d'avoir plusieurs réponses correctes.

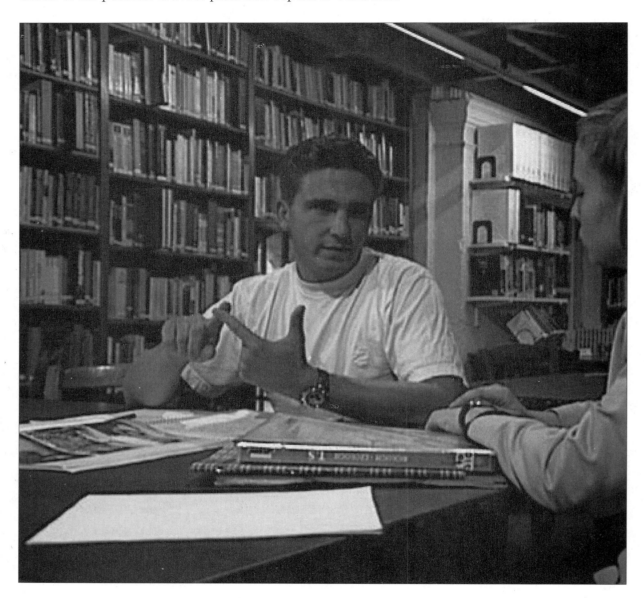

1. Où sont Élisabeth et Nicolas?

   a. _____ Chez Élisabeth.

   b. _____ En cours.

   c. _____ À la bibliothèque.

2. Qu'est-ce qu'ils font là-bas?

   a. _____ Ils étudient.

   b. _____ Ils parlent de leurs études.

   c. _____ Ils dansent.

3. Quel est le sujet de leur conversation?

    a. _____ Les cours.

    b. _____ La famille.

    c. _____ Les restaurants.

4. Quels objets y a-t-il sur la photo?

    _____ des livres   _____ des magazines   _____ un tableau noir

    _____ des stylos   _____ des sandwichs   _____ des cahiers

B. **En bref.**   Pour chaque abréviation donnée, indiquez le mot entier.

1. sympa _____   6. la philo _____

2. la télé _____   7. la géo _____

3. le foot _____   8. la fac _____

4. le basket _____   9. le prof _____

5. les maths _____   10. les sciences po _____

C. **Les matières.**   Dans la liste suivante, cochez les cours que vous avez déjà suivis (*already taken*) ou que vous suivez maintenant.

    _____ le français   _____ l'histoire   _____ l'histoire de l'art   _____ le dessin

    _____ l'anglais   _____ la littérature   _____ la philosophie   _____ la biologie

    _____ les maths   _____ la psychologie   _____ l'économie   _____ la comptabilité

    _____ la chimie   _____ la sociologie   _____ les sciences politiques

D'autres cours: _____   _____   _____

Maintenant, mettez un astérisque à côté de votre cours préféré dans la liste précédente.

D. **Beaucoup de choses à faire.**   Lisez la conversation entre Nicolas et Élisabeth.

Nicolas et Élisabeth se parlent au téléphone:

N: Veux-tu jouer au tennis mercredi à 14 heures?
É: Je ne peux pas. J'ai rendez-vous (*appointment*) au café avec Fatima. Mais peut-être qu'on pourrait jouer jeudi à deux heures?
N: Oui, d'accord.
É: Chouette! Flore veut aller au cinéma vendredi à 18 heures. Tu veux nous accompagner?

N: Je voudrais bien, mais je vais dîner chez mes parents à 20 heures. C'est l'anniversaire de ma mère.

É: Ah bon! Tu as un cadeau (*gift*) pour elle?

N: Non... Tu veux m'aider à choisir un cadeau?

É: D'accord. On va au magasin lundi après-midi?

N: Lundi, j'ai un cours d'architecture de 14 à 16 heures et après ça je travaille. Mais mardi, ça va?

É: À quelle heure?

N: À 15 heures, ça te va?

É: Oui, d'accord. On va au magasin à 15 heures mardi. Je te retrouve en face de la bibliothèque?

N: D'accord et merci, Élisabeth!

Maintenant, écrivez dans le calendrier de Nicolas et Élisabeth ce qu'ils font chaque jour de la semaine et à quelle heure.

Nicolas	Élisabeth
lundi	**lundi**
mardi	**mardi** 14h rendez-vous au café avec Fatima
mercredi	**mercredi**
jeudi	**jeudi**
vendredi	**vendredi**

Regardez!

Introduction (00:16:05–00:16:31)

E. **Comprenez-vous?**   D'abord, regardez seulement le début (*beginning*) de la séquence vidéo et écoutez l'introduction d'Élisabeth. Puis, complétez les phrases suivantes.

1. Élisabeth et Nicolas sont à _____.

2. Élisabeth fait ses devoirs pour son cours de _____.

3. Élisabeth travaille à un projet de _____.

4. Nicolas étudie pour son cours d'_____.

Impressions (00:16:32–00:17:07)

F. **À la fac.**   Before viewing the video, read the following list and cross out any items that would not logically be found on a university campus.

_____ une machine à photocopier	_____ un vélo	_____ un aéroport
_____ une chaîne stéréo	_____ un hôpital	_____ des étudiants
_____ des magazines	_____ un professeur	_____ une fontaine
_____ des livres	_____ un ordinateur	_____ une librairie
_____ une salle de classe	_____ une téléviseur	_____ un stylo
_____ une gare	_____ un jardin	_____ une bibliothèque
_____ une carte (*map*) de France	_____ une cathédrale	_____ un téléphone
_____ un lecteur de CD	_____ une banque	_____ un bureau de poste

Now, watch the montage of campus scenes and check the items that appear on-screen.

Interaction (00:17:08–00:19:41)

G. **J'en ai marre!** (*I'm fed up!*)   With the sound turned off, watch the scene of Élisabeth and Nicolas in the library. Then try to answer the following questions.

1. Which of the two students tries to convince the other that enough studying has been

   done for one day? _____

2. Does that person succeed? _____ How can you tell? _____

_____

H. **Vérifiez!**   Regardez encore la séquence vidéo, mais cette fois avec le son. Qui fait les choses suivantes? Écrivez **É** pour Élisabeth ou **N** pour Nicolas.

1. _____ a des examens tout le temps.

2. _____ doit (*must*) étudier le Moyen Âge (*Middle Ages*).

3. _____ étudie deux langues étrangères.

4. _____ ne doit pas s'inquiéter (*worry*) pour trouver du travail (*work*) après avoir reçu le diplôme.

5. _____ a un prof qui voyage beaucoup.

I. **Combien?**   Voici quelques phrases de la conversation entre Élisabeth et Nicolas. Complétez les phrases avec les numéros que vous entendez (*hear*).

1. Élisabeth travaille à sa biologie depuis _____ heures.

2. Il est déjà _____ heures.

3. Élisabeth a _____ heures de cours par semaine, mais Nicolas a

   _____ heures de cours par semaine.

4. Nicolas a _____ cours.

5. Nicolas a _____ cours de langue.

6. Élisabeth doit faire _____ ans d'études pour avoir son diplôme.

J. **Avez-vous remarqué?** (*Did you notice?*)   When Nicolas talks about the different classes he takes, he counts them off on his fingers. French speakers count on their fingers differently than English speakers. Indicate the differences you see by answering the questions below.

1. Which finger does he use to begin counting? _____

2. With what two fingers does he indicate "two"? _____

Interviews (00:19:42–00:21:13)

K. **Les cours.** Observez les gens qui parlent de leurs études et indiquez qui étudie quoi. Pour chaque personne dans la colonne de gauche, écrivez les lettres des deux descriptions à droite qui correspondent.

1. _____ Magali

2. _____ Antoine

3. _____ François

4. _____ Sophie

5. _____ Carina

a. fait des études scientifiques.
b. étudie l'électronique et l'électrotechnique.
c. veut étudier la psychiatrie.
d. étudie les mathématiques, la physique et la chimie.
e. étudie à la faculté de médecine à Descartes.
f. veut être psychologue pour les enfants.
g. espère devenir technicien supérieur en électrotechnique.
h. veut être professeur à la fac ou chercheur (*researcher*) dans le CNRS[1].
i. voudrait bien travailler dans la génétique et faire de la recherche.
j. a des cours de français, de maths, d'histoire, de géo, de sciences physiques et de philo.

L. **Et vous?** À la fin des interviews avec des gens dans la rue, Élisabeth vous pose une question. Écrivez sa question et répondez-y.

Question: Alors, dites-moi, _____

Réponse: _____

_____

_____
1. CNRS = Centre national de la recherche scientifique.

Récapitulez!

M. **Un sondage** (*A survey*).   Quelles études font vos amis? Interviewez vos camarades de classe et écrivez leurs noms pour complétez le sondage suivant.

Trouvez quelqu'un qui...

étudie une autre langue étrangère. _____

a un cours de psychologie. _____

étudie l'histoire de l'art. _____

étudie les maths. _____

a un cours de sociologie. _____

veut être médecin. _____

étudie pour devenir avocat(e). _____

étudie la littérature. _____

aime les sciences politiques. _____

N. **Questions personnelles.**   Répondez aux questions suivantes avec des phrases complètes.

1. Quel est votre cours préféré? _____

2. Quel sujet est le plus facile (*easy*) pour vous? _____

3. Quel cours vous donne le plus de travail? _____

4. Quelle est votre spécialité? (*major*)? _____

   Pourquoi? _____

5. Qu'est-ce que vous considérez important dans le choix d'une profession?

   _____

Module 5

AU RESTAURANT PROVENÇAL

• •

OBJECTIFS ....

Module 5 covers a topic that is very dear to the French: food. You will learn about different foods and menus as well as about various places to shop for food. You will learn about the different courses in a French meal and practice ordering a meal in a restaurant.

Préparez-vous!

A. **Au restaurant.**   Regardez la photo et répondez aux questions qui suivent.

1. Qui sont les clientes? _____

2. Qui est la troisième personne sur la photo? _____

3. C'est quel genre de restaurant?

    a. _____ Un restaurant très chic.

    b. _____ Une cafétéria.

    c. _____ Un fast-food.

    d. _____ Un restaurant moyen (*average*).

    e. _____ Un restaurant universitaire.

4. Que dit le serveur aux clientes, à votre avis?

    a. _____ Mesdemoiselles, où allez-vous?

    b. _____ Mesdemoiselles, que désirez-vous?

    c. _____ Mesdemoiselles, où dînez-vous?

5. Quelle réponse serait (*would be*) la plus polie (*polite*)?

    a. _____ Je veux (*want*) de la soupe, s'il vous plaît.

    b. _____ Je voudrais (*would like*) de la soupe, s'il vous plaît.

    c. _____ De la soupe, à l'instant!

B. **L'alimentation.**   Mettez les aliments suivants dans la catégorie appropriée.

un hamburger	du riz	des fraises	des spaghettis
du yaourt	des pommes	des carottes	du thé
du brie	du café	du pain	du bifteck
des oignons	du beurre	des bananes	des petits pois
du vin	du saucisson	du roquefort	

Viandes	Céréales (*Grains*)	Légumes
_____	_____	_____
_____	_____	_____
_____	_____	_____

Fruits	Produits laitiers (*Dairy products*)	Boissons
_____	_____	_____
_____	_____	_____
_____	_____	_____

Regardez!

Introduction (00:21:14–00:21:36)

C. **Comprenez-vous?** Regardez l'introduction et écoutez Élisabeth. Répondez aux questions suivantes.

1. Élisabeth est avec qui?

    a. _____ Nicolas.

    b. _____ Flore.

    c. _____ La mère de Nicolas.

    d. _____ Fatima.

2. Où sont-elles?

    a. _____ Au restaurant.

    b. _____ À la cafétéria.

    c. _____ Au cinéma.

    d _____ Au café.

3. Qu'est-ce qu'elles veulent faire?

    a. _____ Voir un bon film.

    b. _____ Prendre un bon repas.

    c. _____ Boire un café.

Impressions (00:21:37–00:22:06)

D. **Mettez les mots dans l'ordre!** Vous voyez beaucoup de choses dans le montage. Indiquez dans quel ordre (1–7) vous voyez les choses suivantes.

_____ le fromage   _____ la viande

_____ les carottes   _____ les raisins (*grapes*)

_____ les haricots verts _____ le pain

_____ les desserts

Interaction (00:22:07–00:24:08)

E. **Que voyez-vous?**   Regardez sans le son la séquence vidéo et indiquez si les phrases suivantes sont vraies **(V)** ou fausses **(F)**. Si une phrase est fausse, corrigez-la.

1. _____ Il y a deux verres devant chaque cliente.

_____

2. _____ Elles sont à une table avec trois autres personnes.

_____

3. _____ Elles sont les seules (*only*) clientes dans le restaurant.

_____

4. _____ Le serveur est blond et mince.

_____

5. _____ Elles ont une vue de la tour Eiffel.

_____

6. _____ Élisabeth et Fatima se disputent (*argue*) pendant (*during*) le repas.

_____

F. **Écoutez!** Regardez encore une fois cette séquence vidéo mais avec le son. Voici le menu prix fixe. Encerclez les choix d'Élisabeth et soulignez les choix de Fatima.

⊰§ *Menu prix fixe* ⊱

Pour commencer:

soupe au poisson   OU   le pistou[1]

Plats:

thon[2] à la provençale   OU   poulet aux herbes

Desserts:

tarte au citron   OU   fraises à la crème   OU   roquefort

Boissons:

Perrier   ⊱   vin rouge   ⊱   vin blanc

Interviews (00:24:09–00:25:56)

G. **À chacun son goût!** (*To each his own!*)   Regardez les interviews et indiquez la personne qui correspond à chaque description.

_____

1. soupe aux légumes   2. *tuna*

	Audé	Natalie	Hélène
1. Cette personne fait une cuisine assez traditionnelle.	_____	_____	_____
2. Cette personne prend du lait et du café pour le petit déjeuner.	_____	_____	_____
3. La famille de cette personne emploie quelquefois «la méthode américaine» pour faire un repas: chaque personne prend dans le frigo quelque chose qui lui plaît (*that he/she likes*).	_____	_____	_____
4. Le soir, cette personne prend un repas léger (*light*)—une soupe ou une salade, avec du fromage.	_____	_____	_____
5. Cette personne habite à côté du restaurant universitaire.	_____	_____	_____
6. Les enfants de cette personne prennent souvent des céréales avec du lait pour le petit déjeuner.	_____	_____	_____

H. **Et vous?**   À la fin des interviews, Élisabeth vous pose une question. Écrivez sa question et votre réponse.

Question: _____

Réponse: _____

Récapitulez!

I. **Un sondage.** (*A poll.*)   Interviewez vos camarades de classe et écrivez leurs noms pour compléter le sondage suivant.

Trouvez quelqu'un qui...

prend du café le matin. _____

prend le repas principal le soir. _____

mange beaucoup le matin. _____

ne mange rien (*nothing*) au petit déjeuner. _____

aime beaucoup préparer les repas. _____

est végétarien(ne). _____

J. **Expression personnelle.**   Êtes-vous gourmand(e)? (*Do you love to eat?*) Indiquez vos goûts
à propos des choses suivantes.

1. Quelle est votre cuisine préférée? Indiquez l'ordre de vos préférences: 1 = vous aimez le
   mieux (*best*); 7 = vous aimez le moins (*least*).

   Je préfère la cuisine...

   _____ chinoise   _____ grecque (*Greek*)   _____ vietnamienne

   _____ américaine   _____ française   _____ autre: _____

   _____ japonaise   _____ italienne

2. Comment s'appelle votre restaurant préféré? _____

3. Quelle boisson prenez-vous d'habitude avec votre dîner? _____

4. Quel repas est le plus important pour vous?

   a. _____ Le petit déjeuner.

   b. _____ Le déjeuner.

   c. _____ Le dîner.

5. Aimez-vous faire la cuisine? _____

   Pourquoi ou pourquoi pas? _____

K. **Au restaurant.**   Regardez cette publicité pour le restaurant L'Étape Lani où dînent Élisabeth et Fatima. Complétez les phrases avec les mots appropriés de la liste suivante.

LANI
cuisiniers

À dix kilomètres d'Aix-en-Provence, à Bouc-Bel-Air, la Provence parfume la cuisine des Frères LANI cuisiniers.

Dans une ambiance feutrée[1] qui sait rester familiale, Lino et Marguerite les parents ont transmis leur passion à Lucien, Bernadette et Joël.

Savourez une cuisine faite de recherche, d'imagination et de créativité. Une jolie palette de services, salles pour séminaires, 40 chambres équipées, piscines.

Nombreuses spécialités pour une cuisine contemporaine et inventive accompagnées par une cave somptueuse et une sélection des meilleurs vins régionaux.

Marguerite et Bernadette LANI à l'accueil.

Lucien et Joël LANI en cuisine.

familiale	restaurant	chambres	loin
région	frères	piscine	cave (*wine cellar*)
s'appelle	parents	plats	séminaires

1. Le restaurant _____ L'Étape Lani.

2. Le menu offre plusieurs _____ provençaux.

3. L'ambiance est _____.

4. Il y a beaucoup de vins de la _____ dans la _____.

5. Lucien et Joël sont les _____ de Bernadette.

6. Les _____ ont établi le restaurant.

7. L'Étape Lani n'est pas _____ d'Aix-en-Provence.

8. Il y a aussi des _____ et une _____.

9. Ce n'est pas seulement (*only*) un _____.

10. Les gens d'affaires (*business people*) vont à l'Étape Lani pour des _____.

_____
1. *quiet, muffled*

Module 6

IL PLEUT!

· · · · · · · · · · · · · · · · · · · ·

OBJECTIFS..

In Module 6, you will learn to talk about leisure activities. You will see and hear about some of the most popular pastimes in France, and you may notice some differences between French and American ideas of leisure activities. After watching the video and doing the exercises, you will be able to talk about things you like to do when you have free time.

Préparez-vous!

A. **Que font-ils?** Regardez la photo et indiquez si les phrases suivantes sont vraies **(V)** ou fausses **(F)**. Corrigez les phrases qui sont fausses.

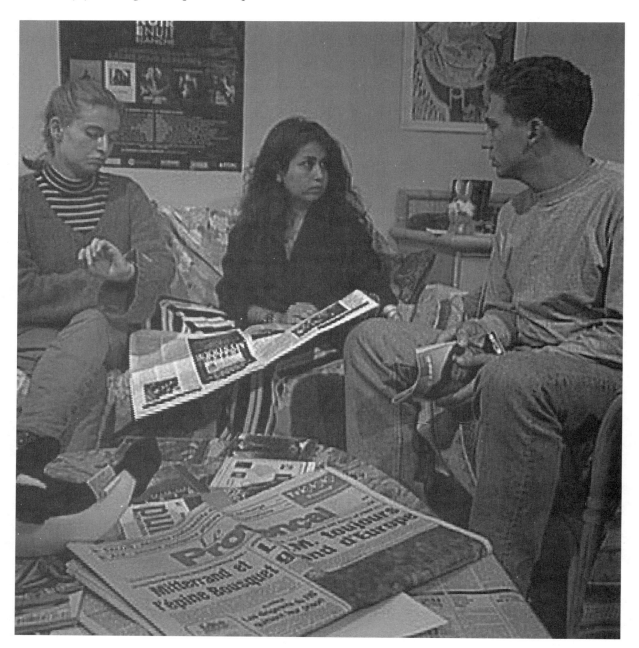

1. _____ Élisabeth regarde le journal.

_____

2. _____ Nicolas regarde sa montre (*watch*).

_____

3. _____ Les trois étudiants sont chez les parents de Nicolas.

_____

4. _____ Élisabeth est à côté de Nicolas.

_____

B. **Devinez!** (*Guess!*) Based on what you see in the photo, what do you think the three students are talking about?

a. _____ What to eat for dinner.

b. _____ What Nicolas should buy his mother for her birthday.

c. _____ Going to see a movie.

d. _____ How much studying they have to do before exams.

What clues led you to this conclusion?

_____

C. **Les loisirs.** Qu'est-ce que vous aimez faire quand vous avez du temps libre (*free time*)? On vous suggère deux activités. Quelle activité préférez-vous? Soulignez votre choix.

Préférez-vous...

1. aller au cinéma ou regarder un film à la télé?
2. danser dans un club ou prendre quelque chose avec un(e) ami(e) dans un café?
3. lire le journal ou un roman?
4. jouer au tennis ou au golf?
5. faire de la natation ou du patinage?
6. jouer au hockey ou au basket-ball?
7. jouer au base-ball ou regarder un match de base-ball?
8. écouter de la musique ou regarder la télévision?
9. lire le journal ou regarder le journal télévisé?
10. dîner au restaurant ou chez vous?
11. nager (*swim*) dans l'océan ou dans une piscine (*pool*)?
12. passer les vacances à la plage (*beach*) ou à la montagne?

Regardez!

Introduction (00:25:57–00:26:14)

D. **Comprenez-vous?**   Regardez l'introduction et écoutez Élisabeth. Répondez aux questions suivantes.

1. Élisabeth est avec qui?_____

2. Quel jour de la semaine est-ce aujourd'hui?_____

3. Quel temps fait-il? _____

Impressions (00:26:15–00:26:47)

E. **Que font-ils?**   Regardez le montage et écoutez la musique. Dans la liste suivante, cochez les activités que vous voyez.

Est-ce qu'il y a quelqu'un qui...

1. _____ joue au golf?

2. _____ fait du bateau (*is boating*)?

3. _____ lit le journal à la terrasse d'un café?

4. _____ lit un magazine à la plage?

5. _____ joue à la pétanque (*lawn bowling game*)?

6. _____ regarde la télévision?

7. _____ fait de la natation?

8. _____ joue au football?

Interaction (00:26:48–00:28:40)

F. **Que voyez-vous?**   Regardez sans le son la séquence vidéo avec Élisabeth, Fatima et Nicolas et complétez les phrases suivantes avec les mots de la liste donnée qui conviennent.

Élisabeth	fenêtre	Fatima	journal
regarde	Nicolas	pleut	sortir (*go out*)

1. Les amis sont chez _____.

2. Élisabeth regarde par la _____.

3. Il fait chaud, mais il _____.

4. _____ regarde le journal.

5. _____ étudie le programme de télé.

6. Fatima trouve quelque chose d'intéressant dans le _____.

7. Élisabeth _____ sa montre (*watch*).

8. Les trois étudiants décident de _____.

G. **Il pleut!**   Regardez encore la séquence vidéo, mais avec le son. Choisissez la meilleure réponse aux questions suivantes.

   1. Qui déteste la pluie?

      a. _____ Élisabeth.

      b. _____ Fatima.

      c. _____ Nicolas.

   2. Qui aime regarder la télé?

      a. _____ Élisabeth.

      b. _____ Fatima.

      c. _____ Nicolas.

   3. Quel film joue à la télé cet après-midi?

      a. _____ *Jean de Florette.*

      b. _____ *Manon des sources.*

      c. _____ *Le Dernier Métro.*

   4. Qui sont les acteurs principaux dans ce film?

      a. _____ Guillaume Depardieu et Anne Brochet.

      b. _____ Philippe Noiret et Nathalie Baye.

      c. _____ Gérard Depardieu et Catherine Deneuve.

5. Pourquoi est-ce que Fatima ne veut pas voir ce film?

   a. _____ Il n'est pas beau.

   b. _____ Elle a déjà vu (*seen*) ce film trois fois.

   c. _____ Elle n'aime pas les acteurs.

6. Comment s'appelle le film que Fatima trouve dans le journal?

   a. _____ *Manon des sources.*

   b. _____ *Angèle.*

   c. _____ *Jean de Florette.*

7. Qui a écrit le livre sur lequel ce film est basé?

   a. _____ Marcel Pagnol.

   b. _____ Alain Corneau.

   c. _____ François Truffaut.

8. Où se passent (*take place*) généralement les films de Pagnol?

   a. _____ À Paris.

   b. _____ En Provence.

   c. _____ Aux Pyrénées.

9. À quelle heure se joue le film?

   a. _____ À 15 h 10.

   b. _____ À 13 h 10.

   c. _____ À 5 h 10.

10. Qu'est-ce que les trois amis vont faire après?

    a. _____ Prendre quelque chose dans un bar.

    b. _____ Prendre quelque chose dans un café.

    c. _____ Aller à une fête (*party*).

Interviews (00:28:41–00:30:21)

H. **Le temps libre.**   Regardez les interviews, puis indiquez quelle(s) activité(s) de la colonne de droite chaque personne aime faire.

1. _____ Stéphanie	a. faire du bateau à voile
	b. aller à la montagne et se promener
2. _____ Michel-Yves et Hélène	c. faire du tennis, du patinage artistique, du basketball et de la natation
3. _____ Henri	d. le rugby
	e. faire du ski en hiver
4. _____ Marie	f. lire, les filles, la musique
5. _____ Christine	g. aller au cinéma voir des films d'art
6. _____ Emmanuel	
7. _____ Maître Jaffari	

I. **Et vous?**   Écrivez la question d'Élisabeth et votre réponse.

Question: _____

Réponse: _____

Récapitulez!

J. **Les préférences.** Voici comment les jeunes Français aiment passer leur temps libre. D'abord, indiquez vos préférences. Numérotez les activités de 1 à 10: 1 pour l'activité que vous aimez le mieux, 10 pour l'activité que vous aimez le moins. Puis répondez aux questions données avec des phrases complètes.

_____ aller voir un film au cinéma 15%

_____ pratiquer un sport 10%

_____ écouter des CDs 10%

_____ assister à (*attend*) un concert 5%

_____ lire un bon roman 3%

_____ jouer des jeux vidéo 10%

_____ se balader (*stroll*) avec des amis 25%

_____ regarder la télé 20%

_____ jouer aux cartes 2%

1. Quelle activité est la plus populaire auprès des jeunes Français?

_____

2. Quelle activité les jeunes Français aiment-ils le moins?

_____

3. Les jeunes Français préfèrent-ils jouer aux sports ou regarder la télé?

_____

4. Préfèrent-ils regarder la télé ou voir un film au cinéma?

_____

5. Pensez-vous que les jeunes Américains aiment les mêmes activités que les jeunes

Français? Quelles activités pensez-vous les Américains préfèrent-ils? _____

_____

Module 7

À L'AGENCE DE VOYAGE

· ·

OBJECTIFS..

In Module 7 you will learn about traveling in Europe. You will see many different modes of transportation. After viewing the video and doing the activities for Module 7, you will be able to talk about your travel plans.

Préparez-vous!

A. **Devinez!**   Regardez la photo et répondez aux questions qui suivent.

1. Où sont Fatima et Élisabeth?

    a. _____ Chez le médecin.

    b. _____ À l'université.

    c. _____ À l'agence de voyage.

2. Qui est l'autre femme?

    a. _____ Une amie.

    b. _____ Une employée de l'université.

    c. _____ Un agent de voyage.

3. Qu'est-ce que les trois femmes étudient?

    a. _____ Une liste de cours.

    b. _____ Un horaire de train.

    c. _____ Une liste de films.

B. **Mots croisés.** Employez les définitions données de huit modes de transport pour compléter les mots croisés.

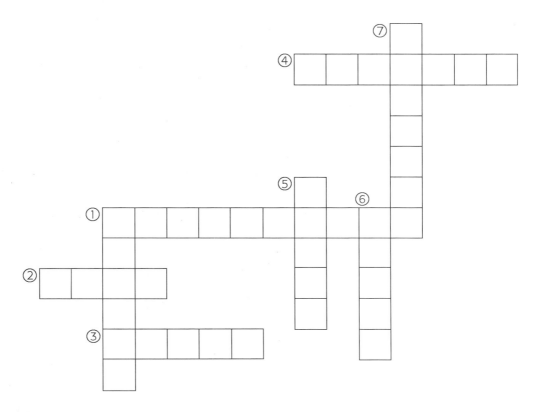

Horizontalement

1. Véhicule à deux roues (*wheels*) d'égal diamètre, deux pédales et une chaîne mais sans moteur.
2. Véhicule à deux roues avec un moteur.
3. Véhicule aérien inventé par les frères Wright en 1903.
4. Grand véhicule à quatre roues qui transporte beaucoup de gens à la fois.

Verticalement

1. Moyen de transport qui flotte sur l'eau.
5. Chemin de fer (*railroad*) qui dessert (*services*) les quartiers d'une grande ville ou sa banlieue (*suburbs*).
6. Chemin de fer qui transporte les voyageurs d'une ville à une autre.
7. Véhicule avec un moteur et quatre roues qui sert au transport individuel ou familial. Quelques marques françaises sont Renault, Citroën et Peugeot.

Regardez!

Introduction (00:30:22–00:30:46)

C. **Que dit Élisabeth?**   Regardez le début de la séquence vidéo et écoutez l'introduction d'Élisabeth. Complétez le passage en écrivant les mots qui manquent.

Bonjour, mes _____. J'ai rendez-vous avec _____ à cette agence de

voyage. Nous _____ avoir des renseignements (*information*) pour

_____ un séjour à _____ pendant nos vacances la _____

prochaine.

Impressions (00:30:47–00:31:18)

D. **Que voyez-vous?**   Regardez le montage et écoutez la musique. Indiquez l'ordre dans lequel vous voyez les choses suivantes.

_____ un camion   _____ une moto

_____ un train   _____ un avion

_____ un métro   _____ un tramway (*streetcar*)

_____ un autobus   _____ un bateau

Interaction (00:31:19–00:33:27)

E. **À l'écoute!**   Regardez la séquence vidéo, puis indiquez qui dit les phrases suivantes.

		Élisabeth	Fatima	L'agent
1. _____	... partir jeudi matin et revenir à Aix dimanche après-midi...	_____	_____	_____
2. _____	Et on voudrait trouver un hôtel pas trop cher à Paris...	_____	_____	_____
3. _____	... près de la Sorbonne dans le Quartier latin[1]...	_____	_____	_____
4. _____	... une chambre à deux lits avec salle de bains.	_____	_____	_____
5. _____	Ça n'a pas d'importance!	_____	_____	_____

---

1. *Dating from the 13th century, the* **Sorbonne** *is the oldest institution today forming part of the University of Paris. The neighborhood surrounding it, the* **Quartier latin,** *is popular with young people.*

	Élisabeth	Fatima	L'agent
6. ____ Moi, je préfère le train qui part plus tôt (*earlier*).	____	____	____
7. ____ Je n'ai pas du tout envie de perdre mon temps dans le train.	____	____	____
8. ____ Comme ça, on ne rentre pas trop tard.	____	____	____
9. ____ C'est parfait!	____	____	____
10. ____ Je vous en prie. (*You're welcome.*)	____	____	____

F. **Avez-vous compris?** Regardez encore une fois la séquence et répondez aux questions suivantes avec des phrases complètes.

1. Où vont Fatima et Élisabeth? _____

2. Pour combien de jours? _____

3. Comment vont-elles voyager? _____

4. Où vont-elles rester? _____

Interviews (00:33:28–00:35:33)

G. **Êtes-vous fort(e) en géographie?** Avant de regarder la vidéo, indiquez si les endroits (*places*) mentionnés dans les interviews se trouvent (*are located*) en France ou aux États-Unis.

	en France	aux États-Unis
1. Bretagne	____	____
2. Bryce Canyon	____	____
3. Las Vegas	____	____
4. Yosemite	____	____
5. Normandie	____	____
6. Zion	____	____

Quelques-uns des gens interviewés ont visité les endroits suivants. Mettez chaque nom géographique dans la colonne appropriée pour indiquer son continent.

Angleterre	Inde	Mexique
Grand Canyon	Italie	Thaïlande
Grèce	Maroc	Tunisie

Amérique du Nord

_____

_____

Afrique

_____

_____

Europe

_____

_____

_____

Asie

_____

_____

H. **Trouvez l'intrus!** Regardez les interviews et écoutez les gens parler de leurs voyages. Barrez (*Cross out*) l'endroit qui n'est pas correct dans les phrases suivantes.

1. Pierre est allé aux parcs nationaux Yellowstone et Zion, à Bryce Canyon, à Los Angeles et en Tunisie.
2. Geneviève est allée aux États-Unis, au Mexique, en Bretagne, en Thaïlande et en Tunisie.
3. Deva a voyagé en Italie, en Tunisie et en Inde.

I. **La bonne réponse.**   Regardez les interviews encore une fois. Cochez l'expression qui complète le mieux les phrases suivantes.

1. Les côtes (*coastline*) bretonnes sont

   a. _____ en Angleterre.

   b. _____ au Bénin.

   c. _____ en Bretagne.

2. Le pays d'origine de Deva est

   a. _____ l'Inde.

   b. _____ la Thaïlande.

   c. _____ le Maroc.

3. Thierry et sa femme sont originaires de Bretagne et

   a. _____ d'Aix-en-Provence.

   b. _____ de Provence.

   c. _____ de Normandie.

4. Mme Chesnel préfère prendre _____ que le car[1].

   a. _____ le train

   b. _____ la voiture

   c. _____ l'avion

5. Selon Georges, pour aller à Montboucher, il y a le fleuve[2], deux voies ferrées[3], le TGV et

   a. _____ l'autocar.

   b. _____ l'autoroute (*highway*).

   c. _____ le métro.

_____

1. **car (autocar)** (*m.*) = *large touring-style bus used for long-distance and intercity travel*   2. **fleuve** (*m.*) = grande rivière (la Seine, par exemple) qui débouche (*empties*) dans la mer   3. **voies ferrés** (*f. pl.*) = *railroad lines*

J. **Les voyages.** Écoutez les interviews et indiquez les catégories qui conviennent.

Où sont-ils allées?

	en Amerique du Nord	en Europe	en Asie	en Afrique
1. Pierre				
2. Deva				
3. Geneviève				
4. Thierry				

Comment ont-ils voyagé?

	en train	en voiture	en avion
5. Miguel			
6. Madame Chesnel			
7. Albert			

K. **Et vous?**   Écoutez la question qu'Élisabeth vous pose. Écrivez sa question et votre réponse.

Question: _____

Réponse: _____

Récapitulez!

L. **Tout le monde aime recevoir une lettre!**   Imaginez que vous êtes avec Élisabeth et
Fatima à Paris. Écrivez une lettre à un(e) ami(e) ou à un membre de votre famille aux
États-Unis décrivant (*describing*) votre voyage d'Aix et votre séjour à Paris.

Hôtel Saint-Jacques
24, rue des Écoles
75005 Paris

Module 8

NICOLAS EST AMOUREUX.

. . . .

OBJECTIFS...

In Module 8 you will learn about dating and relationships. You will also have the opportunity to reflect on what brings happiness. After watching the video and doing the activities, you will be able to discuss relationships and the things you consider important for living a happy life.

Préparez-vous!

A. **Qu'est-ce qui se passe?** (*What's happening?*)   Regardez la photo et répondez aux questions suivantes.

1. Qui a un problème? _____

2. Comment le savez-vous? _____

3. Et qui fait un effort pour l'aider? _____

B. **Le contraire.** Pour chaque mot de la colonne de gauche indiquez la lettre du mot de la colonne de droite qui veut dire (*means*) le contraire.

1. _____ heureux
2. _____ le mieux
3. _____ partir
4. _____ ensemble
5. _____ se disputer
6. _____ perdre
7. _____ gauche
8. _____ un peu
9. _____ le copain
10. _____ la campagne
11. _____ le malheur

   a. s'entendre bien
   b. la ville
   c. le bonheur
   d. malheureux
   e. beaucoup
   f. gagner (*win*)
   g. l'ennemi
   h. arriver
   i. le pire (*the worst*)
   j. droite
   k. seul

C. **À vous!** Complétez les phrases suivantes avec cinq mots tirés de l'activité B.

1. _____ de gâteau, s'il vous plaît, je n'ai pas très faim.

2. Nous voulons _____ le match de football, bien sûr!

3. Élisabeth aime vivre près de la nature. Elle préfère habiter à _____.

4. Quand Nicolas a des problèmes avec sa petite amie, il est _____.

5. Il n'y a personne avec lui dans sa chambre; il est tout _____.

Regardez!

Introduction (00:35:34–00:35:58)

D. **Comprenez-vous?** Regardez l'introduction et écoutez Élisabeth. Complétez les phrases suivantes avec les mots de la liste donnée.

pendant   malheureux   raconte
disputé   arrivé   consolons

Bonjour. Nicolas est _____. Il s'est _____ avec sa petite amie. Fatima

et moi, nous le _____ le mieux possible _____ qu'il nous

_____ ce qui est _____.

Impressions (00:35:59–00:36:28)

E. **Combien?** Regardez le montage et indiquez combien de personnes font les activités suivantes. (1 = une personne; 2 = deux personnes; P = plusieurs personnes).

Combien de personnes...

1. se promènent à la plage? _____

2. assistent à (*attend*) au mariage? _____

3. font une peinture à la plage? _____

4. mangent au parc? _____

5. jouent à l'école? _____

Interaction (00:36:29–00:39:28)

F. **Que voyez-vous?** Regardez sans le son la séquence vidéo avec Nicolas, Fatima et Élisabeth, et indiquez *toutes* les bonnes réponses pour les questions suivantes.

1. Comment va Nicolas au début de la séquence?

    a. _____ Il est bien malheureux.

    b. _____ Il est heureux.

    c. _____ Il s'amuse avec des amis.

2. Qu'est-ce que Nicolas a dans la main?

    a. _____ Une photo.

    b. _____ Une lettre.

    c. _____ Un magazine.

3. Que font Fatima et Élisabeth?

    a. _____ Elles regardent la télé avec Nicolas.

    b. _____ Elles écoutent Nicolas.

    c. _____ Elles consolent Nicolas.

4. Qui donne des conseils à Nicolas?

    a. _____ Fatima.

    b. _____ Sa mère.

    c. _____ Élisabeth.

5. Comment va Nicolas à la fin de la séquence?

    a. _____ Mal.

    b. _____ Moins bien.

    c. _____ Mieux.

G. **Qui parle?** Regardez la même séquence vidéo encore une fois, mais avec le son. Indiquez quelle personne dit chaque phrase suivante.

	Élisabeth	Fatima	Nicholas
1. On s'entend toujours bien.	_____	_____	_____
2. ... elle voulait aussi rencontrer d'autres hommes.	_____	_____	_____
3. Je ne comprends pas.	_____	_____	_____
4. Alors, elle s'est fâchée (*got mad*).	_____	_____	_____
5. Disons qu'elle sorte avec d'autres hommes.	_____	_____	_____
6. ... elle pourra (*could*) peut-être apprendre à t'apprécier encore mieux.	_____	_____	_____
7. ... pour faire une sorte de comparaison...	_____	_____	_____
8. ... tu as besoin d'être plus indépendant.	_____	_____	_____

H. **Compréhension.**   Indiquez *toutes* les bonnes réponses pour les questions suivantes.

1. Comment s'appelle la petite amie de Nicolas?

   a. _____ Marianne.

   b. _____ Muriel.

   c. _____ Mara.

   d. _____ Marie-Claire.

2. Quand se sont-ils disputés?

   a. _____ Ce matin.

   b. _____ Hier après-midi.

   c. _____ Ce soir.

   d. _____ Hier soir.

3. Selon Élisabeth, pourquoi Muriel veut-elle sortir avec d'autres hommes?

   a. _____ Elle n'aime plus Nicolas.

   b. _____ Elle veut son indépendance.

   c. _____ Nicolas veut sortir avec d'autres femmes.

   d. _____ Comme ça, elle peut trouver son identité.

4. Quelle est la réaction de Nicolas?

   a. _____ Il accepte que les relations soient terminées.

   b. _____ Il décide de sortir avec d'autres femmes.

   c. _____ Il va téléphoner à Muriel pour lui expliquer qu'il comprend mieux ce qu'elle désire.

   d. _____ Il n'accepte pas que les relations soient terminées.

Interviews (00:39:29–00:40:59)

I. **D'autres idées.** Écoutez les interviews et complétez les phrases suivantes.

Qu'est-ce que c'est pour vous, le bonheur?

1. Thierry aime aider _____.

2. Natalie aime être _____ avec la famille ou les copains.

3. Geneviève pense que la façon dont on vit est importante, mais aussi son _____,

   ses _____ et ses petits-enfants.

Qu'est-ce qui est nécessaire pour être heureux?

4. Pour Pierre les choses primordiales (*fundamental*) sont _____ et la santé.

5. Pour Claudine, il faut avoir un travail qu'on aime et _____ qu'on aime. Elle

   est heureuse de vendre son vin et de faire apprécier son _____ aux clients.

J. **Et vous?** Écrivez la question qu'Élisabeth vous pose et donnez votre réponse.

Question: _____

Réponse: _____

Récapitulez!

K. **Réponse personnelle.** Quelles sont pour vous les choses les plus importantes dans la vie? D'abord encerclez les cinq choses qui sont pour vous les plus importantes. Ensuite, indiquez l'importance relative de chaque chose avec un nombre de 1 (essentiel) à 5 (peu important).

_____ trouver un travail que vous aimez

_____ trouver un travail qui vous paie beaucoup

_____ avoir une maison

_____ avoir des enfants

_____ trouver un époux / une épouse (*spouse*) compatible

_____ avoir beaucoup d'amis

_____ être en bonne santé

_____ avoir un(e) meilleur(e) ami(e)

_____ avoir une voiture que vous aimez

_____ s'entendre bien avec vos parents

_____ voyager beaucoup

_____ aider les autres

Module 9

L'ANNIVERSAIRE DE NICOLAS

· ·

OBJECTIFS...

In Module 9 you will learn about customs and holidays. After viewing Module 9 and doing the accompanying activities you will have a better understanding of some of the traditions in the Francophone world, and be able to discuss in French holidays that you celebrate.

Préparez-vous!

A. **Que font-ils?**   Regardez la photo et répondez aux questions suivantes.

1. Qui est avec Nicolas? _____

2. Où sont-ils? _____

3. Qui donne quelque chose à Nicolas? _____

4. Qu'est-ce qu'elle lui donne? _____

5. Pourquoi pensez-vous qu'elle le donne à Nicolas? _____

   _____

B. **Préparations.** Imaginez que c'est l'anniversaire de votre meilleur(e) ami(e) et que vous avez beaucoup à faire. Indiquez l'ordre logique des activités suivantes avec un numéro (1 à 4).

1. Les invitations:

_____ envoyer   _____ acheter   _____ écrire   _1_ dresser (*make*) la liste

2. Le cadeau:

_____ donner   _____ acheter   _____ choisir   _____ emballer (*wrap*)

3. La carte:

_____ trouver   _____ signer   _____ acheter   _____ donner

4. Le gâteau:

_____ préparer   _____ manger   _____ servir   _____ mettre au four (*oven*)

C. **Les liaisons.** Pour chaque verbe de la colonne de gauche, indiquez la lettre du nom de la colonne de droite qui complète le mieux l'expression.

1. _____ rendre visite à...

2. _____ signer...

3. _____ se réunir (*get together*) à...

4. _____ jouer avec...

5. _____ éteindre (*turn off*)

6. _____ manger...

7. _____ emballer (*wrap*))

a. un repas
b. la carte d'anniversaire
c. la lumière
d. un cadeau
e. une réunion
f. un(e) voisin(e) (*neighbor*)
g. un jouet (*toy*)

D. **L'intrus.** Dans chaque groupe de mots encerclez le mot qui ne va pas avec les autres.

1. merveilleux / excellent / mauvais / fantastique
2. le cadeau / la fête / l'anniversaire / la vidéo
3. les voisins / les amis / les repas / les parents
4. l'oncle / la sainte / la tante / le cousin
5. la naissance / la mort / le bonheur / la vie
6. le jouet / la religion / le Prophète / la sainte
7. parfois / de temps en temps / ce jour-là / quelquefois

Regardez!

Introduction (00:41:00–00:41:24)

E. **Comprenez-vous?**   Regardez le début de la séquence vidéo et écoutez l'introduction d'Élisabeth. Répondez aux questions suivantes d'après (*according to*) son commentaire.

1. C'est l'anniversaire de qui demain? _____

2. Qu'est-ce qu'elle va lui donner? _____

3. Qui arrive bientôt? _____

4. Qu'est-ce qu'Élisabeth se demande? _____

Impressions (00:41:25–00:41:54)

F. **Mettez dans l'ordre!**   Regardez le montage et indiquez l'ordre dans lequel vous voyez les choses suivantes.

_____ la réunion de famille à table

_____ les rencontres à l'aéroport

_____ l'artiste dans la rue

_____ le magasin de poupées (*dolls*)

_____ la préparation d'un gâteau

_____ la fête de la musique

Interaction (00:41:55–00:45:19)

G. **Que voyez-vous?**   Regardez sans le son la séquence vidéo avec Élisabeth, Fatima et Nicolas. Complétez les phrases suivantes avec **Élisabeth** ou **Fatima** selon ce que (*according to what*) vous voyez.

1. Elles sont chez _____.

2. _____ porte un jean.

3. _____ porte une jupe (*skirt*) noire.

4. _____ a acheté une carte d'anniversaire.

5. _____ emballe le cadeau.

6. _____ ouvre la porte.

7. _____ donne le cadeau à Nicolas.

8. _____ donne la carte à Nicolas.

H. **À compléter!** Regardez la séquence vidéo encore une fois, mais avec le son. Employez les mots de la liste suivante pour compléter les phrases de la conversation entre Élisabeth et Fatima. Certains mots sont employés plus d'une fois.

besoin	saint	Ramadan	jouets
fête	télé	jour	après-midi
actif	réunion	manger	magnifique
quinze	coucher	anniversaire	merveilleux

1. Un jeu vidéo! _____! C'est une de ses activités préférées!

2. Tu as ce dont (*what*) nous avons _____ pour l'emballer?

3. J'ai une carte d' _____ amusante.

4. Elle va même venir ici chercher le cadeau cet _____.

5. De quelle _____ parles-tu?

6. De la fête de leur _____... Ma mére s'appelle Marie-Thérèse... On avait une

_____ pour toutes les deux en même temps, le _____ août, la

_____ de la Sainte-Marie.

7. On avait une grande _____ de famille... On faisait un _____

repas.

8. Chez nous, c'est pour le mois du _____... avec toute la famille et parfois des

voisins aussi.

9. On ne peut pas _____ du lever au _____ du soleil.

10. C'est seulement à la _____ de la naissance du Prophète que les jeunes

enfants reçoivent des _____.

11. Le prof d'architecture a décidé de ne pas donner cours cet _____.

12. Joyeux _____!

13. Avec ça, tu peux éteindre la _____ et faire quelque chose plus

_____ pour t'amuser.

I. **Les fêtes.** Écoutez encore une fois la discussion au sujet des fêtes entre Élisabeth et Fatima et choisissez toutes les réponses qui conviennent pour chaque question.

1. Quelle est la fête individuelle qu'on célèbre pour chaque personne en Belgique?

    a. _____ Le Ramadan.

    b. _____ Noël.

    c. _____ La fête de son saint.

    d. _____ La Toussaint.

2. Le saint d'une personne est déterminé comment?

    a. _____ Par le jour du baptême (*baptism*) de la personne.

    b. _____ Par le nom de la personne.

    c. _____ Par le jour de naissance de la personne.

    d. _____ Chaque personne choisit un(e) saint(e) à l'âge de six ans.

3. Pour célébrer la Sainte-Marie, qu'est-ce qu'on fait dans la famille d'Élisabeth?

    a. _____ On donne des cadeaux.

    b. _____ On mange un merveilleux repas.

    c. _____ On invite des collègues.

    d. _____ On téléphone à beaucoup de monde.

4. Les gens qui observent le Ramadan ne mangent pas

    a. _____ du lever au coucher du soleil.

    b. _____ la nuit.

    c. _____ après le coucher du soleil.

    d. _____ le vendredi.

5. Qu'est-ce qu'on fait après le coucher du soleil pendant le Ramadan?

    a. _____ On se couche.

    b. _____ On mange un repas.

    c. _____ On donne des cadeaux.

    d. _____ On va à la mosquée.

J. **Vive les différences!**   Écrivez trois phrases qui contrastent les fêtes familiales chez Fatima et chez Élisabeth.

      ➲   *Chez Fatima au Maroc, on célèbre la communauté, tandis qu'en Belgique, on fête l'individu.*

_____

_____

_____

Interviews (00:45:20–00:46:49)

K. **Les fêtes importantes.**   Écoutez les interviews et indiquez quelles fêtes sont mentionnées par chaque personne.

	Noël	les mariages	les anniversaires
1. Audé	_____	_____	_____
2. Michel-Yves	_____	_____	_____
3. Christelle	_____	_____	_____

L. **Ce qu'on fait.** Regardez les interviews encore une fois et cochez toutes les réponses qui conviennent aux questions suivantes.

1. Laure dit qu'aux fêtes de mariage ou de fiançailles (*engagement*) on

    a. _____ invite des personnes des différents côtés (*sides*) de la famille.

    b. _____ danse avec des amis et des cousins.

    c. _____ mange un buffet.

    d. _____ donne des cadeaux chers.

2. Audé dit qu'à Noël sa famille

    a. _____ va à l'église à minuit.

    b. _____ fait la crèche (*manger scene*).

    c. _____ donne des cadeaux.

    d. _____ fait du ski.

M. **Combien?** Répondez à ces questions sur les quantités.

1. Si on parle d'environ (*about*) *douze* choses, on dit qu'il s'agit d'une *douzaine*. Audé a une famille nombreuse. Il y a environ combien de personnes dans sa famille?

    a. _____ Une dizaine.

    b. _____ Une quarantaine.

    c. _____ Une centaine.

Alors, ça veut dire qu'il y a environ combien de personnes?

a. _____ 10.

b. _____ 40.

c. _____ 100.

2. La veille (*the day before; eve*) de Noël, combien de desserts mange-t-on selon la tradition provençale?

a. _____ Treize.

b. _____ Trois.

c. _____ Trente.

N. **Et vous?**   Maintenant, écoutez la question d'Élisabeth. Écrivez sa question et votre réponse.

Question: _____

Réponse: _____

Récapitulez!

O. **Meilleurs vœux!** (*Best wishes!*)   Voici la carte d'anniversaire pour Nicolas. Écrivez un message personnel et signez la carte.

P. **Votre fête préférée.**   Dans un paragraphe, décrivez ce que vous faites avec vos amis ou votre famille le jour de votre fête préférée. Donnez la raison pour laquelle vous choisissez cette fête.

_____

_____

_____

_____

Module 10

ON FAIT DES ACHATS.

· ·

OBJECTIFS...

In Module 10 you will learn about shopping for clothing in France. After watching the video and doing the activities, you will be able to describe clothing styles and preferences. You will learn about different types of stores and how to translate American sizes into French sizes.

Préparez-vous!

A. **À la mode.** Regardez la photo, puis cochez la meilleure réponse aux questions suivantes.

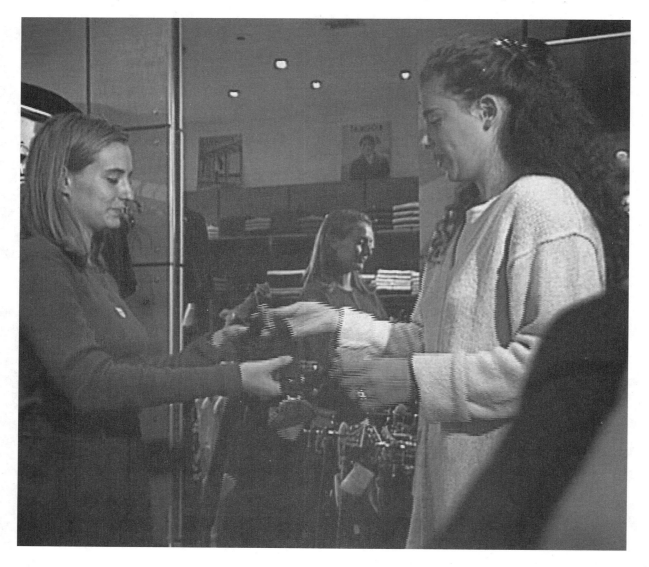

1. Où est Élisabeth?

    a. _____ au supermarché.

    b. _____ dans une boutique de vêtements.

    c. _____ chez elle.

    d. _____ dans un magasin de poupées.

2. Qui est avec elle sur la photo?

    a. _____ Fatima.

    b. _____ Nicolas et Fatima.

    c. _____ Une vendeuse.

    d. _____ Un mannequin (*model*).

3. Qu'est-ce qu'Élisabeth a dans la main?

    a. _____ Une jupe.

    b. _____ Un sac.

    c. _____ Un livre.

    d. _____ Une ceinture.

B. **L'intrus.** Dans chaque groupe, encerclez le mot qui ne va pas avec les autres.

1. un supermarché / une boutique / un musée / un magasin
2. une vendeuse / une cliente / une boutique / une fleur
3. en solde / cher / économique / ravissant
4. moulant (*tight*) / très habillé (*very dressy*) / fatigué / ravissant
5. désagréable / chouette / chic / élégant
6. des gants / des bottes / des chaussures / des sandales
7. lire / essayer / acheter / porter
8. Ça te va bien. / C'est ravissant. / C'est trop moulant. / C'est un bon look.
9. une cravate / une chemise / une jupe / une ceinture
10. un chemisier / des bas (*stockings*) / une jupe / un costume

Regardez!

Introduction (00:46:50–00:47:12)

C. **Comprenez-vous?**   Regardez le début seulement de la séquence vidéo et écoutez l'introduction d'Élisabeth. Complétez les phrases suivantes avec le mot de la liste donnée qui
convient.

achats   moi   venues   nouveaux   chers   espérons

Bonjour! Fatima et _____ sommes _____ en ville faire des

_____. Nous _____ trouver de _____ vêtements pas trop

_____.

Impressions (00:47:13–00:47:45)

D. **Que voyez-vous?**   Regardez le montage et cochez les cinq choses de la liste suivante que
vous voyez.

1. _____ des montres   5. _____ du maquillage (*makeup*)

2. _____ des chaussures   6. _____ des blousons en cuir (*leather*)

3. _____ des compact discs   7. _____ des robes en soie (*silk*)

4. _____ des vélos   8. _____ des aspirateurs (*vacuums*)

Interaction (00:47:46–00:50:27)

E. **Que remarquez-vous?**   Regardez sans le son la séquence vidéo et faites les activités
suivantes.

1. Complétez les phrases suivantes avec la couleur appropriée. Choisissez de la liste donnée,
   mais faites les changements nécessaires. Barrez les cinq couleurs de la liste que vous
   n'employez pas.

   bleu   gris   brun   jaune   orange
   beige   noir   rose   violet   rouge

   a. Le chemisier de Fatima est _____.

   b. Le pull qu'Élisabeth porte est _____.

   c. Élisabeth essaie un pull _____, un pantalon _____ et une

      ceinture _____.

   d. La vendeuse porte un ensemble _____.

2. Regardez l'argent qu'Élisabeth donne à la vendeuse. Si le premier billet est de 100 francs, et si les pièces de monnaie valent 25 francs, combien est-ce qu'elle lui paie?

a. _____ 125 F.

b. _____ 225 F.

c. _____ 1 225 F.

d. _____ 2 225 F.

3. Quel est le nom de la boutique?

a. _____ Chic.

b. _____ Soldes.

c. _____ Kookaï.

d. _____ À la Mode.

F. **Des achats.** Regardez la séquence vidéo dans la boutique encore une fois, mais avec le son. Puis choisissez la meilleure réponse aux questions suivantes.

1. Qu'est-ce qu'Élisabeth cherche?

a. _____ Une nouvelle robe.

b. _____ Quelque chose de joli et pas trop cher.

c. _____ Quelque chose à porter le jour de sa fête.

2. Comment Fatima trouve-t-elle la robe qu'Élisabeth lui montre?

a. _____ Ravissante.

b. _____ Très à la mode.

c. _____ Trop chère.

3. De combien le prix de la jupe que Fatima trouve est-il baissé (*lowered*)?

a. _____ 10%.

b. _____ 15%.

c. _____ 50%.

4. Qu'est-ce qu'Élisabeth cherche comme pantalon?

   a. _____ Un pantalon rouge.

   b. _____ Un pantalon habillé.

   c. _____ Un jean pas cher.

5. Pourquoi est-ce qu'Élisabeth a pris quelques kilos depuis qu'elle est en France?

   a. _____ Parce qu'elle ne fait plus de sport.

   b. _____ Parce qu'elle mange beaucoup.

   c. _____ Parce qu'elle boit beaucoup de vin.

6. Quel accessoire est-ce que la vendeuse suggère à Élisabeth?

   a. _____ Un chapeau.

   b. _____ Des chaussures.

   c. _____ Une ceinture.

Interviews (00:50:28–00:52:26)

G. **Qu'est-ce que ça veut dire?** (*What does it mean?*)   Avant de regarder les interviews, lisez les deux listes de mots et indiquez le mot ou l'expression de la colonne de droite qui veut dire la même chose qu'un mot ou une expression de la colonne de gauche.

1. _____ pareil
2. _____ la bonne présentation
3. _____ commode
4. _____ se sentir bien
5. _____ bricoler
6. _____ à la mode
7. _____ le devoir
8. _____ la politesse

a. être à l'aise (*ease*)
b. la considération des autres
c. similaire
d. en vogue
e. la responsabilité
f. le bon look
g. bien approprié
h. faire des travaux matériels

H. **À chacun son goût.** (*To each his own.*) Regardez les interviews et indiquez quelle personne de la colonne de gauche dit qu'elle porte les vêtements de la colonne de droite. Une réponse est employée deux fois.

1. _____ _____ Corinne   a. un jean
                                 b. une veste en jean
2. _____ _____ _____ Dounià   c. une jupe
                                 d. au travail: une cravate, une chemise, une veste
3. _____ Michel-Yves   e. des bretelles (*suspenders*)
                                 f. des vêtements noirs
4. _____ _____ _____ Thierry   g. un tee-shirt
                                 h. des trucs (*things*) en cuir

I. **Révision.** Complétez les trois phrases suivantes avec les noms des gens interviewés qui conviennent.

1. _____ aime bricoler.

2. _____ porte des vêtements à la mode.

3. Pour _____ et _____ la présentation personnelle est très

   importante au travail.

J. **Et vous?** Écrivez la question d'Élisabeth et votre réponse.

Question: _____

Réponse: _____

Récapitulez!

K. **Quelle est votre taille? Et votre pointure?**[1]   Imaginez que vous voulez faire des achats en France. Encerclez votre taille et votre pointure dans les listes suivantes.

Les tailles

femmes

robes et manteaux°   *coats*

| tailles européennes | 36 | 38 | 40 | 42 | 44 | 46 |
| tailles américaines | 6 | 8 | 10 | 12 | 14 | 16 |

hommes

chemises

| tailles européennes | 36 | 37 | 38 | 39 | 40 | 41 |
| tailles américaines | 14 | 14½ | 15 | 15½ | 16 | 16½ |

complets° et manteaux   *suits*

| tailles européennes | 46 | 48 | 51 | 54 | 56 |
| tailles américaines | 36 | 38 | 40 | 42 | 44 |

Les pointures

femmes

| pointures européennes | 36 | 37 | 38 | 39 | 39½ | 40 | 40½ |
| pointures américaines | 4 | 5 | 6 | 7½ | 8 | 8½ | 9 |

hommes

| pointures européennes | 40 | 42 | 43 | 44 | 45 | 46 |
| pointures américaines | 7 | 8 | 9 | 10 | 11 | 12 |

---

1. **la taille** = *size* (*in general*); **la pointure** = *shoe size*

L. **La mode d'aujourd'hui.** Décrivez dans un paragraphe la mode actuelle des jeunes à votre université. Si vous voulez, vous pouvez aussi faire un dessin de ces vêtements pour vous aider dans votre description.

_____

_____

_____

_____

_____

M. **À vous!** Où préférez-vous acheter des vêtements: au centre commercial ou au centre-ville? dans un grand magasin ou dans une petite boutique? Pourquoi?

_____

_____

Module 11

ÉLISABETH CHERCHE UN EMPLOI.

· ·

In Module 11 you will learn about different professions and about interviewing for jobs. After watching the video and doing the activities, you will be able to discuss different professions and job responsibilities in French and will know vocabulary and procedures for interviewing.

Préparez-vous!

A. **Que voyez-vous?** Élisabeth se présente pour le poste d'assistante médicale. Regardez la photo et indiquez le(s) meilleur(s) choix pour compléter les phrases.

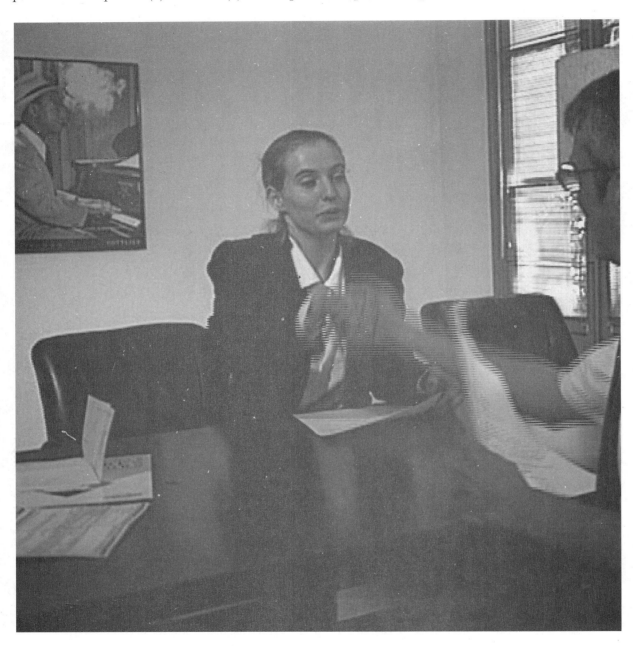

1. Élisabeth porte

    a. _____ un tailleur noir et un chemisier blanc.

    b. _____ un costume noir et une chemise blanche.

    c. _____ un jean noir et un chemisier blanc.

    d. _____ une jupe et une chemise blanche.

2. Élisabeth est avec quelqu'un qui

    a. _____ est un ami.

    b. _____ va l'interviewer.

    c. _____ cherche un travail.

    d. _____ est très vieux.

3. Elle lui donne

    a. _____ sa dissertation.

    b. _____ son passeport.

    c. _____ son curriculum vitae.

    d. _____ une demande d'emploi.

4. Ils sont

    a. _____ dans une clinique.

    b. _____ au café.

    c. _____ dans une salle d'opération.

    d. _____ au cinéma.

B. **Où travailler?**   Qui travaille où? Indiquez votre réponse.

1. ____ ____ un(e) infirmier (-ière)

2. ____ ____ un(e) vendeur (-euse)

3. ____ un(e) cuisinier (-ière)

4. ____ un professeur

5. ____ ____ ____ un(e) comptable

6. ____ ____ un médecin

7. ____ un(e) serveur (-euse)

8. ____ un homme/une femme d'affaires

a. un hôpital
b. une banque
c. un restaurant
d. un bureau
e. une clinique
f. une université
g. une boutique
h. un grand magasin
i. une agence financière

Regardez!

Introduction

C. **L'interview.**   Regardez l'introduction et écoutez Élisabeth. Choisissez la meilleure réponse pour mieux compléter les phrases suivantes.

1. Élisabeth va avoir un interview

   a. ____ dans un hôpital.

   b. ____ à l'université.

   c. ____ dans une clinique.

2. Elle va avoir l'interview

   a. ____ dans une heure.

   b. ____ cet après-midi.

   c. ____ dans quelques minutes.

3. _____ va l'interviewer.

   a. ____ Un des médecins

   b. ____ Un infirmier

   c. ____ Le chef de médecine

Impressions (00:52:53–00:53:22)

D. **Les gens au travail.** Regardez le montage et indiquez les cinq professions de la liste suivante qui y sont représentées.

1. _____ un sculpteur   5. _____ un professeur

2. _____ un agent de police   6. _____ un architecte

3. _____ une ballerine   7. _____ un chef

4. _____ un serveur   8. _____ une infirmière

E. **Connaissez-vous Paris?** Regardez le montage encore une fois. Quel monument voyez-vous derrière les gens qui nettoient (*clean*) la rue?

1. _____ la cathédrale de Notre-Dame

2. _____ le basilique du Sacré-Cœur

3. _____ la tour Eiffel

4. _____ l'Arc de Triomphe

Interaction (00:53:23–00:55:24)

F. **L'interview.** Regardez la séquence vidéo sans le son. Indiquez si les phrases suivantes sont vraies **(V)** ou fausses **(F)**. Si elles sont fausses, corrigez-les.

1. _____ Dans la salle d'interview, le médecin est assis (*sits down*) à un bureau.

_____

2. _____ Il y a un ordinateur et un téléphone sur le bureau.

_____

3. _____ Il y a une secrétaire dans la salle qui prend des notes.

_____

4. _____ Les chaises dans la salle sont vertes.

_____

5. _____ Le médecin porte des lunettes.

_____

6. _____ Élisabeth trouve le médecin très amusant et elle rit beaucoup.

_____

7. _____ Il y a une photo sur le mur d'un homme qui joue du piano et fume une cigarette.

_____

8. _____ Vers (*Toward*) la fin de l'interview, Élisabeth regarde sa montre.

_____

G. **Que disent-ils?** Regardez la séquence vidéo encore une fois mais avec le son. Cochez toutes les terminaisons correctes pour compléter les phrases suivantes.

1. Élisabeth cherche un travail

   a. _____ temporaire.

   b. _____ dans une clinique.

   c. _____ comme infirmière.

   d. _____ d'été.

2. Le médecin dit que le travail qu'elle fera sera

   a. _____ compliqué.

   b. _____ difficile.

   c. _____ simple.

   d. _____ intéressant.

3. Elle aidera les gens à

    a. _____ expliquer leurs maladies.

    b. _____ remplir les formulaires.

    c. _____ poser des questions aux médecins.

4. Elle sera libre pour venir travailler

    a. _____ les matins.

    b. _____ les samedis.

    c. _____ les dimanches.

5. Pour le salaire, on paie

    a. _____ 705 F l'heure.

    b. _____ 25 F l'heure.

    c. _____ 35 F l'heure.

6. Pour Élisabeth, il est important

    a. _____ d'avoir un salaire généreux.

    b. _____ de faire un travail qui l'intéresse.

    c. _____ de travailler le mois de juin.

7. Elle peut commencer

    a. _____ le 1er juillet.

    b. _____ le 4 juillet.

    c. _____ le 1er août.

Interviews (00:55:25–00:57:27)

H. **Les métiers.** Regardez les interviews, puis choisissez dans la colonne de droite la profession de chaque personne dans la colonne de gauche.

1. _____ Patrick

2. _____ Maître Jaffari

3. _____ Aimée

4. _____ Deva

5. _____ Jamal

6. _____ Albert

a. agent de voyage
b. pharmacienne
c. PDG d'une société de vins
d. notaire
e. étudiant/barman
f. photographe

I. **Ce qui compte.**   Cochez les aspects de leur travail qui sont importants pour Étienne et Aimée.

	Étienne	Aimée
1. le contact	_____	_____
2. la patience	_____	_____
3. les gens	_____	_____
4. la tolérance	_____	_____
5. aimer faire du social	_____	_____

J. **Quelques conseils aux jeunes.**   Albert Parrain est très philosophe. (Voir sa photo, page 380.) Complétez ses phrases avec les mots de la liste donnée qui conviennent.

grande   toujours   surtout   pensée
petits   vie   amour

... Nous souhaitons _____ aux jeunes... ils doivent _____ avoir une

_____ positive, considérer les _____ ennuis (*worries*) comme le

piment de la _____ et avoir beaucoup d'_____ dans ce que vous

faites, entourer vos gens d'une _____ tendresse même dans les rapports que vous

avez avec eux.

K. **Une philosophie personnelle.** Comprenez-vous les idées de Monsieur Parrain? Indiquez ce qu'il a dit en choisissant la meilleure expression pour compléter les phrases suivantes.

1. Il faut considérer les petits ennuis de la vie comme

   a. _____ des horreurs.

   b. _____ des choses dangereuses.

   c. _____ quelque chose qui rend la vie intéressante.

2. Il faut être

   a. _____ optimiste.

   b. _____ pessimiste.

   c. _____ indifférent.

3. Il faut _____ ce qu'on fait.

   a. _____ aimer

   b. _____ tolérer

   c. _____ changer

4. Dans les rapports avec ses gens, on doit

   a. _____ être patient.

   b. _____ avoir une grande tendresse.

   c. _____ leur donner beaucoup de richesse.

L. **À vous!** Êtes-vous d'accord avec Monsieur Parrain? Pourquoi ou pourquoi pas?

_____

_____

M. **Et vous?** Écrivez la question d'Élisabeth et votre réponse.

Question: _____

Réponse: _____

Récapitulez!

N. **Votre carrière.**   Si vous pouviez choisir, quelles carrières préféreriez-vous? Numérotez les professions suivantes de 1 (ce que vous aimeriez faire le mieux) à 9 (ce que vous aimeriez faire le moins).

_____ médecin

_____ pharmacien(ne)

_____ infirmier (-ière)

_____ agent de voyage

_____ homme/femme d'affaires

_____ notaire/banquier

_____ enseignant(e)/professeur

_____ serveur (-euse)/barman

_____ musicien(ne)/artiste

O. **Une décision importante.**   Répondez aux questions suivantes dans un paragraphe. Quels sont les métiers de votre mère, votre père, vos frères et sœurs? Quelles carrières est-ce que vos amis espèrent suivre? Aimeriez-vous faire un de ces métiers?

_____

_____

_____

_____

_____

Module 12

FATIMA EST MALADE.

. . . .

OBJECTIFS..

In this module you will learn about health care and the medical profession. After watching the video and doing the activities, you will be able to discuss many aspects of the medical field; you will know how to describe pain and illness and how to discuss different treatments.

Préparez-vous!

A. **Que voyez-vous?** Regardez la photo et choisissez la meilleure expression pour compléter les phrases suivantes.

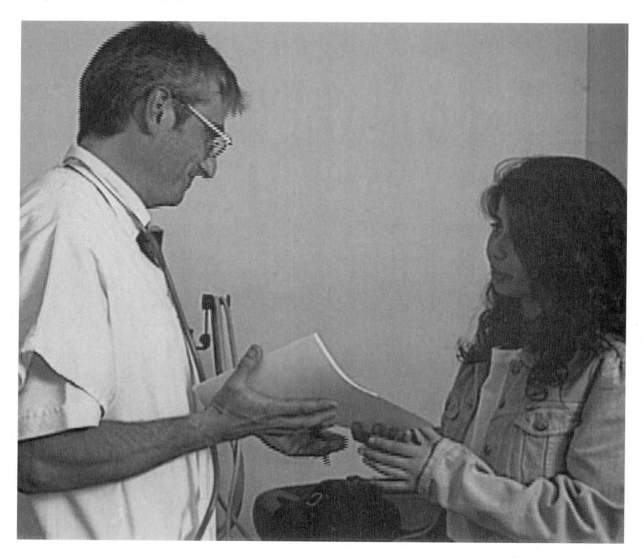

1. Fatima est

    a. _____ à la clinique.

    b. _____ à la fac.

    c. _____ dans la salle d'opération.

2. Fatima est avec

    a. _____ un infirmier.

    b. _____ un dentiste.

    c. _____ un docteur.

3. Le médecin lui donne

    a. _____ son adresse.

    b. _____ des médicaments.

    c. _____ une ordonnance.

B. **Pour parler de la médecine...** Complétez les phrases suivantes avec les mots de la liste qui conviennent.

    ordonnance   migraine   grippe   antibiotiques
    homéopathie   pharmacienne   santé

1. Les médecins donnent souvent des _____ pour combattre une inflammation

    de la gorge.

2. On ne peut pas acheter d'antibiotiques sans obtenir une _____ d'un médecin.

3. On doit donner l'ordonnance à la _____ pour obtenir des capsules.

4. La _____ est causée par un virus.

5. Une _____ est un mal de tête sévère.

6. L'_____ est une méthode de traiter les malades à l'aide d'une petite quantité

    de l'agent qui cause les symptômes.

7. Pour rester en bonne _____, il faut se soigner (*take good care of oneself*).

Regardez!

Introduction (00:57:28–00:57:52)

C. **Le malade.** Regardez l'introduction et écoutez Élisabeth. Puis, répondez aux questions suivantes.

1. Où travaille Élisabeth? _____

2. Depuis combien de temps? _____

3. Qui est malade? _____

4. Depuis combien de temps? _____

Impressions (00:57:53–00:58:26)

D. **Que voyez-vous?** Regardez le montage et indiquez ce que vous voyez dans la liste suivante.

_____ une ambulance   _____ un technicien

_____ un ordinateur   _____ une infirmière

_____ un médecin   _____ une table d'opération

Interaction (00:58:27–01:01:39)

E. **À l'ordre!** Regardez sans le son la séquence vidéo et indiquez l'ordre des actions suivantes.

_____ Fatima remplit le formulaire.

_____ Le médecin parle avec Élisabeth.

_____ Le médecin parle avec Fatima.

_____ Le médecin écrit une ordonnance.

_____ Le médecin examine l'oreille de Fatima.

_____ Fatima arrive à la clinique.

_____ Élisabeth écrit quelque chose.

F. **Pauvre Fatima!**   Regardez encore une fois la séquence vidéo mais avec le son. Indiquez si les phrases suivantes sont vraies **(V)** ou fausses **(F)**.

1. _____ Fatima a l'air vraiment malade.

_____

2. _____ Elle a un simple rhume.

_____

3. _____ Il y a trop de patients aujourd'hui.

_____

4. _____ Fatima a mal au dos et à la gorge.

_____

5. _____ Fatima tousse beaucoup et elle a le nez bouché.

_____

6. _____ Fatima a déjà souffert de migraines et d'allergies.

_____

7. _____ Fatima est restée au lit ce matin et elle a pris de l'aspirine.

_____

8. _____ Fatima n'a pas de fièvre.

_____

9. _____ Fatima doit prendre deux capsules trois fois par jour.

_____

10. _____ Fatima va se sentir mieux dans un ou deux jours.

_____

G. **À chacun sa méthode.**   Regardez les interviews et complétez chaque phrase avec le nom de la personne appropriée.

Maître Jaffari	Natalie	Frédéric	Stéphanie
Sylvie	Hélène	Samuel	Michel-Yves

1. _____ fait du vélo pour rester en forme.

2. _____ et _____ ont accès à une médecine préventive pour les

étudiants.

3. _____ a fait de l'acuponcture.

4. _____ et _____ ne vont pas tout de suite chez le médecin.

5. _____ et _____ mangent beaucoup de légumes pour rester en

forme.

6. _____ essaie de faire un maximum de sport.

7. _____ va chez le pharmacien s'il sait vraiment ce qu'il a.

8. _____ préfère l'homéopathie.

H. **Et vous?**   Écrivez la question d'Élisabeth et votre réponse.

Question: _____

Réponse: _____

Récapitulez!

I. **Un mode de vie intelligent.**   Prenez ce test pour voir si vous vous soignez bien.

1. Indiquez si vous faites souvent les choses suivantes (6), quelquefois (4) ou jamais (2).

    _____ faire du sport

    _____ manger des légumes

    _____ dormir régulièrement

    _____ manger des fruits

    _____ manger des céréales

    _____ boire de l'eau

Additionnez les points: _____

2. Indiquez si vous faites les choses suivantes jamais (0), quelquefois (1) ou souvent (2).

    _____ boire de l'alcool

    _____ étudier ou sortir toute la nuit

    _____ manger beaucoup de viande

    _____ manger beaucoup de produits laitiers (*dairy*)

    _____ fumer des cigarettes

    _____ manger du junk

    _____ regarder plus de dix heures de télévision par semaine

Additionnez les points: _____

Soustrayez la somme des points de la section 2 de la somme de la section 1. Vous avez _____ points. Identifiez votre état de santé.

24–36 points: Vous suivez un régime très sain, vous ne devez rien changer.
12–23 points: Vous êtes assez prudent(e), mais il vaut mieux développer des habitudes plus saines. Sinon, vous aurez probablement des problèmes de santé plus tard.
0–11 points: Attention! Vous consommez trop... il faut changer d'habitude ou vous paierez cela plus tard!

J. **Cela vous intéresse?**   Regardez l'enveloppe de la Croix-Rouge française et répondez aux questions suivantes.

URGENCE RWANDA ✚

**Pour aider la Croix-Rouge
à sauver les Rwandais
de la famine et des épidémies
glissez votre chèque dans l'enveloppe   MERCI**

URGENT

Ne pas
affranchir

T

CORRESPONDANCE-RÉPONSE

Valable du: 24/01/94
au: 23/01/97

À utiliser seulement en
France métropolitaine et
dans les départements
d'Outre-Mer
pour les envois
ne dépassant pas 20 g

**CROIX-ROUGE FRANÇAISE
Autorisation N° 15
94949 CRÉTEIL CEDEX 9**

1. La Croix-Rouge française a besoin d'argent pour aider les gens dans quel pays? Sur quel

   continent? _____

2. Les Rwandais souffrent de quels problèmes? _____

3. Est-ce que quelqu'un qui habite à Tahiti ou à la Guadeloupe peut envoyer un chèque

   dans cette enveloppe? _____

4. L'enveloppe ne sera plus valable après quelle date?_____

5. Seriez-vous disposé a travailler sans salaire pour un groupe comme la Croix-Rouge pour

aider les gens du tiers-monde? Pourquoi ou pourquoi pas? _____

_____

K. **Êtes-vous généreux (-euse)?** Écrivez votre chèque en francs français pour les Rwandais.

CRÉDIT SAINT-PIERRAIS

B.P.F. ....

PAYEZ CONTRE CE CHÈQUE NON ENDOSSABLE SAUF au profit d'une banque, d'une caisse d'épargne

ou d'un établissement assimilé ....

....

À ....

À .... , le ....

...... siège n°...... compte n°...... clé R.I.B.

S• Z 6 KSG CHÈQUE N°   1 602 132   ....

⑆1602132⑆077703604063⑇807770019361⑈

Module 13

LA RÉCUPÉRATION ET LA CONSERVATION

· ·

OBJECTIFS..

In this module you will learn about the environment and about conserving nature. After viewing the video and doing the activities, you will be able to talk about ecology and methods for reducing pollution such as recycling and using less energy.

Préparez-vous!

A. **Qu'est-ce qui arrive?**   Regardez la photo et répondez aux questions qui suivent.

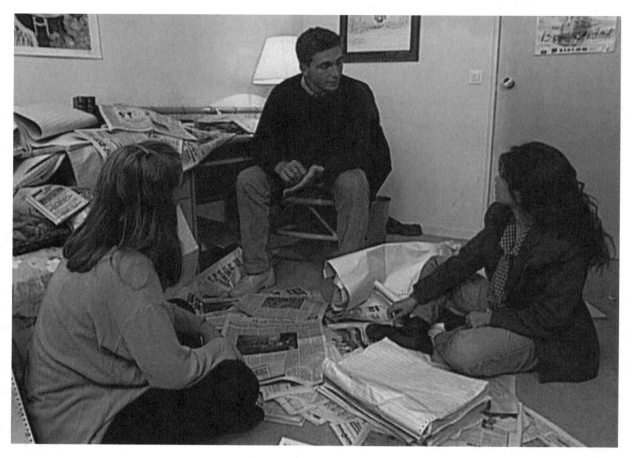

1. Qui est sur la photo? _____

2. Où sont-ils? _____

3. Qui est assis sur une chaise? _____

4. Qui est assis par terre? _____

5. Qu'est-ce que les deux étudiantes trient (*are sorting*)? _____

   _____

6. Pouvez-vous deviner pourquoi elles les trient? _____

7. Quel geste Nicolas fait-il vers Fatima? _____

8. Vous savez qu'ils sont dans le même cours; quelle est probablement le sens de ce geste?

   _____

B. **Le contraire.** Choisissez le mot de la colonne de droite qui veut dire le contraire du mot de la colonne de gauche.

1. _____ gaspiller (*waste*)

2. _____ récupérer

3. _____ indifférent

4. _____ éteindre (*turn off*)

5. _____ entier

6. _____ en bas

7. _____ naturel

8. _____ renseigner

9. _____ la restauration

10. _____ unique

11. _____ accusé

a. préserver
b. pardonné
c. partiel
d. allumer
e. la destruction
f. artificiel
g. ignorer
h. en haut
i. identique
j. intéressé
k. enterrer (*bury*)

C. **L'intrus.** Pour chaque groupe, encerclez le mot qui ne va pas avec les autres.

1. recyclage / rez-de-chaussée / récupérer / conserver
2. une pagaille (*mess*) / un désordre / propre / sale
3. trier / les sortes / les genres / essayer
4. préserver / changer / conserver / garder
5. gaspiller / jeter / conserver / enterrer
6. l'énergie / le gaz / les atomes / participer
7. la musique / le soleil / le gaz / le pétrole
8. le lac / le fleuve / la montagne / la rivière
9. la forêt / le lac / l'autoroute / la montagne
10. taquiner (*tease*) / accuser / danser / embêter

D. **N'oublions pas les origines.**   Pensez à deux objets dans votre chambre qui sont faits des matériaux suivants.

1. le bois: _____

2. le métal: _____

3. le plastique: _____

4. le coton: _____

Regardez!

Introduction (01:03:21–01:03:43)

E. **Que dit-elle?**   Regardez l'introduction d'Élisabeth. Choisissez la meilleure réponse pour chaque question suivante.

1. Les journées de l'environnement commencent quand?

   a. _____ Aujourd'hui.

   b. _____ Dimanche.

   c. _____ Demain.

2. Qu'est-ce qu'Élisabeth fait avec les journaux?

   a. _____ Elle fait un reportage.

   b. _____ Elle les lit.

   c. _____ Elle les trie.

3. Pourquoi est-ce qu'elle le fait?

   a. _____ Parce que c'est la loi.

   b. _____ Parce qu'elle va faire quelque chose avec du papier-mâché.

   c. _____ Pour expliquer l'importance de la récupération (*recycling*).

Impressions (01:03:44–01:04:12)

F. **Quelques images de la terre.** Regardez le montage et indiquez l'ordre dans lequel vous voyez les choses dans la liste suivante.

_____ le conteneur de recyclage

_____ le réacteur nucléaire

_____ l'autoroute

_____ l'usine (*factory*) d'aluminium

_____ le pêcheur (*fisherman*)

_____ le chemin (*path*) au bord d'un village

Interaction (01:04:13–01:07:47)

G. **Qui fait quoi?** Regardez la séquence vidéo sans le son et complétez les phrases suivantes.

| des journaux | trie | le geste |
| un journal | Nicolas | ses notes |

1. Élisabeth _____ les journaux.

2. _____ est sur la chaise.

3. Fatima arrive avec _____ .

4. Le Figaro est _____ .

5. Nicolas fait _____ d'écrire quelque chose.

6. Fatima part pour chercher _____ .

H. **Les détails, s'il vous plaît!** Regardez la séquence vidéo encore une fois mais avec le son, et encerclez *toutes* les réponses possibles pour les questions suivantes.

1. Pourquoi Nicolas est-il venu chez Élisabeth?

a. _____ Pour trier des journaux.

b. _____ Pour trouver Fatima.

c. _____ Pour parler avec Élisabeth.

d. _____ Parce qu'Élisabeth est la voisine de Fatima.

2. Selon Élisabeth, où est Fatima?

    a. _____ Au premier étage.

    b. _____ Au garage.

    c. _____ Au rez-de-chaussée.

    d. _____ Au conteneur de recyclage.

3. Qu'est-ce que Fatima est descendue chercher?

    a. _____ Le conteneur de recyclage.

    b. _____ Des journaux pour le triage.

    c. _____ Nicolas.

    d. _____ Les notes.

4. Comment Nicolas décrit-il la chambre d'Élisabeth?

    a. _____ Il dit qu'elle est en désordre.

    b. _____ Il dit qu'elle est agréable comme d'habitude.

    c. _____ Il dit qu'il y fait trop chaud.

    d. _____ Il dit qu'elle est très jolie.

5. Ce sont les journées

    a. _____ de la fête de musique.

    b. _____ les plus longues de l'année.

    c. _____ de l'environnement.

    d. _____ de la paix.

6. Cette année, qui va renseigner (*inform*) les gens sur l'importance de la récupération du papier?

    a. _____ Nicolas.

    b. _____ Élisabeth.

    c. _____ Fatima.

    d. _____ Le président de la République.

7. Nicolas a besoin des notes de quel cours?

   a. _____ La sociologie.

   b. _____ La psychologie.

   c. _____ L'architecture.

   d. _____ La géologie.

8. Que font les chantiers des jeunes?

   a. _____ Ils travaillent sans salaire.

   b. _____ Ils chantent à l'église.

   c. _____ Ils aident aux restaurations.

   d. _____ Ils aident les vieux.

9. Les chantiers de jeunes aident à restaurer ou conserver quoi?

   a. _____ Les instruments de musique.

   b. _____ Les monuments historiques.

   c. _____ Les lacs, les fleuves, les forêts et les montagnes.

   d. _____ Les tableaux des impressionnistes.

10. Pourquoi est-ce qu'Élisabeth et Fatima s'excusent?

   a. _____ Elles ont taquiné (teased) Nicolas.

   b. _____ Elles ont demandé qu'il porte beaucoup de journaux.

   c. _____ Elles ont accusé Nicolas d'indifférence.

   d. _____ Parce que Fatima n'est pas chez elle.

I. **Des idiomes.** Écoutez encore une fois la conversation entre Nicolas, Fatima et Élisabeth et indiquez qui dit les expressions suivantes. Quand deux personnes emploient la même expression, cochez les deux noms.

	Nicolas	Fatima	Élisabeth
1. Quelle pagaille!	_____	_____	_____
2. Un sacré désordre!	_____	_____	_____
3. Voilà!	_____	_____	_____
4. Ça vaut la peine.	_____	_____	_____
5. C'est merveilleux, ça!	_____	_____	_____
6. Excuse-nous.	_____	_____	_____
7. Il n'y a pas de mal. (*It's OK.*)	_____	_____	_____
8. Un instant.	_____	_____	_____
9. À votre service!	_____	_____	_____

Interviews (01:07:48)

J. **Des opinions différentes.** Regardez les interviews. Écrivez le nom de la personne ou des personnes décrite(s) dans les phrases suivantes. Regardez la séquence plusieurs fois si c'est nécessaire.

1. Qui parle des feux de forêts dans sa région? _____

2. Qui pense qu'il faut patienter pour trouver des solutions? _____

3. Qui préfère l'air de la campagne? _____ et _____

4. Qui pense qu'il y a trop de voitures? _____ et _____ et

   _____

5. Qui voudrait préserver l'environnement au niveau du bruit (*noise*)? _____

6. Qui s'asphyxie en ville? _____ et _____

7. Qui voudrait éduquer les gens? _____

8. Qui pense que l'énergie solaire ne peut pas remplacer l'énergie atomique?

   _____

9. Qui dit qu'il est nécessaire d'aimer les bêtes et la nature? _____

10. Qui interdirait (*would prohibit*) les mobylettes? _____

11. Qui est devant un café? _____

12. Qui est devant une boîte à lettres? _____

K. **Et vous?**   Écrivez la question qu'Élisabeth vous pose et votre réponse.

Question: _____

Réponse: _____

Récapitulez!

L. **Le recyclage chez vous.** Cochez les choses qui sont récupérées dans votre ville.

_____ les journaux

_____ les magazines

_____ le métal

_____ les bouteilles en verre

_____ les bouteilles en plastique

_____ l'aluminium

_____ les cartons (*boxes*)

_____ les matières végétales

_____ les piles (*batteries*)

_____ autre: _____

M. **À vous maintenant!** Écrivez un paragraphe qui explique votre attitude envers la préservation de l'environnement.

_____

_____

_____

_____

Answer Key

ANSWERS TO THE WORKBOOK ACTIVITIES

CHAPITRE PRÉLIMINAIRE

A. (Suggested responses)
1. Bonjour, Monsieur. 2. À bientôt. 3. Je vais bien merci, et vous? 4. Je vous en prie.
5. Bonjour. 6. Ça va bien, et toi? 7. Smith. 8. Je m'appelle _____.

B. 1. très 2. ça 3. fenêtre 4. sac à dos 5. plaît 6. enchantée 7. bientôt 8. prénom
9. français

C. 1. C'est un professeur. 2. C'est un cahier. 3. C'est un bureau. 4. C'est un tableau.
5. Ce sont des craies. 6. Ce sont des feuilles de papier. 7. C'est un stylo. 8. C'est une
gomme. 9. C'est une porte. 10. C'est une fenêtre.

D. 1. Écrivez le mot. 2. Prenez une feuille de papier. 3. Fermez le livre. 4. Écoutez la
cassette. 5. Ouvrez le livre. 6. Répétez, s'il vous plaît. 7. Je ne sais pas. / Je ne comprends pas. 8. Je ne comprends pas. / Je ne sais pas.

CHAPITRE 1

Première étape

A. 1. nous 2. sont 3. est 4. tu, suis 5. êtes, il

B. 1. Peter Jennings est canadien.
2. Monet et Degas sont peintres.
3. Catherine Deneuve est actrice.
4. Tu es _____.
5. Je suis étudiant(e).
6. Le professeur et moi, nous sommes américains (américain et français, etc.).

C. (Names will vary.)
1. _____ est actrice. Elle est française.
2. _____ et _____ sont américains. Ils sont musiciens.
3. _____ et _____ sont écrivains. Elles sont américaines.
4. _____ est journaliste. Il est canadien.
5. _____ est politicienne. Elle est anglaise.
6. _____ et _____ sont peintres. Ils sont espagnols.

Deuxième étape

A. 1. petit, grande   2. sociable, timide   3. amusant, sérieuse   4. triste, heureuse   5. fort, mince   6. paresseux, active

B. 1. La copine de Nicolas est un peu folle, mais elle est énergique.
  2. Alceste est un peu paresseux, mais il est intéressant.
  3. Monsieur et Madame Mystère sont un peu désagréables, mais ils sont intelligents.
  4. La dame et la fille sont un peu ennuyeuses, mais elles sont sympathiques.
  5. L'homme et le garçon sont un peu timides, mais ils sont heureux.

C. 1. Ce sont des stylos. Ce sont les stylos de Nicolas.
  2. C'est un sac à dos. C'est le sac à dos de Nicolas.
  3. C'est une gomme. C'est la gomme de Nicolas.
  4. C'est un crayon. C'est le crayon de Nicolas.
  5. C'est un cahier. C'est le cahier de Nicolas.
  6. Ce sont des feuilles de papier. Ce sont les feuilles de papier de Nicolas.
  7. C'est un bureau. C'est le bureau de Nicolas.
  8. C'est une chaise. C'est la chaise de Nicolas.

D. 1. C'est un Français. Il est élève. Il est énergique. C'est le petit Nicolas.
  2. Elle est intelligente. C'est une actrice. C'est une Américaine. C'est Jodie Foster.
  3. Il est acteur. C'est un Français. Il est grand et fort. C'est Gérard Depardieu.
  4. Il est espagnol. Il est écrivain. Il est intéressant. C'est Miguel de Cervantes.
  5. C'est une politicienne. Elle est anglaise. Elle est raisonnable. C'est Margaret Thatcher.
  6. C'est un Sénégalais. C'est un politicien. Il est écrivain. C'est Léopold Senghor.

Troisième étape

A. 1. Est-ce qu'il est amusant? Est-il énergique? Il est belge, n'est-ce pas?
  2. Est-ce qu'ils sont musiciens? Sont-ils sympathiques? Ils sont actifs, n'est-ce pas?
  3. Est-ce qu'elle est intelligente? Est-elle sociable? Elle est artiste, n'est-ce pas?
  4. Est-ce que vous êtes sportives? Êtes-vous heureuses? Vous êtes fatiguées, n'est-ce pas?
  5. Est-ce que tu es sérieuse? Es-tu raisonnable? Tu es énergique, n'est-ce pas?

B. (Answers will vary.)

C. 1. Non, il n'est pas italien. Il est français!
  2. Non, il n'est pas américain. Il est canadien!
  3. Non, je ne suis pas allemand(e). Je suis _____!
  4. Non, il n'est pas musicien. Il est peintre!
  5. Non, elle n'est pas ingénieur. Elle est actrice!
  6. Non, je ne suis pas professeur. Je suis étudiant(e)!

D. Elle n'est pas grande. Elle n'est pas paresseuse. Elle n'est pas désagréable. Elle n'est pas fatiguée. Elle n'est pas triste.

Quatrième étape

1 b

2 b

3 c

4 1. November 2. course 3. family 4. dramatic 5. married 6. divorced
7. success 8. child 9. millions 10. number 11. films 12. producer
13. perfumes 14. salary 15. activities 16. festivals 17. actor 18. competition

5
A. 1. GD 2. AD, GD 3. AD 4. GD 5. AD, GD 6. GD 7. AD 8. AD 9. X
10. GD 11. AD, GD 12. AD 13. AD 14. AD, GD

B. 1. Non. 2. Non. 3. Oui. 4. Non. 5. Non. 6. Non. 7. Oui.

Et vous? (Answers will vary.)

CHAPITRE 2

Première étape

A. 1. une cousine 2. un père 3. une tante 4. un frère 5. un neveu 6. une fille
7. un mari 8. une belle-sœur 9. une petite-fille

B. 1. C'est sa mère. 2. Ce sont leurs neveux. 3. C'est son père. 4. Ce sont ses grands-parents. 5. C'est leur fille. 6. C'est son neveu. 7. C'est leur beau-frère. 8. Ce sont ses cousins.

C. 1. ta 2. ma 3. mon 4. ma 5. ma 6. tes 7. notre (son, mon) 8. nos (ses, mes)
9. ton 10. votre 11. votre 12. votre 13. vos 14. vos

D. 2. Ce garçon n'est pas paresseux. 3. Cet homme est heureux. 4. Cet enfant n'est pas triste. 5. Ces amis sont sociables. 6. Ces filles sont typiques. 7. Cet homme n'est pas actif.

Deuxième étape

A. (Possible answers)
1. adore 2. déteste 3. n'aime pas 4. écoute 5. n'étudions pas 6. préférons
7. mangeons 8. ne sont pas 9. jouent 10. préfèrent 11. admire 12. voyage
13. parle 14. travaille 15. Travaillez

B. 1. Les étudiants travaillent beaucoup.
   2. Mais ils préfèrent regarder des films.
   3. Mes copains et moi, nous mangeons au restaurant chinois.
   4. Le professeur voyage en Belgique.
   5. Tu joues au tennis.
   6. Tes copines et toi, vous parlez avec vos copains.
   7. Moi, je préfère _____.

C. 1. Qu'est-ce que tu étudies?
   2. Qui est-ce que tu aimes?
   3. Qui est-ce que tu n'aimes pas beaucoup?
   4. Qui est-ce que tu admires?
   5. Qu'est-ce que tu préfères, les livres ou le cinéma?
   6. Qu'est-ce que tu détestes?

Troisième étape

A. 1. Larmé a un sac à dos et un cahier, mais il n'a pas de serviette.
   2. Tu as des romans, mais tu n'as pas de magazines.
   3. Mes copains ont des feuilles de papier, mais ils n'ont pas de stylos.
   4. Vous avez une amie sympathique et un professeur intéressant.
   5. Ma famille et moi, nous avons une radio, mais nous n'avons pas de télévision.
   6. Moi, j'ai _____, mais je n'ai pas de _____.

B. 1. Mes sœurs ont 16 et 17 ans. Elles ont les yeux bruns et les cheveux blonds.
   2. Paul et moi, nous avons 18 ans. Nous avons les yeux verts et les cheveux roux.
   3. Mes grands-parents ont peut-être 70 ans. Ils ont les yeux bleus et les cheveux gris.
   4. Mon amie Djamila a 20 ans. Elle a les yeux bruns et les cheveux noirs.
   5. Mon professeur a peut-être _____ ans. Il/Elle a les yeux _____ et les cheveux
      _____.

C. 1. Ces / Quels romans?   2. Cette / Quelle photo?   3. Ces / Quelles étudiantes?   4. Cet /
   Quel homme?   5. Ce / Quel professeur?

D. (Answers will vary.)
   1. Quel sport est-ce que tu préfères, le basket ou le foot?   2. Quels politiciens est-ce que
   tu préfères? M. Juppé? M. Chirac? M. Jospin?   3. Quelle musique est-ce que tu préfères,
   le rock ou le jazz?   4. Quels romans est-ce que tu préfères, les romans policiers ou les
   romans d'amour?   5. Quelles actrices est-ce que tu préfères? Jodie Foster? Catherine
   Deneuve? Isabelle Adjani?

Quatrième étape

1 (Answers will vary.)

2 8

3 b

4 1. c   2. e   3. b   4. a   5. f   6. d

5 1. V   2. F   3. V   4. F   5. F   6. V   7. F

Et vous?   (Answers will vary.)

CHAPITRE 3

Première étape

A. (Possible answers)
   1. le séjour, le salon, la chambre
   2. la cuisine, la chambre, le séjour, la salle de bains
   3. la cuisine, la salle à manger, le séjour, la chambre, la salle de bains
   4. la chambre, le séjour
   5. un placard, des étagères, un tapis, des rideaux
   6. un lecteur de CD, une radio, un fauteuil, un canapé, un tapis, des rideaux
   7. une radio, un ordinateur, un lit, un bureau, des étagères, des rideaux, un tapis
   8. une table, des chaises, des étagères, un tapis

B. 1. Qu'est-ce que tu préfères, les studios ou les appartements?
   2. Pourquoi est-ce que tu préfères les appartements?
   3. Où est ton appartement?
   4. Comment est ton appartement?
   5. Combien de pièces est-ce qu'il y a dans l'appartement?
   6. Quand est-ce que je pourrais voir ton appartement?

C. (Possible answers)
   1. Pourquoi est-ce que tu étudies le français?
   2. Comment est ton prof?
   3. Combien d'étudiants est-ce qu'il y a dans la classe?
   4. Où est l'université?
   5. Quand est-ce que tu as ton cours de français?

Deuxième étape

A. 1. deux cent vingt et un francs (le téléphone)
   2. trois mille huit cent quatre-vingt-quinze francs (le loyer)
   3. cinq cent soixante-seize francs (l'électricité)

B. 1. une bonne musicienne, de bonnes actrices, un bon avocat
    2. de vieux livres, un vieil homme, de vieilles étagères
    3. un appartement meublé, des studios meublés, une maison meublée
    4. un bel acteur, de belles étudiantes, de beaux professeurs
    5. de nouveaux rideaux, un nouvel ordinateur, de nouvelles radios
    6. des chambres confortables, une maison confortable, un fauteuil confortable

C. (Suggested answers)
    1. nouvel   2. X   3. grande   4. X   5. X   6. agréable   7. jolie   8. X   9. petite
    10. X   11. X   12. typique   13. vieil   14. X   15. X   16. bleu   17. bonne   18. X
    19. vieilles   20. X   21. X   22. calme   23. X   24. blancs   25. vieux   26. X
    27. nouvelle   28. X   29. X   30. américains

D. 1. Fabienne a une belle maison rurale.
    2. Larissa a un nouvel appartement idéal.
    3. Fabienne a une vieille cuisine jaune.
    4. Larissa a une belle cuisine spacieuse.
    5. Fabienne a un nouvel ordinateur américain.
    6. Larissa a un vieil ordinateur gris.

E. (Suggested answers)
    1. Jeanne Bouchard   2. La famille Jourdan   3. Samuel Montaigne   4. The studio apartment is too small for the family, too expensive for a student, and Jeanne doesn't need an equipped kitchen or a dining room.

Troisième étape

A. 1. C'est son seizième anniversaire.
    2. C'est son cinquième anniversaire.
    3. C'est son vingt-huitième anniversaire.
    4. C'est son douzième anniversaire.
    5. C'est son soixante-troisième anniversaire.
    6. C'est son quarante-septième anniversaire.

B. 1. Patrick et Hélène vont chercher un appartement.
    2. Gisèle va voyager à Lyon.
    3. Robert et moi, nous allons jouer au foot.
    4. Tes amies et toi, vous allez étudier le français.
    5. Tu vas regarder un film.
    6. Le professeur va danser à la discothèque.
    7. Mes parents vont arriver de Nice.
    8. Je vais _____.

C. 2. Téléphone au propriétaire.   3. Demande le prix.   4. Va voir le studio.   5. Parle au propriétaire.   6. Loue le studio.

D. (Suggested answers)
1. L'église est près du magasin Galerie Ravenel.
2. La mairie est à gauche de l'hôpital.
3. Le restaurant La Ciboulette est en face de l'hôtel Beauséjour.
4. Le musée est à droite de l'hôpital.
5. Le magasin Galerie Ravenel est au coin de la rue Général Leclerc et la rue Jacques Cartier.
6. L'hôtel Robert est à côté de l'hôtel Paris-Madrid.
7. Le Francoforum est loin du musée.
8. Alexis est devant le musée.
9. Marie-Pierre est sur la place du Général de Gaulle.

Quatrième étape

1 (Answers will vary.)

2 1. c 2. a 3. d 4. e 5. b

3 (Answers will vary.)

4 1. g 2. i 3. k 4. h 5. m 6. l 7. e 8. b 9. j 10. c 11. a 12. d 13. n
14. f

5
A. 1. V 2. F (On compose le 12.) 3. V 4. V 5. F (C'est votre correspondant qui paie.)
6. V 7. F (Le prix est de 6,93 F la minute.)

B. 1. 3655 2. 13 3a. 3610 + desired number 3b. the desired number 4. 19 33 1
5. 19 39 6 572 572

C. 1. bureau de poste 2. Agence France Télécom 3. revendeur agréé

Et vous? (Answers will vary.)

CHAPITRE 4

Première étape

A. (Suggested additions)
1. ~~les sciences politiques~~ / la physique
2. ~~l'histoire~~ / la peinture, l'art
3. ~~la géographie~~ / la comptabilité
4. ~~l'informatique~~ / l'histoire, la philosophie

B. 1. les maths, la comptabilité 2. la littérature, le français, les langues étrangères
3. la biologie, les sciences 4. la musique 5. les sciences politiques

C. 1. Dép. 23 h 50, Ar. 6 h 15 (minuit moins dix, six heures et quart du matin)
   2. Dép. 21 h, Ar. 24 h (neuf heures du soir, minuit)
   3. Dép. 13 h 45, Ar. 16 h 05 (deux heures moins le quart de l'après-midi, quatre heures cinq de l'après-midi)
   4. Dép. 12 h 30, Ar. 14 h 45 (midi et demi, trois heures moins le quart de l'après-midi)

Deuxième étape

A. 1. Le Jour de l'An est le premier janvier.   2. Pâques est au mois de mars ou avril.   3. La Fête nationale est le 14 juillet.   4. L'Assomption est le 15 août.   5. La Toussaint est le premier novembre.   6. La Fête de l'armistice de 1918 est le 11 novembre.   7. La Fête du Travail est le premier mai.   8. La Fête de la Victoire de 1945 est le 8 mai.   9. L'Ascension est un jeudi en mai.   10. La Pentecôte est au mois de mai ou juin.

B. 1. le lundi, le mercredi et le jeudi   2. le lundi, le mardi et le jeudi   3. le mardi et le jeudi   4. du lundi au vendredi   5. Il joue au foot avec ses amis.   6. Il a sa leçon de piano.   7. Il va à l'église et il dîne chez sa grand-mère.

C. 1. Lundi nous allons faire une promenade.   2. Mardi mes amis vont jouer au tennis.   3. Mercredi vous allez faire du vélo.   4. Vendredi Nathalie va faire des courses.   5. Samedi tu ne vas pas étudier.   6. Dimanche je vais _____.

D. 1. Villars/Ollon, La Plagne ou Alpe d'Huez.   Mes frères savent faire du sport et ils font de la marche aussi.
   2. Alpe d'Huez.   Ma famille et moi, nous savons faire du ski et nous faisons du vélo aussi.
   3. Villars/Ollon.   Ma cousine Sarah sait parler allemand et elle fait de la peinture aussi.
   4. Bali, Sahoro, Villars/Ollon ou La Plagne.   Tu sais faire du tennis et tu fais du golf aussi.
   5. Ibiza.   Vous savez parler espagnol et vous faites de la natation aussi.
   6. Villars/Ollon, La Plagne ou Alpe d'Huez.   Je sais parler français et je _____?

Troisième étape

A. 1. veux, peux   2. veulent, savent   3. sait, veut   4. savons, pouvons, voulons   5. sais, veux, pouvez

B. 1. Les étudiants prennent la rue Neuve pour aller à l'école.
   2. Le professeur prend le temps d'expliquer la leçon.
   3. Nous comprenons bien le professeur.
   4. J'apprends le français.
   5. Tu apprends à parler anglais.
   6. Vous ne comprenez pas du tout?

Quatrième étape

1 All are correct.

2 (Answers will vary.)

3 a, d, f, g

4 d

5 1. a   2. b   3. b   4. a   5. b   6. a   7. b   8. a   9. b

6   1. Élodie fait du théâtre.
   2. Olivia (11 ans) joue au Monopoly. Elle fait du ski. Elle cherche des châtaignes.
   3. Obé s'ennuie.
   4. Csaba regarde les sports à la télé.
   5. Nina ne fait pas de bruit. Elle n'invite pas ses amis.
   6. Mathieu regarde la télé et des cassettes.
   7. Flavie regarde la télé. Elle passe du temps avec sa famille et ses cousins. Elle déjeune chez ses grands-parents.
   8. Olivia (13 ans): avec sa maman, elle va au cinéma ou fait du ski en hiver. Avec son père, elle va à un club d'aviation.
   9. Élisabeth joue du piano.
   10. Églantine fait des pique-niques.

Et vous?   (Answers will vary.)

CHAPITRE 5

Première étape

A. épicerie: riz, sel, pêches, yaourt, carottes, fromage, tomates, lait
poissonnerie: crevettes, thon, homard
boucherie: biftecks, rosbif
charcuterie: jambon, pâté, saucisses
boulangerie/patisserie: tarte aux pommes, croissants, pain, gâteau

B. 1. les haricots verts   2. la glace   3. le pain   4. le vin   5. une pomme   6. le thon

C. (Possible answers)
   1. des citrons, du sucre, de l'eau
   2. du bœuf, des pommes de terre, des carottes, des oignons
   3. de la salade, des tomates, du thon, des œufs
   4. de la farine, des œufs, du fromage, des oignons, du lait
   5. de la farine, du sucre, du lait, des œufs, des fruits
   6. des œufs, du fromage, des oignons

D. 1. Mes cousins boivent du Canada Dry et du Perrier. Ils ne boivent pas de bière.
   2. Ma sœur boit du lait et de l'eau minérale. Elle ne boit pas de coca.
   3. Vous buvez du vin rouge et du thé au citron. Vous ne buvez pas de limonade.
   4. Tu bois du jus de fruits et du vin blanc, mais tu ne bois pas de citron pressé.
   5. Mes amis et moi, nous buvons du coca et de la bière. Nous ne buvons pas de thé au lait.
   6. Moi, je bois _____ et _____, mais je ne bois pas de _____.

E. du pain, du beurre, des céréales / du café / de la tarte, du jus / le déjeuner, les légumes / de la salade, des petits pois, des haricots, des carottes, du maïs / de viande / le bœuf, le porc, du poisson / du fromage, des fruits, du dessert, de la glace, de la mousse, du gâteau / de l'eau / de la soupe, de la quiche, de la pizza, du pâté, du pain, des pâtes, du riz / le coca, la limonade / de dessert

F. Answers will vary. Polite expressions include: Je voudrais... , je vais prendre... , Et pour moi,...

Deuxième étape

A. 1. Je ne bois pas de lait.
   2. Je ne prends jamais de homard.
   3. Je ne mange pas de crevettes au petit déjeuner.
   4. Je ne mange jamais dans des restaurants exotiques.
   5. Je ne prends plus de thé au lait.
   6. Je ne prépare plus de pain grillé.
   7. Je ne paie jamais les repas de mes copains.
   8. Je n'ai plus le temps de prendre le petit déjeuner.

B. (Possible answers)
   une douzaine d'œufs, 500 grammes de fromage, trois tranches de jambon, une bouteille de vin, un kilo de carottes, un litre de lait, un morceau de roquefort, une boîte de petits pois

C. 1. Mon frère prend (mange/boit) plus de _____ que moi.
   2. Mes cousins prennent moins de _____ que moi.
   3. Ma meilleure amie prend autant de _____ que moi.
   4. Mon père prend moins de _____ que moi.
   5. Mon/Ma camarade de chambre prend autant de _____ que moi.
   6. _____ prend plus de _____ que moi.

D. (Possible answers)
   1. Le homard est plus cher que les crevettes.
   2. Les plats préparés sont moins appétissants qu'un repas traditionnel français.
   3. Les produits énergétiques sont aussi sains que les fruits.
   4. Le bifteck est moins gras que le saucisson.
   5. La glace au chocolat est meilleure que le gâteau au chocolat.

Troisième étape

A. 1. Paul a pris l'autobus.
   2. Il a fait les courses.
   3. Il a acheté des légumes.
   4. Il a bu un café.
   5. Il a préparé le dîner.
   6. Il a parlé au téléphone et a oublié son dîner.
   7. Il a regardé la télé.

B. 1. Mamadou a fait les courses au supermarché.
   2. Jeanne et Pierre ont acheté des légumes exotiques.
   3. Tu n'as pas mangé au restaurant.
   4. Nous avons pris du poulet comme plat principal.
   5. Vous avez bu du vin blanc.
   6. Mes copains n'ont pas payé mon dîner.

C. (Answers will vary.)

D. (Answers will vary.)

Quatrième étape

1 c

2 c

3 e

4
A. 1. manger n'importe quoi à n'importe quel moment   2. manger seulement aux repas trois fois par jour

B. 1. c   2. e   3. a   4. b   5. d

5
A. 1. plus   2. moins   3. aussi   4. aussi   5. moins   6. aussi   7. moins   8. moins   9. plus   10. plus

B. (Possible answers)
   1. volaille, céréales, légumes, pommes, laitages à 20% de matières grasses, pain, eau, ail
   2. charcuterie, frites, œufs, sauces, gras de viande, fritures, beurre, viande de bœuf

   Et vous?   (Answers will vary.)

CHAPITRE 6

Première étape

A. (Suggested answers)
   1. À Chicago il fait froid. Le ciel est couvert et il neige. La température varie entre deux et moins deux degrés.
   2. À Halifax il fait du soleil. Il fait beau, mais il fait froid aussi, entre moins deux et moins quatre degrés.
   3. À Vancouver il fait assez froid. La température varie entre un et huit degrés. Le ciel est variable.
   4. À New York, le ciel est nuageux. Il pleut et il fait assez froid, entre deux et sept degrés.
   5. À Iqaluit il fait très froid, entre moins neuf et moins vingt degrés. Il fait nuageux et il neige.

B. (Answers will vary.)

C. 1. Samedi dernier les Cartier sont allés à une fête de mariage. Ils sont arrivés à deux heures.
   2. Hier après-midi je suis allé(e) à mon examen d'histoire. Je suis arrivé(e) à quatre heures moins le quart.
   3. Hier soir mes amis et moi, nous sommes allés au concert. Nous sommes arrivés à huit heures et demie.
   4. Ce matin vous êtes allé(s) à Genève. Vous êtes arrivé(s) à dix heures vingt.
   5. Hier soir mon amie Claudine est allée au cinéma. Elle est arrivée à huit heures moins vingt.
   6. Dimanche après-midi tu es allé(e) au musée. Tu es arrivé(e) à une heure et quart.

D. 1. Les étudiants sont restés cinquante minutes au restaurant universitaire. Ils sont rentrés à dix heures.
   2. Tu es resté(e) vingt minutes à la pâtisserie. Tu es rentré(e) à dix heures cinq.
   3. Nous sommes resté(e)s dix minutes à la banque. Nous sommes rentré(e)s à dix heures vingt-cinq.
   4. Monsieur Achat est resté une heure et dix minutes au supermarché. Il est rentré à midi.
   5. Vous êtes resté(e)(s) une heure et quart au café. Vous êtes rentré(e)(s) à deux heures moins le quart.
   6. Je suis resté(e) deux heures et quart au musée. Je suis rentré(e) à quatre heures et demie.

Deuxième étape

A. (Suggested answers)
   1. Je dis des bêtises, mon opinion et la vérité. Je regarde des variétés à la télé.
   2. Nous voyons des dessins animés, des feuilletons et des drames à la télévision. Nous lisons des bandes dessinées dans le journal.
   3. Vous écrivez des lettres, des rapports et des romans. Vous regardez les sports à la télé.
   4. On lit le journal, des histoires, une publicité. On voit le journal télévisé à la télé.

B. (Suggested answers)
1. est arrivé 2. avons lu 3. avons décidé 4. sommes arrivés 5. a commencé 6. avons vu 7. sommes allés 8. avons oublié 9. sommes rentrés 10. n'ont pas compris 11. avons raté 12. suis restée 13. ai fait 14. ai écrit 15. ai préparé 16. ai appris

C. (Suggested answers)
Bien sûr, je les aime. / Non, je ne les aime pas (du tout).
Bien sûr, je la regarde souvent. / Non, je ne la regarde jamais.
Oui, je le lis tous les jours (souvent). / Non, je ne le lis jamais (pas du tout).
Mais oui, je la fais. / Mais non, je ne la fais pas (du tout).
Moi aussi, je les fais tous les soirs. / Non, je ne les fais pas tous les soirs.
Bien sûr, je l'aime aussi. / Non, je ne l'aime pas.

D. 1. Oui, je les ai faits.
2. Oui, je l'ai lue.
3. Oui, je l'ai vue.
4. Oui, je les ai compris.
5. Non, je ne veux pas le passer aujourd'hui.
6. Non, je ne veux pas l'écrire.
7. Oui, je veux les aider.
8. Oui, je veux l'écouter.

Troisième étape

A. 1. Julien lui a payé le dîner hier.
2. Il lui a fait un cadeau la semaine dernière.
3. Il leur téléphone souvent.
4. Il leur dit toujours bonjour.
5. Il va lui écrire une carte postale demain.
6. Il va leur parler demain.

B. 1. Oui, nous les regardons. / Non, nous ne les regardons pas.
2. Oui, nous les lisons. / Non...
3. Oui, nous l'écoutons. / Non...
4. Oui, nous leur écrivons des lettres. / Non...
5. Oui, nous lui parlons de politique. / Non ...
6. Oui, nous leur disons la vérité. / Non...
7. Oui, nous le comprenons. / Non...
8. Oui, nous lui posons des questions. / Non...

C. 1. —Il y a un match de hockey cet après-midi. Ça t'intéresse?
   —Je veux bien. Prenons ma voiture.
   —Bonne idée.
2. —Allons au restaurant. Je t'invite.
   —Volontiers.
   —Rendez-vous à six heures?
   —Parfait.

3. —Voudriez-vous aller au cinéma?
   —Malheureusement, je n'ai pas le temps.
   —Une autre fois, alors?
   —D'accord.

Quatrième étape

1 1. null 2. medal 3. victory 4. revenge 5. victor (winner) 6. (World) Cup
7. sociologist

2 1. d 2. c 3. b 4. a 5. e

3
A. 1. N 2. N 3. N 4. N 5. P 6. P 7. N 8. N 9. N 10. P

B. 3

4

le sport	la compétition	dates de victoires	athlètes
1. ski	Jeux olympiques d'hiver	1968	Killy
2. tennis	Wimbledon Roland-Garros	1946 1983	Pétra Noah
3. 100 mètres			
4. bateau à voile	America's Cup		
5. football	Coupe du monde de football		
6. cyclisme	Tour de France	1985	Hinault
7. rugby	Coupe du monde de rugby		Blanco

Et vous? (Answers will vary.)

CHAPITRE 7

Première étape

A. (Suggested answers)
   1. Jean-Marc voudrait une chambre à une personne avec salle de bain. Il préfère un hôtel avec un restaurant.

2. Monsieur et Madame Klein cherchent une chambre à deux personnes avec salle de bains. Ils préfèrent un hôtel avec un ascenseur, des chambres accessibles aux handicapés physiques et une piscine.

3. Christine et Catherine Saint-Paul cherchent une chambre à deux personnes avec demi-pension et un téléphone.

4. La famille Dupont voudrait une chambre à trois personnes avec une douche et une télévision. Ils préfèrent un hôtel avec une piscine et un garage. La famille voudrait le petit déjeuner aussi.

B. 1. Nous ne dormons pas tard. 2. Ma femme dort jusqu'à 6 h 30. 3. Les enfants dorment jusqu'à 7 h. 4. Ma femme sert le petit déjeuner à 7 h 15. 5. À 8 h les enfants partent pour l'école. 6. À 8 h 15 ma femme et moi, nous partons aussi. 7. Et vous? Jusqu'à quelle heure dormez-vous? À quelle heure sortez-vous?

C. (Answers will vary.)

D. (Most answers will vary depending on the current year.)
1. Sadia est en Tunisie depuis _____ ans. 2. Elle est arrivée il y a _____ ans. 3. Elle a étudié à la fac pendant cinq ans. 4. Elle a fait un stage en France pendant l'été (trois mois). 5. Elle a terminé ses études il y a _____ ans. 6. Elle a trouvé un poste il y a _____ ans. 7. Elle est professeur depuis _____ ans.

Deuxième étape

A. 1. faire du bateau, faire du ski nautique, aller à la plage, nager. 2. faire des promenades à pied, aller à la chasse. 3. visiter des églises, des châteaux, des monuments, des musées, acheter des souvenirs, danser dans une discothèque, manger des plats exotiques. 4. _____

B. 1. X, du 2. Le, en 3. à, au 4. à, aux, X 5. au, en, aux 6. en 7. à, au 8. à, en

C. 1. Mme Lagarde vient du Luxembourg; elle revient des Pays-Bas. 2. Sadia et Karim Ahmed viennent d'Algérie; ils reviennent de France. 3. Mes amis et moi, nous venons d'Allemagne; nous revenons de Chine. 4. Tu viens du Canada; tu reviens des Philippines. 5. Vous venez du Brésil; vous revenez du Chili. 6. Je viens _____; je reviens _____.

Troisième étape

A. 1. Anne ne répond pas aux questions du professeur. 2. Georges n'entend pas ses questions. 3. Les étudiants attendent les vacances avec impatience. 4. Ma famille et moi, nous rendons visite à nos grands-parents. 5. Thomas perd beaucoup de temps à l'aéroport. 6. Julie et Paul Martin descendent dans un hôtel au bord de la mer. 7. Et vous? Attendez-vous les vacances avec impatience?

B. 1. J'y vais à pied / en vélo. 2. J'y vais à pied / en voiture. 3. J'y vais en voiture / en avion / en bateau. 4. J'y vais en avion / en bateau. 5. J'y vais à pied / en vélo.

C. 1. Oui, j'aime bien y faire des promenades. / Non je n'aime pas y faire des promenades.
2. Oui je veux y nager. / Non...   3. Oui, j'y ai déjà fait du camping. / Non...   4. Oui, je voudrais y descendre. / Non...   5. Oui, j'aime y acheter des souvenirs. / Non...
6. Oui, j'y suis déjà allé(e). / Non...

D. 1. lui, y   2. lui, y   3. y, lui, lui

Quatrième étape

1 (Answers will vary.)

2 All answers except f.

3 b, d, e, f, g

4
A. 1. repose (rest)   2. majestic   3. embarrassment   4. choice   5. at the side of   6. situated
7. society   8. is practiced   9. covered   10. varied   11. fauna and flora   12. security

B. ski, glaciers, tennis, promenades, golf, village, restaurant, bar, boutique, sauna, films, vidéo, concerts, discothèque, Club, interruption, sports, courts, aérobic, stretching, habitat, rafting, information(s), températures

5
A. 1. à la discothèque   2. Bourg-St-Maurice   3. boutique   4. la faune et la flore, la géologie, l'habitat, la nature, etc.   5. la Savoie   6. douches

B. 1. Juillet   2. Octobre   3. Juin   4. Septembre et octobre

Et vous?   (Answers will vary.)

CHAPITRE 8

Première étape

A. ¶ 1: passait, faisions, allions, restions
   ¶ 2: avait, lisais, écrivaient, regardais, préféraient
   ¶ 3: était, avions, étaient, voulaient, partageaient, pensaient, étais
   ¶ 4: jouaient, écoutions, passais, faisait

B. (Suggested answers)
   1. Ils faisaient de la pêche, du nautisme, du canoë, du kayak, des promenades aériennes, du camping, du tennis.
   2. Ils jouaient au tennis.
   3. Ils visitaient l'hôtel de ville, la chapelle Saint-Jean, l'église Saint-Florentin, l'église du Bout-des-Ponts, le château, le manoir Clos-Luce, et les châteaux d'Amboise et de Chenonceaux.
   4. (Answers will vary.)

C. (Suggested answers)
1. Alors, vous vous parlez (téléphonez) tous les jours.
2. Alors, vous vous entendez (comprenez) bien.
3. Alors, vous vous retrouvez ce soir.
4. Alors, vous vous voyez souvent.
5. Alors, vous vous disputez quelquefois.
6. Alors, vous vous amusez bien. / Alors, vous ne vous ennuyez pas ensemble.

D. Quand j'avais neuf ans, j'étais... ; j'avais... ; je voulais... ; je m'amusais à... / avec...

Deuxième étape

A. 1. que   2. qui   3. qui   4. que   5. qui   6. que   7. que   8. qui

B. (Answers will vary.)

C. 1. Mais oui, tu peux me demander un petit service!
2. Mais oui, je te prête 100 F! / Mais non, je ne te prête pas 100 F!
3. Mais oui, ils vont nous payer notre loyer! / Mais non...
4. Mais oui, ils vont nous acheter à manger! / Mais non...
5. Mais oui, je te prête mes disques compacts! / Mais non...
6. Mais oui, je vous invite au restaurant! / Mais non...

D. 1. —Vous nous posez trop de questions. —Oui, mais nous vous aidons toujours à répondre.
2. —Vous nous donnez trop de devoirs. —Oui, mais nous vous donnons de bonnes notes.
3. (Answers will vary.)
4. —Tu ne m'écris pas. —Oui, mais je te dis toujours la vérité!
5. —Tu ne me rends jamais visite! —Oui, mais je t'aime beaucoup!
6. (Answers will vary.)

Troisième étape

A. 1. Pour eux, l'amitié c'est...   2. Pour elle/lui, l'amitié c'est...   3. Pour elle/lui, l'amitié c'est...   4. Pour nous, l'amitié c'est...   5. Pour moi, l'amitié c'est...

B. 1. Oui, c'est lui.   2. Oui, ce sont eux.   3. Elle? Non, c'est ma cousine Anne.   4. Lui? Non, c'est mon cousin Paul.   5. Oui, c'est nous.

C. (Answers will vary.)

Quatrième étape

1 b, c, d, e

2 (Answers will vary.)

3 (Answers will vary.)

4 c

5 1. a   2. c   3. f   4. d   5. e   6. b

6 1. On peut le jouer seul.   2. égoïste, pas assez poli(e), trop indépendant(e)   3. rencontrer des gens, se faire remarquer   4. a. Ils encouragent la solidarité de leurs membres. b. Au bout de quelques semaines on n'est plus jamais seul.   c. liens basés sur le dé-sœuvrement   d. intérêt commun   e. idées communes

Et vous?   (Answers will vary.)

CHAPITRE 9

Première étape

A. 1. avais   2. étais   3. avais   4. était   5. avait   6. suis allée   7. ai attendu   8. ai fait   9. était   10. ai posé   11. a appris   12. a invitée   13. ai remerciée   14. étais   15. suis allée   16. ai acheté   17. avais   18. ai trouvé   19. étaient   20. avais   21. ai déjeuné   22. riaient   23. bavardaient   24. étais   25. ai fait   26. faisait   27. ai commencé   28. ont dit   29. semblait   30. a vraiment parlé   31. était   32. voulais   33. ai jamais revue   34. ai appris

B. (Suggested answers)
   1. Papa a dormi. Il était fatigué.
   2. Mariette a joué avec son ours en peluche. Elle attendait Noël avec impatience.
   3. Eric a écouté ses disques compacts. Il voulait voir sa petite amie.
   4. Maman a écrit des cartes de Noël. Elle avait besoin de se reposer.
   5. La grand-mère a préparé le déjeuner. Elle était contente.

C. 1. savais   2. ai su   3. ne pouvais pas   4. avais   5. n'avons pas pu / ne pouvions pas   6. devais   7. ai dû   8. étais   9. ai eu   10. n'ai pas eu / n'avais pas   11. ne voulait pas / n'a pas voulu

Deuxième étape

A. (Suggested answers)
   1. le Ramadan, le Jour d'action de grâces, Hanoukka, Noël
   2. Bon voyage, Bonne vacances, Bon anniversaire, Bonne année
   3. une peluche, un ballon, une poupée, un jeu vidéo, un jouet
   4. Merci mille fois, Vous êtes trop gentil, C'est très aimable
   5. une valise, un passeport, Bon voyage

B. (Suggested answers)
1. Bonne année! 2. Bon anniversaire! 3. Bon voyage! 4. Merci. C'est gentil.
5. Chapeau! 6. Merci mille fois! 7. Il n'y a pas de quoi. 8. Bonne chance!

C. (Possible answers. The last line of each dialogue will vary.)
1. À quoi est-ce que tu penses? Qu'est-ce que tu penses des repas de fêtes?
2. À qui est-ce que tu penses? Qu'est-ce que tu penses du Père Noël?
3. À quoi est-ce que tu penses? Qu'est-ce que tu penses des cadeaux de Noël?
4. À qui est-ce que tu penses? Qu'est-ce que tu penses de ta petite amie?

Troisième étape

A. 1. Édith connaît bien la Polynésie française. 2. Lionel et Mathieu connaissent (le) Québec.
3. Ma famille et moi, nous connaissons bien la Louisiane. 4. Je ne connais pas du tout
la Côte d'Ivoire. 5. Vous ne connaissez pas Paris. 6. Mais tu reconnais ces/les photos de
Paris.

B. 1. connais 2. sais 3. sais 4. sais 5. sait 6. sais 7. connaît 8. connaissent
9. connais 10. sais 11. sais 12. sais 13. connais 14. connais 15. sais

C. 1. Je n'ai rien mangé d'intéressant. 2. Je ne suis sorti avec personne. 3. Je n'ai rencontré personne d'intéressant. 4. Personne ne m'a parlé. 5. Rien ne m'intéressait.
6. Je n'ai écrit à personne. 7. Je n'ai rien appris.

Quatrième étape

1–3 (Answers will vary.)

4 d

5
A. 1. extreme 2. essential 3. regular, balanced 4. fantastic 5. discovery 6. absolute
7. unnecessary

B. 1. psychologique 2. modéré 3. simple 4. progressif(ve)

6 1. a 2. b 3. b 4. b

Et vous? (Answers will vary.)

CHAPITRE 10

Première étape

A. 1. se réveille 2. se lève 3. se lave, s'habille 4. ne se dépêche pas, ne s'intéresse pas
5. se fâche 6. se repose 7. se couche

B. 1. Patrick et Patricia se sont habillés en short.
   2. Mon camarade de chambre et moi, nous ne nous sommes pas levés de bonne heure.
   3. Mon professeur ne s'est pas dépêché.
   4. Vous ne vous êtes pas lavé les cheveux.
   5. Tu t'es brossé les dents.
   6. Je ne me suis pas intéressé(e) à mes études.
   7. Les enfants ne se sont pas couchés de bonne heure.
   8. Tout le monde s'est reposé.

Deuxième étape

A. (Possible answers)
   1. Je suggère un jean, un tee-shirt, un polo, un manteau, un pull et des tennis.
   2. Je suggère un tailleur, une robe, une jupe, un chemisier, des chaussures habillées, un manteau, des gants et des bottes.
   3. Je suggère un tee-shirt, un jogging, un short, un maillot de bain, des sandales, des tennis ou des baskets et un jean.

B. (Suggested answers)
   1. met un manteau ou un blouson.   2. mettent un manteau, des gants et des bottes.
   3. mets un jean et un blouson.   4. mets un short et un tee-shirt.   5. mettons un maillot de bain.   6. mettez un pull ou un chandail

C. (Suggested answers)
   1. Non, ne la mets pas! Mets un pull ou un polo.
   2. Non, ne les mets pas! Mets des tennis ou des sandales.
   3. Oui, mets-le!
   4. Oui, mets-les!
   5. Non, ne le mets pas! Mets un tee-shirt.
   6. Oui, mets-la!

Troisième étape

A. 1. la tête   2. un œil   3. le nez   4. la bouche   5. les lèvres   6. les dents   7. la joue
   8. une oreille   9. le cou   10. une épaule   11. le bras   12. le coude   13. la main
   14. le doigt   15. le dos   16. l'estomac   17. la taille   18. la jambe   19. le genou
   20. le pied

B. 1. Les étudiants grossissent quand ils prennent des hamburgers et des frites; ils maigrissent quand ils boivent de l'eau minérale.
   2. Le professeur maigrit quand il prend de la salade; il grossit quand il prend du gâteau.
   3. Toi, tu grossis quand tu prends de la mousse au chocolat *et* de la tarte au citron!
   4. Moi, je maigris quand je prends des carottes; je grossis quand je prends des tacos et des chips.

5. Nous grossissons quand nous prenons de la glace au chocolat; nous maigrissons quand nous prenons une pomme.
6. Vous grossissez quand vous prenez des desserts; vous maigrissez quand vous prenez des légumes.

C. (Possible answers)
1. Les gens disciplinés ne grossissent pas pendant les vacances. Mon copain ne grossit pas pendant les vacances. Moi, je grossis pendant les vacances.
2. Les gens disciplinés réussissent à faire de l'exercice tous los jours. Ma famille et moi, nous réussissons à faire de l'exercice. Vous réussissez à faire de l'exercice aussi.
3. Les étudiants disciplinés finissent vite leurs devoirs. Mes camarades de classe finissent vite leurs devoirs. Je ne finis pas vite mes devoirs.
4. Les étudiants disciplinés choisissent des cours importants. Mon camarade de chambre ne choisit pas de cours importants. Je choisis des cours importants.

Quatrième étape

1–2 (Answers will vary.)

3 b

4 1. steppes   2. adopt   3. floating   4. toga   5. barbarism   6. duped   7. eccentricity
8. pioneers   9. scandal

5

Date	Groupe/endroit	Usage du pantalon
2500 av. J.-C.	les cavaliers nomades des steppes de Russie et du sud de l'Europe	portent des pantalons pour être plus à l'aise à cheval
av. J.-C.	les Grecs de la mer Noire et les Perses	portent des pantalons pour imiter les Scythes
av. J.-C.	l'ouest de l'Europe; les Romains	les pantalons sont signe de barbarie; portent la toge
XVIe s.	Henri III	porte le pantalon pour imiter les acteurs italiens
1789	les sans-culottes	portent le pantalon large
1789	les aristocrates	portent la culotte bouffante
au XIXe s.	les hommes; George Sand	portent le pantalon; fait scandale en portant le pantalon
1920	les femmes	portent le pyjama de plage

Et vous?   (Answers will vary.)

CHAPITRE 11

Première étape

A. 1. un(e) infirmier (-ière), un médecin   2. un(e) journaliste   3. un(e) enseignant(e)
4. un(e) ouvrier (-ière)   5. un(e) fonctionnaire   6. un(e) cuisinier (-ière)   7. un banquier
8. un(e) comptable   9. un(e) vendeur (-euse)   10. un chef d'entreprise

B. (Suggested answers)
   1. 9% espèrent travailler dans l'informatique.
   2. 13% comptent travailler dans les médias et la publicité.
   3. 14% ont l'intention de travailler dans le commerce et l'artisanat.
   4. 10% ont envie d'avoir une activité artistique. (de travailler dans la mode.)
   5. 7% veulent faire de la recherche scientifique. (travailler dans la santé.)
   6. Moi, je compte/veux/etc. ...

C. 1. aurai   2. serai   3. gagnerai   4. travaillerai   5. monterai   6. devrai   7. irai
8. pourrai   9. aurai   10. ne travaillerai plus   11. ferai   12. m'amuserai   13. faudra
14. liras   15. demanderas   16. rempliras   17. seras   18. gagneras   19. travailleras

Deuxième étape

A. (Answers will vary, but verbs should be in the future tense.)
   1. Quand mes copains auront 30 ans, ils...   2. Quand ma sœur (mon frère) finira ses
   études, elle (il)...   3. Quand tu iras au Québec, tu...   4. Dès que je parlerai bien le français,
   je...   5. Dès que ma famille et moi, nous aurons le temps, nous...   6. Dès que vous réussirez à trouver un poste, vous...

B. 1. Si je gagne à la loterie, je serai riche.
   2. Si je suis riche, j'abandonnerai mes études.
   3. Si j'abandonne mes études, je pourrai voyager.
   4. Si je peux voyager, j'irai en France.
   5. Si je vais en France, je rencontrerai des Français.
   6. Si je rencontre des Français, j'apprendrai à parler français.

C. 1. Tout   2. Tous   3. toute   4. tôus   5. tout le monde   6. tous les jours   7. Tout le
monde   8. tout de suite   9. toutes

Troisième étape

A. (The adverbs in parentheses indicate an alternative placement.)
   1. Les femmes sont absolument les égales des hommes dans le monde professionnel.
   2. Évidemment le pouvoir économique et politique est (évidemment) réservé aux hommes.
   3. Fréquemment ce sont (fréquemment) les hommes qui dirigent les grandes entreprises.
   4. Les femmes montent difficilement dans les entreprises.
   5. Généralement les femmes gagnent (généralement) moins que les hommes.

6. Malheureusement, il y a (malheureusement) très peu de femmes au Parlement français.
7. Il faut vraiment beaucoup de temps pour changer les institutions et les mentalités.

B. (Answers will vary. See expressions in the textbook.)

Quatrième étape

1 d

2 d

3 1. 1968   2. 1992   3. (Answers will vary.)

4 1. d   2. a   3. c   4. b

5
A. 1. P   2. M   3. P   4. M   5. M   6. M   7. P

B. 1. b   2. a   3. a   4. b

6 1. Les femmes ont droit au travail rémunéré, condition de leur liberté.
2. le secteur tertiaire
3. oui

Et vous?   (Answers will vary.)

CHAPITRE 12

Première étape

A. 1. le rhume des foins   2. une indigestion   3. une crise cardiaque   4. le sida   5. une migraine   6. un rhume   7. le cancer   8. une pneumonie

B. 1. je me ferais mal. / je me sentirais stupide.   2. ils auraient une migraine. / ils se senti-raient bien.   3. il appellerait le médecin. / il se coucherait.   4. nous irions chez le médecin. / nous prendrions des comprimés.   5. tu mettrais un pansement. / tu irais à l'hôpital.   6. vous demanderiez un antibiotique. / vous achèteriez du sirop.

C. 1. Le semestre prochain, ce garçon ne devrait plus manquer son cours. Il devrait/pourrait travailler plus sérieusement et poser plus de questions en classe. À sa place, je...
2. Les témoins pourraient/devraient appeler la police. Ils devraient/pourraient faire venir une ambulance. Ils ne devraient pas bouger le garçon. À leur place, je...

Deuxième étape

A. 1. Si les étudiants étudiaient en groupes, ils s'amuseraient mieux.
2. S'ils posaient plus de questions, ils comprendraient mieux la leçon.
3. S'ils faisaient les exercices, ils sauraient les réponses.
4. S'ils regardaient les vidéos, ils parleraient mieux.
5. S'ils travaillaient plus sérieusement, ils réussiraient aux examens.
6. Si le prof parlait moins vite, nous comprendrions mieux.
7. Si elle (S'il) nous montrait des films, nous nous amuserions mieux.
8. Si elle (S'il) nous donnait moins de devoirs, nous l'aimerions beaucoup.
9. Si elle (S'il) était absent(e), nous n'aurions pas de classe.
10. Si elle (S'il) nous donnait l'argent nécessaire, nous irions à Tahiti pour parler français.

B. (Answers will vary.)
1. Si je pouvais être un personnage historique, je serais...
2. Si j'étais millionnaire, je...
3. Si je pouvais voyager dans le temps, j'irais...
4. La maison de mes rêves serait (aurait)...
5. J'apporterais...
6. Si j'étais un animal, je serais...

C. 1. Le professeur doit préparer la leçon.   2. Les étudiants voulaient sortir hier soir mais ils ont dû rester à la maison et étudier.   3. Claude devait écouter la cassette avec moi. 4. Anne devra lire le chapitre demain.   5. Je devrais faire les exercices ce soir.   6. En fait, j'aurais dû les faire hier.

Troisième étape

A. 1. Oui, j'en ai besoin.   2. Oui, j'en ai déjà eu.   3. Oui, j'en ai parlé.   4. Oui, j'en ai. 5. Oui, j'en ai peur.   6. Oui, je m'y intéresse.   7. Non, je n'en ai pas envie.   8. Oui, j'y pense souvent.   9. Oui, j'en ai peur.   10. Oui, je peux lui demander de l'aide.

B. 1. où   2. où   3. dont   4. dont   5. où   6. où   7. dont   8. dont

C. 1. dont   2. que   3. où   4. que   5. qui   6. où   7. dont   8. qui

Quatrième étape

1 b

2 a, b, d, g

3 1. practiced   2. users (utilizers)   3. recourse   4. complementary   5. presented
6. demand   7. reimbursed   8. acupuncture   9. legally   10. benefit

4

A. 1. V   2. F (complémentaire)   3. V   4. F (n'est pas assez)   5. F (plus élevés)   6. V
7. V   8. F (31%)   9. V   10. F (n'est pas utile)   11. V

B. L'usage de «toubib» au lieu de «to be»... le titre entier qui copie la phrase de Hamlet.

C. Au lieu de «la santé par les plantes» on a «la santé par les plantes des pieds»... on se moque peut-être de la médecine douce.

Et vous?   (Answers will vary.)

CHAPITRE 13

Première étape

A. 1. 1   2. 2, protège   3. 1   4. 2, s'intéresse   5. 2, détruisent   6. 2, encourage

B. 1. finisse   2. prenne   3. ne comprennes pas   4. écrive   5. organisions   6. ne respectiez pas   7. ne réussissions pas

C. (Suggested answers)
1. Il est temps que nous cherchions des solutions.   2. C'est malheureux que vous ne pensiez pas au problème de la pollution.   3. Il vaut mieux que le gouvernement réussisse à protéger les forêts.   4. Il est temps que nous recyclions les déchets.   5. Il faut que nous organisions des campagnes dans les médias.   6. C'est dommage que vous gaspilliez nos ressources naturelles.

Deuxième étape

A. 1. Je regrette que les immigrés n'aient pas le droit à la différence. / ... que nous n'ayons pas ...   2. J'ai bien peur que vous soyez intolérant. / ... que Jean-Marie soit ...   3. Je suis surpris que vous vouliez fermer nos frontières. / ... que ces politiciens veuillent ...   4. J'aimerais que tout le monde puisse s'entendre. / ... que nous puissions nous entendre.   5. Je suis content que vous fassiez partie de notre société. / ... que tu fasses partie ...   6. Je voudrais qu'on sache communiquer. / ... que ces gens sachent ...

B. 1. soyez   2. vouliez   3. défende   4. fassent   5. rende   6. soient   7. compreniez   8. puisse   9. ait   10. n'aient pas   11. soit   12. encouragent   13. ne sachions pas   14. nous comprenions

C. 1. J'aimerais que plus d'étudiants étrangers choisissent de venir à mon université.
2. Je suis contente qu'ils veuillent s'intégrer à la vie universitaire.
3. Je regrette qu'on ne se comprenne pas.
4. Je suis surprise que nous ne puissions pas respecter les autres.
5. Je voudrais que l'université encourage la diversité.
6. J'ai bien peur que l'université ferme ses portes aux étudiants étrangers.

Troisième étape

A. (Suggested answers)
   1. perdent   2. vivre   3. soient   4. défende   5. aider   6. ne fasse rien   7. se mobiliser
   8. lancer   9. attende

B. 1. Il est triste que les sans-abri n'aient pas de logement.   2. C'est dommage que les villes refusent de donner des logis vides aux sans-abri.   3. C'est malheureux que tant de jeunes dorment dans la rue.   4. Il ne faut pas que nous oubliions les sans-abri.   5. Il faut respecter les sans-abri.   6. Il est temps de bâtir de nouveaux logements.   7. Il vaut mieux faire appel aux maires.   8. Je voudrais arrêter la misère.

C. (Possible answers)
   1. À mon avis   2. C'est scandaleux   3. je suis d'accord   4. il me semble que   5. Pour moi   6. C'est malheureux   7. je crois que

Quatrième étape

1 c

2 b   (Answers will vary.)

3 (Possible answers)
Menaces: les pluies acides, les voitures, les déchets industriels, l'épuisement des forêts, la pollution de l'air, la pollution des fleuves, des lacs
Remède: le recyclage

4 1. species   2. food chain   3. exhaust fumes   4. currents   5. migrating fish   6. disappearing/endangered species   7. unduly

5
A. 1. a   2. b   3. b   4. a

B. 1. Les poissons migrateurs contaminés sont mangés par d'autres poissons qui sont alors contaminés, eux aussi.
   2. Un arbre a besoin de 65 à 75 ans pour arriver à maturité. Les forêts sont aussi l'habitat des animaux.
   3. Il faut des dizaines d'années pour redresser des situations catastrophiques dans l'environnement.

Et vous?   (Answers will vary.)

ANSWERS TO THE LABORATORY MANUAL ACTIVITIES

CHAPITRE PRÉLIMINAIRE

Prononciation

A. 1. g   2. j   3. i   4. e   5. w   6. y

B. 1. è   2. é   3. ô   4. à   5. ï   6. n'

Activités de compréhension

A. 1. formel   2. familier   3. familier   4. formel   5. familier   6. formel   7. formel
8. familier

CHAPITRE 1

À l'écoute

1 (Answers will vary.)

2 2, 3, 4, 5, 8

3 africaine, égyptienne, arabe, malaysienne, française, polynésienne

4 1. RANDRIANARIVELO   2. 15   3. égyptienne

5 sérieuse, heureuse

Prononciation

A. 1. Ils sont africains.
 2. Elles ne sont pas anglaises.
 3. Elle est petite, intelligente, amusante; elle est heureuse.
 4. Il est petit, intelligent, amusant; il est heureux.
 5. C'est un garçon très intéressant; il n'est pas ennuyeux.
 6. C'est une fille très intéressante; elle n'est pas ennuyeuse.

B. 1. Les Malgaches sont d'origine malay<u>sienne</u>, / polyné<u>sienne</u>, / afri<u>caine</u> / et a<u>rabe</u>.

2. Les origines de ma fa<u>mille</u>, / c'est la Malay<u>sie</u>, / la Polyné<u>sie</u>/et la <u>France</u>.

3. Françoise est com<u>plexe</u>, / sé<u>rieuse</u>... et principalement heu<u>reuse</u>.

4. Elle est petite et <u>mince</u>, / <u>brune</u> / et très sympa<u>thique</u>.

Activités de compréhension

A. 1. more than one person   2. more than one person   3. one person   4. more than one person (or one person)   5. one person   6. one person   7. more than one person   8. one person

B. 1. elle est   2. ils sont   3. vous êtes   4. tu es   5. je suis   6. nous sommes

C. 1. homme   2. femme   3. ?   4. homme   5. ?   6. femme   7. femme   8. homme

D. a. 5   b. 2   c. (a picture of a boy who is tall and *not* thin)   d. 4   e. 1

E. 1. c'est   2. il est   3. elle est   4. elle est   5. c'est   6. il est

F. 1. américain / acteur / grand, blond / (Robert Redford, Brad Pitt, etc.)
2. américaine / femme d'un président / sympathique, raisonnable / (Barbara Bush, Hillary Clinton, etc.)
3. français / artiste, peintre / intéressant / (Monet, Degas, Gauguin, etc.)
4. américaine / écrivain / intelligente / (Maya Angelou, Toni Morrison, etc.)

H. Je <u>suis</u> <u>française</u>. <u>Je</u> suis <u>petite</u> et <u>mince</u>. Nicolas et Alceste <u>sont</u> mes <u>copains</u>. Nicolas <u>est</u> <u>amusant</u> <u>mais</u> un peu fou—et il <u>n'est</u> <u>pas</u> malade! Alceste <u>est</u> <u>intelligent</u> mais un peu <u>désagréable</u>. Moi, <u>je</u> <u>suis</u> <u>heureuse</u> et énergique. <u>Est-ce</u> <u>que</u> nous <u>sommes</u> <u>des</u> élèves <u>typiques</u>?

C'est Louisette!

CHAPITRE 2

À l'écoute

1 1. b   2. c   3. a

2 Categories mentioned: parents, brothers and/or sisters, family activities
Sequence: 1. brothers/sisters   2. parents   3. family activities

3 1. 0   2. 5   3. la troisième

4

Nom	Age	Marié(e)?	Nombre d'enfants	Profession
Françoise	32 ans	non	X	étudiante
Anne-Marie	35 ans	oui	2	travaille à Air-Madagascar
Chantal	34 ans	oui	3	architecte
Béatrice	30 ans	fiancée	X	infirmière (*nurse*)
Christiane	29 ans	non	X	travaille dans un bureau
Cyril	X	oui	5	X
Aimée	X	oui	5	X

5   1. le père, Cyril   2. RAZANAVAO   3. a, d

Activités de compréhension

A.   1. son oncle   2. sa cousine   3. tes beaux-frères   4. ton mari   5. mes enfants
6. ma famille   7. leur photo   8. nos fêtes   9. votre ami(e)   10. leurs étudiantes

B.   1. ces   2. cet   3. cette   4. ce   5. ces   6. cet

D.

la personne	ce qu'on aime	ce qu'on n'aime pas	un adjectif pour le/la décrire
la sœur	le tennis, le foot, le basket	le base-ball	sportive
la mère	travailler, voyager, danser	le sport	active
le frère	parler avec ses copains, regarder la télé	les sorties, les sports, danser	sérieux
Angèle	manger au restaurant, regarder des films, écouter de la musique, lire des romans		active (typique, énergique, sympathique, etc.)

E. 1. Mais non.   2. Mais si.   3. Moi non plus.   4. Moi aussi.   5. Bien sûr.

G. 1. 6   2. 47   3. 39   4. 54   5. 66   6. 16   7. 12   8. 21

H. J'ai une <u>famille</u> assez <u>typique</u>. Nous <u>sommes cinq</u> personnes. <u>Il y a mon</u> père, <u>ma mère</u>, <u>mes</u> deux <u>frères</u> et moi. Chez nous, <u>on aime</u> beaucoup les <u>sorties</u> en <u>famille</u>, <u>les films</u>, les concerts et <u>les fêtes</u> aussi. Bientôt <u>c'est la</u> fête de <u>mon frère</u> Charles qui <u>a 14</u> ans. Il <u>est</u> amusant <u>et il aime</u> beaucoup <u>jouer au foot</u>. <u>Mon frère</u> Bernard <u>a 18 ans</u> et il <u>est sportif</u> aussi. Tous les deux, <u>ils adorent</u> les matchs de <u>basket</u> et de <u>tennis</u>. Moi, <u>je préfère</u> la <u>musique</u>: la musique <u>classique</u> et <u>le jazz</u>. J'ai <u>beaucoup</u> de disques compacts et de <u>cassettes</u>. J'aime aussi les <u>romans historiques</u>. <u>Mes parents aiment</u> la <u>musique</u> classique et les <u>films</u>, <u>mais pas</u> la <u>télévision</u>. Nous <u>n'avons pas de</u> télévision à la maison. Peut-être que nous <u>ne sommes pas une famille</u> typique!

Télérama

CHAPITRE 3

À l'écoute

1 (Answers will vary.)

2 a. 4   b. 2   c. 1   d. 3

3 1. V   2. V   3. F (quatre murs)   4. V   5. V   6. F (une maison séparée pour la cuisine)   7. V   8. V   9. F (des maisons comme en France et aussi des maisons polynésiennes traditionnelles)

4 chambre(s), cuisine, salon, salle de bains

Prononciation

A. 2. [ɑ̃] <u>en</u>; [ɔ̃] mais<u>on</u>s, s<u>on</u>t, <u>con</u>struites

3. [ɑ̃] <u>an</u>cêtres, gr<u>an</u>de, ch<u>am</u>bre, tr<u>en</u>te; [ɔ̃] mais<u>on</u>

4. [ɑ̃] t<u>an</u>tes, <u>en</u>f<u>an</u>ts, par<u>en</u>ts, gr<u>an</u>ds-par<u>en</u>ts, <u>en</u>semble; [ɔ̃] <u>on</u>cles; [ɛ̃] cous<u>in</u>s

5. [ɑ̃] <u>en</u> (ville), <u>en</u> Fr<u>an</u>ce; [ɔ̃] mais<u>on</u>s; [ɛ̃] <u>in</u>térieur

B. 1. P<u>ou</u>vez-v<u>ou</u>s n<u>ou</u>s parler des maisons à Tahiti?

2. C'est <u>u</u>ne maison avec ses quatre m<u>u</u>rs, p<u>ou</u>r <u>u</u>ne comm<u>u</u>nauté de pl<u>u</u>sieurs familles.

3. Il y a <u>u</u>ne maison p<u>ou</u>r dormir, <u>u</u>ne maison p<u>ou</u>r la cuisine...

4. Et toi, t<u>u</u> connais Tahiti? —Pas d<u>u</u> t<u>ou</u>t!

Activités de compréhension

A. 1. une chambre   2. un séjour   3. une cuisine   4. une chambre   5. une salle à manger
6. un séjour

B. 1. Dakar.   2. Amusante.   3. Deux.   4. Un peu fou.   5. Je vais aller en France.   6. Demain.
7. Au restaurant.   8. Maintenant.   9. Je préfère les livres.

C. 1. 1 675 F   2. 153 F   3. 88 F   4. 875 F   5. 564 F   6. 14 F

D. 1. un salon   2. une chambre   3. un salon   4. les deux   5. une chambre   6. les deux
7. une chambre   8. un salon

1. un vieux salon   2. une chambre blanche   3. un grand salon   4. un joli salon/une
jolie chambre   5. une belle chambre   6. un salon confortable/une chambre confortable
7. une petite chambre   8. un nouveau salon

E. (Questions with suggested answers)
1. Le professeur va parler français? Oui, il va parler français.
2. Les étudiants vont écouter des cassettes? Oui, ils vont écouter des cassettes.
3. Tu vas téléphoner au professeur? Non, je ne vais pas téléphoner au professeur.
4. Toi et tes copains, vous allez regarder un film? Oui, nous allons regarder un film.
5. Ta copine va aller au magasin? Oui, elle va aller au magasin.
6. Tu vas louer un studio au centre-ville? Non, je ne vais pas louer un studio.
7. Tes sœurs vont manger au restaurant? Oui, elles vont manger au restaurant.
8. Ta famille et toi, vous allez jouer aux cartes? Non, nous n'allons pas jouer aux cartes.

G. 1. Ils vont au restaurant.
2. Ils sont (On est) à l'église.
3. Ils sont au musée.
4. Elle est à la pharmacie.
5. Ils sont (On est) à la gare.
6. Ils sont au cinéma.
7. Ils vont (On va) à l'hôpital.
8. Ils sont à l'école.

H. J' habite un vieux quartier agréable. Mes copains et mes copines habitent dans ce
quartier aussi. Cécile a un joli studio dans un bâtiment tout près de la poste. L'appartement de Salima est à côté de ce studio. Mon copain Alain habite une petite maison en
face de chez Salima, et Catherine a un nouvel appartement à droite de chez Alain. Kofi,
le cousin de Salima, habite à côté d'elle. La maison de mon copain Gilles est au coin de
la rue. Enfin, ma tante Denise habite un grand immeuble derrière la maison de Gilles.

Denise				
Gilles	Kofi	Salima	Cécile	PTT
Dominique		Alain	Catherine	

CHAPITRE 4

À l'écoute

1 (Answers will vary.)

2 1, 2, 3, 4, 7, 8, 9

3 1. b 2. a 3. c 4. b 5. b 6. a 7. b 8. c 9. c 10. a

4 1. a. civilisation b. anglaise c. britannique d. française e. grammaire f. espagnole
g. conversation h. cinéma
2. prof d'anglais

Prononciation

A. 1. **Est**-ce que tu peux te pr**é**sent**er**?

2. Je m'app**e**lle Christ**e**lle Laz**é**ras.

3. Pendant l'**é**t**é** je travaille à EuroDisn**ey**.

4. Je suis en premi**è**re ann**ée** à la fac d**es** l**e**ttres de Marne-la-Vall**ée**; je f**ais** d**es é**tudes
de langue et civilisation **é**trang**è**res.

5. J'**ai** de la gramm**ai**re angl**ai**se, un cours de litt**é**rature fran**çai**se, de la conv**e**rsation
espagnole. Qu'**es**t-ce que j'**ai** d'autre?

6. C'**es**t un emploi du temps ass**ez** charg**é**.

B. 1. D'aill**eu**rs, elle travaille à **Eu**roDisney.

    2. Christelle v**eu**t être profess**eu**r d'anglais.

    3. Elle n'est pas paress**eu**se; c'est une j**eu**ne fille séri**eu**se.

    4. Son cours qui commence à d**eu**x h**eu**res est quelquefois un p**eu** ennuy**eu**x.

    5. Alors elle fait des dessins sur une f**eu**ille de son cahier, pour passer le temps...

    6. Les étudiants qui v**eu**lent être avec l**eu**rs copains p**eu**vent aller au café.

Activités de compréhension

A. 1. 12 h 30   2. 16 h 15   3. 21 h 54   4. 1 h 20   5. 9 h 45   6. 00 h 30   7. 7 h
   8. 10 h 40   9. 18 h 15

B. 1. Et alors?   2. J'en ai marre!   3. Super!   4. Tant pis!   5. Je m'en fiche.

C. 1. 13/8/43   2. 10/10/40   3. 6/12/39   4. 1/4/58   5. 16/3/72   6. 11/1/83   7. 28/2/22
   8. 15/5/55   9. 30/6/19

D.

lundi	mardi	mercredi	jeudi	vendredi	samedi/ dimanche
la géographie l'histoire le dessin	la biologie l'informatique le français	la géographie l'histoire le français	la biologie l'informatique le français	le français la musique l'éducation physique	(Answers will vary.)
l'anglais le français	l'anglais l'allemand la peinture		l'anglais l'allemand la peinture		

E. a. 7 b. 6 c. 8 d. 1 e. 3 f. 2 g. 5 h. 4

H. Je <u>suis</u> très <u>intelligent</u>. <u>J'ai</u> <u>4</u> <u>ans</u>, et <u>je</u> <u>sais</u> <u>déjà</u> lire. <u>J'apprends</u> <u>beaucoup</u> dans <u>la</u> <u>classe</u> de <u>mon</u> <u>père</u>. <u>Je</u> <u>comprends</u> ce que papa écrit <u>au</u> <u>tableau</u> aussi. Papa <u>est</u> <u>heureux</u> et fier de moi, <u>mais</u> maman dit qu'il a tort. <u>Elle</u> <u>a</u> <u>peur</u>. <u>Elle</u> <u>est</u> convaincue que <u>mon</u> cerveau <u>va</u> éclater, <u>alors</u> <u>elle</u> dit que <u>je</u> <u>ne</u> <u>peux</u> <u>pas</u> <u>aller</u> <u>à</u> <u>l'école</u> avec papa.

CHAPITRE 5

À l'écoute

1 (Answers will vary.)

2 d, f, h, j, k, l, m, o

3 1. a, c   2. b, c   3. a, b, c   4. a, b   5. c   6. b   7. a   8. a, b

4 1. C'est une espèce de banane. Ça se prépare comme les pommes de terre. Ça se mange avec la viande et avec de la sauce.
   2. Les Camerounais mangent beaucoup de légumes. Les légumes, comme les épinards par exemple, se mangent avec de la crème de palme. Il y a des haricots verts et des petits pois, mais c'est considéré comme la nourriture des Blancs.
   3. On mange beaucoup de sauces en Afrique de l'Ouest. Avec la viande et le plantain, on mange de la sauce d'arachides ou de mangues sauvages. Avec les légumes, on mange de la crème de palme. On mange avec des cuillères en bois à cause des sauces.

Prononciation

A. 1. Nous avons plusieurs sortes d<u>e</u> r<u>e</u>pas, tout dépend d<u>e</u> la région.
   2. L<u>e</u> plantain, ça s<u>e</u> prépare comme les pommes d<u>e</u> terre, et ça s<u>e</u> mange avec la viande, la sauce, tout c<u>e</u> qu'on veut.
   3. On mange beaucoup d<u>e</u> légumes. Les légumes, en Afrique d<u>e</u> l'Ouest, ça s<u>e</u> mange avec la crème d<u>e</u> palme.

B. <u>Les</u> gens <u>du</u> Cameroun ne mangent pas d<u>e</u> pommes de terre, mais l<u>e</u> plantain est comme <u>une</u> pomme de terre. <u>La</u> viande se mange donc avec <u>du</u> plantain et d<u>e</u> <u>la</u> sauce. <u>Les</u> sauces <u>d</u>'arachides ou d<u>e</u> mangues sauvages sont très agréables avec <u>du</u> poulet. <u>Les</u> légumes, comme <u>les</u> épinards par exemple, se mangent aussi avec <u>une</u> sauce spéciale.

Activités de compréhension

A. Michel: 2, 4
   Alain et Alexis: 1, 3, 6
   ?: 5, 7, 8

B. 1. F   2. V   3. V   4. F   5. F   6. V

D. Lise: 2 boîtes de camembert, 2 baguettes, du beurre
   Karine: une tarte au citron, un gâteau au chocolat, 2 tartes aux fraises
   Gilles: 2 bouteilles de vin rouge, 1 bouteille d'eau minérale, 2 litres de coca
   Charles: des chips, de la salsita

E. Anne: 1 pêche, 3 oignons, 1 tomate, 3 framboises, 2 carottes: 31 points

Paul: 5 carottes, 2 fraises, 2 pêches, 1 tomate: 33 points

Jean: 6 oignons, 2 fraises, 1 framboise, 1 tomate: 22 points

Lise: 5 tomates, 3 carottes, 2 framboises: 31 points

1. Lise a plus de carottes qu'Anne.
2. Jean a autant de fraises que Paul.
3. Jean, Paul et Anne ont moins de tomates que Lise.
4. Paul a plus de points qu'Anne.
5. Jean a moins de points que Lise.
6. Paul a gagné.

F. 1. aujourd'hui   2. hier   3. aujourd'hui   4. demain   5. hier   6. aujourd'hui   7. demain
8. hier

H. Pour préparer <u>notre dîner</u>, j'<u>ai acheté</u> beaucoup <u>de</u> choses: deux <u>tranches de bœuf</u> et un kilo de <u>pommes de terre</u>. J'<u>ai demandé</u> aussi des <u>tomates</u>, <u>des carottes</u>, des <u>oignons</u>. Puis, au <u>supermarché</u> j'ai pris <u>du sel</u>, <u>de la farine</u>, des <u>œufs</u>, <u>du sucre</u>, <u>de la</u> vanille et deux <u>litres</u> de <u>lait</u>. Et <u>n'oublions</u> pas le <u>vin</u>. Nous <u>buvons</u> toujours <u>du vin</u> avec le <u>dîner</u>.

Elle a préparé <u>un ragoût</u> et <u>un gâteau</u>.

CHAPITRE 6

À l'écoute

1 (Answers will vary.)

2 a. 2   b. 1   c. 4   d. 3

3 1. b   2. a, b   3. a   4. a, b   5. a   6. a, b   7. b   8. a   9. b   10. a, b

Prononciation

A. 1. Elle aime les d<u>o</u>cumentaires et les films hist<u>o</u>riques; elle n'aime pas b<u>eau</u>coup les c<u>o</u>médies.

2. Elle ad<u>o</u>re lire des r<u>o</u>mans, des p<u>o</u>èmes et des journ<u>au</u>x.

3. Quand il fait b<u>eau</u>, elle fait du sp<u>o</u>rt.

4. C<u>o</u>mme <u>au</u>tres loisirs, elle aime faire des pr<u>o</u>menades dans Paris.

B. 1. Poi[s]son frais!

2. Danger! Poi[z]son!

3. Tra[s]versée du dé[z]sert du [s]Sahara.

4. [s]Spé[s]cialités de de[s]sserts-mai[z]son!

5. Vi[z]sitez le [s]site de vos prochaines va[k]c a[s]nces: Tara[sk]scon!
6. [s]Ce [k]c ou[s]ssin (*cushion*) pour votre [k]c ou[z]sin...
7. [k]Conver[s]sion a[s]ssurée de vos po[s]sse[s]ssions!

Activités de compréhension

A. 1. Winnepeg   2. St. John's   3. Edmonton   4. Salt Lake City   5. Whitehorse

C. (4) nous téléphoner vendredi dernier; (9) rentrer chez elle la semaine prochaine; (7) aller à l'exposition demain matin; (3) décider de nous rendre visite la semaine dernière; (1) passer une semaine chez nous l'année dernière; (2) écrire une lettre le mois dernier; (8) aller voir un match de foot samedi; (5) arriver à la gare hier après-midi; (6) rentrer vers six heures et demie.

G. 1. au cinéma / 7 h 30 / C'est gentil mais...   2. au concert / 20 h / Avec plaisir.   3. au restaurant / 10 h / Désolée.   4. au match de hockey / 3 h / Je veux bien.

H. L'année dernière j'ai passé deux mois au Canada où je suis allée voir mes grands-parents. Nous avons vu tous les sites touristiques—le château, les musées, le Parlement. J'ai beaucoup aimé la ville de Québec, et je ne suis pas restée un seul jour à la maison. Je suis arrivée au mois de juin quand il fait beau alors j'ai fait beaucoup de promenades avec mes cousines, et nous sommes rentrées tard. J'ai appris à dire bonjour au lieu d'au revoir — c'est la coutume au Québec! Maintenant je comprends mieux le français parce que j'ai lu le journal et j'ai regardé des feuilletons à la télé tous les jours. J'ai écrit beaucoup de cartes postales à mes copains aussi—en français, bien sûr. Voilà ce que j'ai fait l'été dernier.

CHAPITRE 7

À l'écoute

1   (Answers will vary.)

2   1. b   2. c   3. a

3   1. a, c   2. c   3. a   4. a, b, c   5. b   6. a, c   7. a, b   8. c

4   1. Le froid a été comme un choc. Il est tout de suite rentré dans l'aéroport.
    2. a. le chauffeur de taxi
       b. le centre des étudiants étrangers (Centre international des étudiants et stagiaires)
    3. Le climat, l'architecture des bâtiments, les gens qui semblent toujours pressés.

Prononciation

A. 1. Je s**ui**s venu en France pour contin**uer** mes études.

2. C'était au m**oi**s d'octobre, mais pour m**oi**, venant du Tchad, il faisait très fr**oi**d.

3. Je s**ui**s tombé sur un monsieur de la Côte d'Iv**oi**re.

4. Je l**ui** ai expliqué ma sit**ua**tion et il a eu pitié de m**oi**.

5. Il m'a hébergé pour la n**ui**t.

B. Chers papa, maman et toute la fam**ill**e,

La France est belle! J'ai vu beaucoup de vie**ill**es v**ill**es et des petits v**ill**ages tranquilles. J'ai visité le château de Chant**ill**y, qui n'est pas loin de Paris.

J'habite près de la place de la Bast**ill**e. Ma voisine est très gent**ill**e; hier, elle m'a donné des gâteaux qui s'appellent des m**ill**e-feu**ill**es—c'est une spécialité française. Quel délice!

À bientôt d'autres nouvelles.

Larmé

Activités de compréhension

A. Lagarde: double, salle de bains, piscine, carte de crédit; Michard: simple, ascenseur, chien, restaurant; Martin: double, salle de bains, carte de crédit, garage; Rocher: simple, sans de salle de bains, pas de petit déjeuner, ascenseur.

D. 1. en France   2. à Rome   3. aux États-Unis   4. en Espagne   5. en Tunisie   6. au Sénégal   7. à Jérusalem   8. au Mexique

E. 1. entendre: entends   2. attendre: attend   3. descendre: descendent   4. entendre: entendez   5. attendre: attends   6. répondre: réponds   7. vendre: vendent   8. vendre: vend   9. descendre: descendons

F. 1. renseignements   2. aide   3. renseignements   4. renseignements   5. aide (Expressions used to respond will vary.)

H. Quelles <u>vacances</u>! Nous <u>sommes</u> <u>descendus</u> dans <u>l'hôtel</u> El Mouradi, un <u>hôtel</u> de <u>grand</u> luxe. C'est merveilleux! <u>Nous</u> <u>dormons</u> tard tous les <u>matins</u> parce qu'ici <u>on</u> <u>sert</u> le <u>petit</u> <u>déjeuner</u> jusqu'à <u>11 h</u>. Après, <u>nous</u> <u>sortons</u> vers midi <u>pour</u> aller à la <u>plage</u> ou <u>visiter</u> <u>les</u> mosquées, ou <u>le</u> marché où <u>on</u> <u>vend</u> des <u>fruits</u> et des <u>légumes</u> exotiques, <u>des</u> poteries et des <u>souvenirs</u>. Puis le guide nous <u>attend</u> chaque <u>jour</u> à <u>4 h</u> pour des excursions en 4x4 <u>dans</u> le <u>désert</u>. Cet <u>après-midi</u> nous <u>partons</u> pour Tozeur et Nefta. Il y a trop à <u>voir</u> et trop à <u>faire</u>! Georges et moi, <u>nous</u> <u>revenons</u> samedi <u>prochain</u>. Nous <u>partons</u> vers 8 h <u>du</u> <u>matin</u>. J'espère que <u>vous</u> <u>allez</u> nous <u>attendre</u> à <u>l'aéroport</u> à <u>16 h 15</u>. Grosses bises!

Hélène

en Tunisie

CHAPITRE 8

À l'écoute

1 (Answers will vary.)

2 1. Nicolas se présente.   2. Il parle de ses copains de l'école primaire.   3. Il parle de ses amis du lycée.   4. Il mentionne ses activités pendant l'été.   5. Il mentionne des clubs. · 6. Il définit le bonheur.
(Other categories are not mentioned.)

3 1. e 2. e 3. (not mentioned) 4. a 5. a 6. (not mentioned) 7. a (Donjons et Dragons) 8. a

4 1. a, b, c 2. a, b 3. b, c 4. b, c 5. a 6. a, b, c 7. c 8. a, c 9. b 10. c 11. a, c 12. a, b

Prononciation

A. 1. La pla**g**e de Biarritz est ma**gn**ifique.

2. Un des copains de Nicolas s'appelait **Gu**illaume; il y avait aussi **G**ontran, **G**ilbert et **G**érard.

3. En **g**énéral, ils man**g**eaient un petit **g**oûter avant d'aller jouer.

4. Ils i**gn**oraient l'heure quand ils jouaient à cache-cache.

5. Le père de Nicolas était **g**ynécolo**g**ue (un médecin spécialisé).

B. 1. Nicola**s** vient du Pay**s** Basque, dans le su**d**-oue**st** de la France.

2. Le mercredi, les garçon**s** se retrouvaient tou**s** pou**r** joue**r** au foo**t**.

3. Au lycée, Nicola**s** était plu**s** seu**l**; en fai**t**, il avait moin**s** de copain**s** mais plu**s** d'ami**s** proche**s**.

4. Les jeune**s** préféraient le billa**rd** au tenni**s**.

5. L'été, ils étaient tou**t** le temp**s** à la plage.

6. Tou**t** le monde s'amusait au bo**rd** de la me**r**.

Activités de compréhension

A. 1. Lionel et Céleste   2. Thierry et Caroline   3. Lionel et Céleste   4. Lionel et Céleste
5. Thierry et Caroline   6. Thierry et Caroline   7. Thierry et Caroline   8. Lionel et Céleste

C. Answers will vary, but the relative pronouns should be: 1. que 2. qui 3. que 4. qui
5. qui 6. que 7. que 8. qui

D. 1. d 2. b 3. c 4. d 5. a 6. b 7. c.

G. —Tu <u>as</u> <u>lu</u> cet article au sujet de <u>l'amour</u> et du <u>mariage</u>? C'est <u>triste</u>. La <u>vie</u> des <u>jeunes</u> comme Christophe et Simone est <u>très difficile aujourd'hui</u>.

—<u>C'est vrai</u>. Quand <u>nous étions jeunes, les</u> choses <u>étaient</u> bien <u>différentes</u>. Tu <u>te souviens</u>?

—<u>C'est</u> sûr. Par exemple, Christophe <u>téléphone</u> tous les jours <u>à</u> Simone, et <u>toi</u>, tu ne <u>me</u> <u>téléphonais jamais</u>.

—<u>On</u> <u>n'avait pas</u> de <u>téléphone</u>! Je <u>t'écrivais</u> des <u>lettres</u>—des <u>poèmes</u>!

—Et <u>nous</u> ne <u>nous retrouvions</u> jamais <u>dans</u> des <u>boîtes de nuit</u>.

—<u>Quelles</u> boîtes de nuit?! Je <u>te retrouvais</u> toujours chez toi—avec toute <u>ta famille</u>... ta <u>mère</u>, ton <u>père</u>, <u>tes petits frères</u>!

—Mais <u>nous riions</u> ensemble et <u>nous parlions</u> de tout.

—Eh oui, <u>nous partagions</u> nos <u>idées</u> et <u>toi</u>, tu <u>me racontais</u> toujours des <u>blagues</u>. Je ne <u>m'ennuyais</u> jamais avec <u>toi</u>.

—<u>C'est vrai</u> qu'on <u>s'entendait</u> bien.

—On <u>se disputait quelquefois</u>.

—Comme tout le monde. Mais <u>nous communiquions</u> sans <u>parler</u>.

—On <u>ne se comprenait pas</u> toujours.

—Mais nous <u>nous amusions</u> bien ensemble.

—<u>Amusions</u>?! Nous <u>nous amusons</u> toujours ensemble, <u>n'est-ce pas</u>?

—Pas <u>toujours</u>!

(Answers will vary.)

CHAPITRE 9

À l'écoute

1 (Answers will vary.)

2 pour y travailler

3 1. V   2. V   3. F (plus de 700 km)   4. V   5. F (ils avaient l'habitude de vivre avec des Français ou des gens de l'extérieur)   6. F (deux fois)   7. F (deux mois puis trois mois)   8. F (beaucoup d'aide sociale—«C'est le Canada!»)   9. V   10. F (un site de camping)   11. V   12. V

4 1. a. Il parle des autochtones.   b. Ils coupaient des arbres.   c. Pour de l'argent.
2. Il a appris à connaître et à respecter les autochtones, à pêcher, à chasser, à écouter la nature, à rire.

Activités de compréhension

A. 1. circonstance   2. événement   3. événement   4. événement   5. circonstance   6. circonstance   7. événement   8. événement   9. circonstance

B. 1. vrai 2. faux 3. faux 4. vrai 5. vrai 6. faux 7. faux 8. faux 9. vrai 10. faux.   Corrections: 2. Il est entré par la porte de la cuisine.   3. Je dormais au rez-de-chaussée.   6. Il était petit et mince.   7. Il avait trente ans.   8. Il n'avait pas de cheveux.   10. Il n'était pas du tout calme.

C. 1. was supposed to   2. couldn't   3. failed to   4. refused to   5. wanted to   6. didn't know

D. 6, 4, 2, 1, 3, 5, 7

H. C'était le quatorze juillet et nous voulions célébrer la fête en famille. Mais que faire? Personne n'était d'accord sur les activités. Moi, je voulais faire un pique-nique à la plage mais les autres n'ont pas voulu parce qu'il y a toujours la foule le quatorze juillet. Papa a dit qu'il devait travailler à la maison le matin. Puis Éric a préféré regarder le défilé à la télévision. Maman trouvait ça ennuyeux; elle voulait rendre visite à nos grands-parents. Mais il n'y a rien à faire chez eux pour les petits alors on a décidé de ne pas y aller. Enfin, nous n'avons pas pu décider quoi faire, alors nous sommes restés à la maison, et nous n'avons rien fait. Quelle journée ennuyeuse!

CHAPITRE 10

À l'écoute

1 (Answers will vary.)

2 3, 4, 6, 8

3 (Answers will vary.)

4 1. a, c   2. b   3. a, b, c   4. a, b   5. c   6. a, c   7. b   8. c   9. a   10. b

Activités de compréhension

B. 1. un short, un maillot de bain, des sandales   2. une veste, une robe, une cravate   3. des baskets, un short   4. un jean, des tennis, un pull   5. un manteau, des gants, des bottes   6. une chemise de nuit, un pyjama

E. 1. pas approprié: Tu penses?   2. approprié   3. approprié   4. approprié
   5. pas approprié: Tu es très gentil.

G. Plus <u>de</u> <u>desserts</u>! Dès aujourd'hui, je <u>choisis</u> des <u>plats</u> <u>sains</u>. Je <u>ne</u> <u>grossis</u> <u>plus</u>—je <u>maigris</u>!
Pourquoi? Parce qu'il faut <u>réussir</u> à <u>mettre</u> le <u>maillot</u> <u>de</u> <u>bain</u> à fleurs que j'ai acheté
l'année dernière. Maintenant, il <u>ne</u> <u>me</u> <u>va</u> <u>pas</u> <u>bien</u> du tout parce que je <u>ne</u> <u>suis</u> <u>pas</u> <u>en</u>
<u>bonne</u> <u>forme</u>. Mais, dans trois mois... vous <u>allez</u> <u>voir</u>! En fait, j'ai <u>déjà</u> commencé mon
<u>régime</u>. Ce matin, je <u>me</u> <u>suis</u> <u>réveillée</u> de bonne heure, et je <u>me</u> <u>suis</u> <u>levée</u> tout de suite.
J'ai <u>mis</u> un <u>tee-shirt</u>, un <u>short</u> et des <u>tennis</u> et j'ai <u>passé</u> une demi-heure devant la télé à
<u>faire</u> <u>de</u> <u>l'exercice</u> avec ce bel <u>homme</u> musclé à la chaîne 2! «<u>Levez</u>! <u>Baissez</u>! <u>Touchez</u> vos
pieds!» Ouf! Après j'<u>ai</u> <u>pris</u> mon petit déjeuner—du <u>pain</u> grillé sans <u>beurre</u>, du café <u>noir</u>,
une orange. Tout ça avant de <u>m'habiller</u> pour aller au travail. À midi, j'<u>ai</u> <u>mangé</u> une
<u>salade</u>—que je suis <u>disciplinée</u>! L'après-midi je <u>me</u> <u>suis</u> <u>promenée</u> avec ma copine. Et
maintenant, le soir? Eh oui, j'<u>ai</u> <u>mal</u> partout—aux <u>jambes</u>, au <u>dos</u>, aux <u>épaules</u>. Mais dans
trois mois... vous allez voir. Je <u>vais</u> <u>pouvoir</u> <u>mettre</u> ce <u>maillot</u> de <u>bain</u>!

(Answers will vary.)

CHAPITRE 11

À l'écoute

1 (Answers will vary.)

2 2, 3, 5, 7, 8

3 1. d   2. a   3. f   4. c

4 1. médias   2. la télévision   3. la civilisation   4. universelle   5. la monogamie
6. l'Occident   7. économiques   8. polygame   9. trois   10. vingt   11. la première
12. choisir   13. co-épouses   14. tout le monde   15. s'entend   16. la polygamie
17. travaillent   18. les écoles   19. un cadeau   20. plus longue   21. Occident

5 (Questions will vary.)

Activités de compréhension

A. 1. infirmière   2. enseignant   3. journaliste   4. cuisinier   5. vendeuse   6. banquier

B. 1. futur   2. présent   3. passé composé   4. futur   5. présent   6. futur   7. passé composé
   8. futur

C. 1. être/serai   2. venir/viendront   3. vouloir/voudront   4. falloir/faudra   5. devoir/devrai
   6. pouvoir/pourrez   7. aller/irons   8. faire/ferons   9. savoir/saurons   10. avoir/auras

D. (Suggested answers)
   1. Il compte travailler dans la publicité.
   2. Selon sa sœur, il sera au chômage ou il travaillera comme serveur chez McDo.
   3. S'il ne trouve pas de poste tout de suite, il continuera ses études.
   4. Il est sûr d'être embauché dès qu'il aura un diplôme avancé.
   5. Dès qu'il aura un poste de débutant, il montera vite dans la compagnie. Il gagnera
      beaucoup d'argent. Il voyagera partout dans le monde.
   6. Elle est sceptique. Sa voix est sarcastique.

E. 1. toute   2. toutes   3. tous   4. tous   5. tous   6. toutes   7. tout   8. tout

G.

Le monde du travail

On travaillera moins, mais on gagnera plus d'argent. Malheureusement la vie sera plus
chère.

Nous ne remplirons plus de formulaires. Nous ne devrons plus aller au bureau. Nous
ferons tout par ordinateur ou par courrier électronique.

Il y aura plus d'égalité entre les hommes et les femmes dans le monde professionnel.
Les femmes monteront plus facilement aux postes de direction.

La société

La société changera rapidement. On pourra voyager dans l'espace, sur les autres
planètes.

Nous saurons guérir (cure) le sida (AIDS) et le cancer, mais il y aura plus de famine,
et il faudra toujours aider les pauvres.

Le monde sera plus petit. Les gens iront facilement dans d'autres pays, et tout le
monde parlera la même langue.

CHAPITRE 12

À l'écoute

1 (Answers will vary.)

2 1. Christelle 2. Michel 3. Christelle 4. Larmé 5. Michel 6. Christelle 7. Michel
8. Larmé 9. Michel 10. Christelle 11. Michel l2. Larmé

3 1. f 2. a 3. c 4. d

4 1. Il mettrait à exécution tout ce qu'il a programmé. Tout ce qu'il a programmé se
réaliserait.
2. Le spontané ajoute de l'intérêt, «si ça se passe bien».
3. Contexte familial: il choisirait le Tchad parce que sa famille, ses parents sont au Tchad.
Contexte général: il choisirait la France parce qu'il a beaucoup d'amis en France et il
aime beaucoup la France.
4. Elle se lèverait tard, puis elle s'installerait sur l'herbe, au soleil, et elle lirait ou elle se
promènerait.
5. Elle passerait peut-être la journée avec son grand-père, parce que c'est son meilleur
ami. Ils se comprennent.
6. Ce qui «groove» Michel, c'est la musique, les chansons amérindiennes.
7. Ça serait dans les bois (la nature) avec les autochtones (les Amérindiens qu'il connaît).
Ils iraient à la pêche, ils feraient du canotage, ils riraient.
8. rire / simple / la nature / des gens / aime.

5 (Answers will vary.)

Activités de compréhension

A. (Suggested answers) 1. logique 2. pas logique: Elle ne me fait pas de piqûre. / J'ai
mal au ventre./ J'ai une indigestion. 3. pas logique: J'ai une blessure. / Je vais mettre
un pansement. 4. pas logique: Je vais me reposer. 5. logique 6. pas logique: Je ne
suis pas en bonne forme.

B. a. 2 b. 6 c. 7 d. 1 e. 5 f. 3 g. 4

C. 1. b 2. a 3. a 4. b 5. b 6. a 7. b 8. b

D. 1. j'aurais dû (*should have*) 2. je dois (*have to*) 3. je devais (*was supposed to*)
4. ai dû (*had to*) 5. devrais (*should*) 6. dois (*have to*)

E. (Suggested answers) 1. (Answers provided) 2. Comme je suis bête! Je n'aurais pas
dû... / Tu as eu tort de dépenser tout ton argent. 3. Je n'aurais pas dû manger tout ce
chocolat. / Quelle bêtise de manger tout ce chocolat! 4. Si j'avais su, je n'aurais pas ... /
Tu n'aurais pas dû rater le cours! 5. Comme je suis idiote! J'aurais dû... / Tu aurais dû
travailler plus dur.

G. —<u>Qu'est-ce</u> <u>que</u> tu <u>ferais</u>, Laure, si tu <u>avais</u> la <u>profession</u> de tes <u>rêves</u>?

   —Aucune idée! J'<u>aime</u> les maths, les <u>sciences</u>...

   —Et tu <u>aimes</u> la biologie, <u>n'est-ce</u> <u>pas</u>? Tu <u>pourrais</u> être <u>médecin</u>, peut-être «médecin sans frontière». Tu <u>irais</u> dans des pays <u>où</u> on a très peu d'hôpitaux et de médecins. Comme ça, tu <u>pourrais</u> <u>aider</u> les pauvres.

   —Tu es fou, toi. <u>Si</u> j'<u>étais</u> un médecin sans frontière, je <u>devrais</u> <u>passer</u> mon temps avec des gens <u>malades</u>—des gens qui <u>toussent</u>, qui <u>éternuent</u>, qui <u>ont</u> la <u>nausée</u>! Moi, j'<u>aurais</u> <u>peur</u> d'attraper une <u>maladie</u> <u>contagieuse</u>! Et en plus, je <u>veux</u> <u>gagner</u> beaucoup d'argent.

   —Si tu <u>étais</u> chirurgienne?

   —Ah non. Je préfère éviter le sang!

   —Alors, peut-être tu <u>aimerais</u> être psychiatre? Moi, j'ai une copine <u>dont</u> la <u>mère</u> est psychiatre, et elle est très <u>contente</u> de sa profession. Et comme ça, tes <u>clients</u> ne saigneraient pas!

   —Non, mais ils <u>auraient</u> des <u>phobies</u>. Ils <u>viendraient</u> me voir parce qu'ils <u>auraient</u> peur des <u>animaux</u>, de la <u>mort</u>, de leur <u>mère</u>! Je ne <u>comprendrais</u> jamais des gens comme ça!

   —N'en parlons plus. Je commence à <u>me</u> <u>sentir</u> <u>mal</u>!

(Answers will vary.)

CHAPITRE 13

À l'écoute

1 (Answers will vary.)

2 2, 3, 5, 6

3 1. a, b   2. a   3. a, b   4. b   5. b   6. a, b   7. b   8. a   9. a, b   10. b   11. a, b
   12. a

4 1. a. Quand il écoute la radio.   b. (Personal answer)
   2. a. Il est difficile de sortir de son milieu et de l'habitude de détester les Anglais.
      b. (Personal answer)
   3. a. Une race capable de fusionner.   b. (Personal answer)

Activités de compréhension

A. a. 4, 8   b. 2, 7   c. 1, 5, 9   d. 3, 6

B. 1. subjunctive   2. infinitive   3. subjunctive   4. subjunctive   5. subjunctive   6. infinitive
   7. infinitive   8. subjunctive

C. 1. pourrons   2. veuille   3. comprenons   4. devrait   5. soit   6. fassions   7. finisse
   8. est

F. Tu <u>passes</u> tout ton temps à <u>protester</u> pour ou contre une cause ou une autre. Maintenant il <u>faut</u> <u>que</u> tu <u>prennes</u> le temps de <u>t'amuser</u> un peu. Tes amis <u>regrettent</u> beaucoup <u>que</u> tu <u>sois</u> si occupé par toutes ces <u>manifestations</u>. Oui, <u>c'est</u> <u>malheureux</u> qu'il y <u>ait</u> de la <u>pollution</u>. Je suis d'accord, c'est <u>scandaleux</u> que tant de gens <u>dorment</u> dans la <u>rue</u>. Et je suis <u>triste</u> que la <u>discrimination</u> <u>continue</u>. Mais, tu ne <u>dors</u> <u>plus</u>, tu ne <u>manges</u> plus! J'ai <u>bien</u> <u>peur</u> que tu <u>deviennes</u> malade. Il est <u>temps</u> que tu <u>apprennes</u> à te reposer. Il <u>vaut</u> <u>mieux</u> t'intéresser à d'autres choses aussi. Il y a autre chose que des <u>problèmes</u> dans le monde. Il y a des <u>copains</u>, des <u>loisirs</u>, de l'<u>amour</u>! Il <u>faut</u> que tu <u>aies</u> une <u>vie</u> personnelle, quoi! (Suggested answer) Richard passe tout son temps à protester pour ou contre des causes. Michel pense qu'il devrait s'intéresser à d'autres choses, avoir une vie personnelle.

ANSWERS TO THE VIDEO MANUAL ACTIVITIES

MODULE 1

A. (Possible answers) Bonjour. Salut. Comment vous appelez-vous? (Comment t'appelles-tu?) D'où venez-vous? (D'où viens-tu?) Je vous (te) présente... Enchanté(e). Bienvenu(e). Comment ça va? etc.

B. 1. b   2. a, d, g   3. a and/or c   4. a, b   5. b

C. 1. Gautier   2. belge   3. Aix-en-Provence   4. la médecine   5. la chambre   6. Maroc

D. kiss, hug, shake hands

E. 1. É   2. É and F   3. F   4. É and N   5. F and N   6. É   7. É   8. F   9. N   10. F and N

F. je suis allergique; salut; je vous en prie; à votre service; enfin, c'est une dame; on y va

G.

Qui est... ?	Fatima	Nicolas	Élisabeth	Mme Berthaud (le prof)
1. en cours de sociologie	✓	✓		
2. français(e)		✓		
3. belge			✓	
4. marocain(e)	✓			✓
5. étudiant(e)	✓	✓	✓	
6. d'Aix-en-Provence		✓		
7. en première année d'architecture		✓		
8. très active et énergique				✓
9. assez grande avec des cheveux bruns				✓
10. le guide		✓		

H. 1. d   2. b   3. e   4. a   5. c

I. Audé, Michel-Yves, Christine, Emmanuel, Laurence, Albert, Hélène, Marina

J. 1. Christina   2. Emmanuel   3. Audé   4. Christine   5. José et Laurence

K. Question: Et vous, d'où êtes-vous?
   Réponse: (Answers will vary.)

L. 1. They kiss on the cheeks.
   2. They shake hands.
   3. Mailboxes in France are yellow and navy blue.
   4. French speakers say **deux** + the letter, rather than saying the letter twice.
   5. When French speakers say **Non, merci** they gesture with a hand held in front with the fingers straight up, no spaces between the fingers, and the palm facing the person who is offering. It is the same gesture that is used in the U.S. by police officers when directing traffic to signal drivers to stop.
   6. For a child: Comment t'appelles-tu?
      For an adult: Comment vous appelez-vous?

M. Answers will vary.

MODULE 2

A. 1. (Possible answers) Bonjour; Je te (vous) présente; Voilà; Voici; C'est... ; Elle s'appelle... ; Enchantée (de faire votre connaissance).
   2. They will probably use the **vous** form, since they are meeting for the first time and are different ages.
   3. They will probably shake hands for the same reason they will use **vous.** (See #2.)
   4. They are in Nicolas's parents' living room.
   5. (Possible answers) a, b.

B. 1. cousin   2. tennis   3. musique   4. connaissance   5. ensemble   6. regarder
   7. faire ensemble

C. 1. c   2. b   3. c

D. taking a stroll, wedding procession, preparing a meal, relaxing at an outdoor café, riding a merry-go-round

E. 1, 3, 5

F. (É = Élisabeth; N = Nicolas; M = la mère de Nicolas)   1. N   2. N   3. N   4. É   5. N
   6. É   7. M   8. É   9. M   10. É

G. 1. V   2. F   (La famille d'Élisabeth a beaucoup de livres.)   3. V   4. F   (La famille d'Élisabeth aime discuter de leurs livres préférés.)   5. F   (Le père de Nicolas aime regarder les documentaires sur la science et la nature.)   6. F   (Nicolas a une sœur et deux frères.)   7. V   8. V   9. F   (La sœur de Nicolas s'appelle Annette.)

H. 1. i   2. e   3. c   4. f   5. b   6. a   7. d   8. h   9. g

I. 1. cinq   2. famille / enfants   3. femme   4. garçon   5. deux / avoir

J. Question: Et chez vous, combien de personnes est-ce qu'il y a dans votre famille?
Réponse: (Answers will vary.)

K. 1. Graffitis 5-15
   2. La Roue de la fortune
   3. Les allumés du sport
   4. Ordinacœur
   5. Vas-y, Julie! et Santa Barbara
   6. 20 h 25 et 20 h 30

MODULE 3

A. 1. (Possible answers) en face de, privé, meublé, à gauche, à droite, loin de, tournes, au coin
   2. (Answers will vary.)

B. 1. meublé   2. économique   3. studio   4. chambre   5. journal   6. fac

C. 1. c   2. c   3. b   4. a

D. À l'extérieur: modern apartment building, street sign, brick house, balcony, stone house, shutters on windows, garden, garage. À l'intérieur: couloir, salle à manger.

E. 1. Élisabeth, Flore, Fatima   2. Fatima   3. Flore   4. Élisabeth   5. Flore

F. 1. a   2. c   3. c   4. b   5. c

G. 1. 6, Fatima   2. 7, Élisabeth   3. 1, Fatima   4. 8, Flore   5. 3, Fatima   6. 4, Flore
   7. 2, Flore   8. 5, Élisabeth

H.

I. 1. b 2. a 3. c 4. b 5. c 6. a 7. e 8. f, e

J. 1. pollué 2. près / près / Opéra 3. appartement / maison 4. campagne / vacances
    5. campagne 6. surtout / agréable 7. quitter / tellement

K. Question: Et vous, qu'est-ce que vous avez comme logement?
    Réponse: (Answers will vary.)

L. 1. Il y a un fauteuil, un grand lit, une table et une chaise.
    2. Elle voit la cathédrale et la gare.
    3. Ils s'appellent Madame Peltier, Sophie et Michel.
    4. Elle va garder les enfants.

MODULE 4

A. 1. c 2. a, b 3. (Answers will vary.) 4. des livres, des stylos, des cahiers

B. 1. sympathique 2. la télévision 3. le football 4. le basket-ball 5. les mathématiques
    6. la philosophie 7. la géographie 8. la faculté 9. le professeur 10. les sciences
    politiques

C. (Answers will vary.)

D.

Nicolas

lundi   14 h à 16 h — cours d'architecture
          le soir — travailler
mardi   15 h — rendez-vous à la bibliothèque avec Élisabeth, acheter un cadeau pour maman
mercredi
jeudi   2 h — joue au tennis avec Élisabeth
vendredi   l'anniversaire de maman, dîner à 20 h

Élisabeth

lundi
mardi   15 h — rendez-vous à la bibliothèque avec Nicolas
mercredi   14 h — rendez-vous au café avec Fatima
jeudi   2 h — tennis avec Nicolas
vendredi   18 h — cinéma avec Flore

E. 1. la bibliothèque   2. biologie   3. biologie   4. architecture

F. These items might be crossed out: une gare, un hôpital, un jardin, une cathédrale, une banque, un aéroport, une poste.
These items should be checked: une machine à photocopier, des magazines, des livres, un professeur, des étudiants, une fontaine, un stylo, une salle de classe.

G. 1. Élisabeth
   2. No. At the end of the scene, she opens up her book again and the two of them continue to study in the library.

H. 1. É   2. N   3. N   4. É   5. N

I. 1. deux   2. six   3. vingt-cinq / vingt-trois   4. sept   5. deux   6. sept

J. 1. his thumb   2. his thumb and his index finger

K. 1. f, j   2. b, g   3. c, e   4. e, i   5. a, d, h

L. Question: Alors, dites-moi, quelles études faites-vous?
   Réponse: (Answers will vary.)

M. (Answers will vary.)

N. (Answers will vary.)

MODULE 5

A. 1. Élisabeth et Fatima   2. le serveur   3. d   4. b   5. b

B.

Viandes	Céréales	Légumes
un hamburger	du riz	des oignons
du saucisson	du pain	des petits pois
du bifteck	des spaghettis	des carottes

Fruits	Produits laitiers	Boissons
des fraises	du yaourt	du vin
des bananes	du brie	du thé
des pommes	du roquefort	du café

C. 1. d   2. a   3. b

D. 6 le fromage   1 les carottes   2 les haricots verts   4 les desserts   5 la viande   7 les raisins
3 le pain

E. 1. V   2. F   (Elles sont seules à la table.)   3. F   (Il y a d'autres clients dans le restaurant.)   4. V   5. F   (Il n'y a pas de vue de la tour Eiffel.)   6. F   (Elles ne se disputent
pas.)

F. These items should be circled: soupe au poisson, poulet aux herbes, fraises à la crème,
Perrier.
These items should be underlined: pistou, thon à la provençale, roquefort, Perrier.

G. 1. Hélène   2. Audé Vincenti   3. Hélène   4. Audé Vincenti   5. Natalie   6. Audé Vincenti

H. Question: Et vous, où est-ce que vous prenez vos repas?
Réponse: (Answers will vary.)

I. (Answers will vary.)

J. (Answers will vary.)

K. 1. s'appelle   2. plats   3. familiale   4. région / cave   5. frères   6. parents   7. loin
8. chambres / piscine   9. restaurant   10. séminaires

MODULE 6

A. 1. F (Fatima regarde le journal.)   2. F   (Élisabeth regarde sa montre.)   3. F   (Ils sont chez Élisabeth.)   4. F   (Élisabeth est à côté de Fatima.)

B. Answers will vary, as students are asked to guess, but the correct guess is c.
Clues: Answers will vary. Some possible answers are: Fatima locates something interesting in the newspaper she is reading. They appear to be having a discussion. Élisabeth is checking her watch.

C. Answers will vary.

D. 1. Élisabeth est avec Nicolas et Fatima.   2. C'est samedi.   3. Il pleut.

E. 3, 5, 6, 7, 8

F. 1. Élisabeth   2. fenêtre   3. pleut   4. Fatima   5. Nicolas   6. journal   7. regarde
8. sortir

G. 1. a   2. c   3. c   4. c   5. b   6. b   7. a   8. b   9. a   10. b

H. 1. g   2. a   3. b   4. c   5. e   6. f   7. d

I. Question: Maintenant, dites-moi, quelles sont vos activités de loisir préférées?
Réponse: (Answers will vary.)

J. (Possible answers)
1. Les jeunes Français aiment se balader.
2. Ils aiment jouer aux cartes le moins.
3. Ils préfèrent regarder la télé.
4. Ils préfèrent regarder la télé.
5. (Answers will vary.)

MODULE 7

A. 1. c   2. c   3. b

B.

```
                                              ⑦ V
                                    ④ A U T O B U S
                                              O
                                              I
                                              T
                                              U
                          ⑤ M        ⑥        R
    ① B I C Y C L E T T E
        A                  T   R
② M O T O                  R   A
        E                  O   I
    ③ A V I O N                N
        U
```

C. amis / Fatima / voulons / faire / Paris / semaine

D. 3   8
   1   7
   2   5
   4   6

E. 1. L'agent   2. Élisabeth   3. Fatima   4. L'agent   5. Élisabeth   6. Fatima
   7. Élisabeth   8. Fatima   9. Élisabeth   10. L'agent

F. (Answers may vary slightly.)
   1. Elles vont à Paris.
   2. Elles vont pour quatre jours, du jeudi au dimanche.
   3. Elles vont voyager en train.
   4. Elles vont rester à l'Hôtel Saint-Jacques dans le Quartier latin.

G. 1. France   2. États-Unis   3. États-Unis   4. États-Unis   5. France   6. États-Unis

Amérique du Nord	Afrique
Grand Canyon Mexique	Maroc Tunisie

Europe	Asie
Italie Angleterre Grèce	Thaïlande Inde

H. The following items should be crossed out:
  1. en Tunisie
  2. en Bretagne
  3. en Tunisie

I. 1. c   2. a   3. c   4. a   5. b

J.

	en Amérique du Nord	en Europe	en Asie	en Afrique
1. Pierre	✓			
2. Deva		✓	✓	
3. Geneviève	✓	✓	✓	✓
4. Thierry		✓		

	en train	en voiture	en avion
5. Miguel	✓		✓
6. Madame Chesnel	✓		
7. Albert		✓	✓

K. Question: Et vous? Qu'est-ce que vous avez fait pendant vos vacances cette année?
  Réponse: (Answers will vary.)

L. (Answers will vary.)

MODULE 8

A. 1. Nicolas.
   2. Il a la tête dans les mains.
   3. Fatima et Élisabeth.

B. 1. d 2. i 3. h 4. k 5. a 6. f 7. j 8. e 9. g 10. b 11. c

C. 1. Un peu 2. gagner 3. la campagne 4. malheureux 5. seul

D. malheureux / disputé / consolons / pendant / raconté / arrivé

E. 1. 2 2. P 3. 1 4. P 5. P

F. 1. a 2. a 3. b and c 4. a and c 5. c

G. 1. Nicolas 2. Nicolas 3. Élisabeth 4. Nicolas 5. Fatima 6. Élisabeth 7. Fatima
   8. Élisabeth

H. 1. b 2. d 3. b and d 4. c and d

I. 1. les gens 2. à la campagne 3. mari / enfants 4. le travail 5. une famille / vin

J. Et pour vous, c'est quoi le bonheur? Answers will vary.

K. (Answers will vary.)

MODULE 9

A. 1. Élisabeth et Fatima 2. chez Élisabeth 3. Élisabeth 4. Un cadeau. C'est son
   anniversaire.

B. 1. 4, 2, 3,1 2. 4, 2, 1, 3 3. 1, 3, 2, 4 4. 1, 4, 3, 2

C. 1. f 2. b 3. e 4. g 5. c 6. a 7. d

D. 1. mauvais 2. la vidéo 3. les repas 4. la sainte 5. le bonheur 6. le jouet 7. ce jour-là

E. 1. Nicolas 2. Un jeu vidéo. 3. Élisabeth 4. Ce que Fatima va penser.

F. The items are listed in the order in which they appear. 1. la réunion 2. les rencontres
   3. l'artiste 4. le magasin 5. la préparation 6. la fête

G. 1. Élisabeth   2. Fatima   3. Élisabeth   4. Fatima   5. Élisabeth   6. Élisabeth   7. Élisabeth
8. Fatima

H. 1. Magnifique!   2. besoin   3. anniversaire   4. après-midi   5. fête   6. saint, fête, quinze, jour   7. réunion, grand   8. Ramadan   9. manger, coucher   10. fête, jouets
11. après-midi   12. anniversaire   13. télé, actif

I. 1. c   2. b   3. a, b   4. a   5. b

J. (Answers will vary.)

K. 1. Audé: Noël
   2. Michel-Yves: Noël, les mariages
   3. Christelle: Noël, les mariages, les anniversaires

L. 1. a, b, c   2. b, c

M. 1. b, b   2. a

N. Question: Et vous, dans votre famille, quelles fêtes célébrez-vous?
   Réponse: (Answers will vary.)

O. (Answers will vary.)

P. (Answers will vary.)

MODULE 10

A. 1. b   2. c   3. d

B. The following words should be crossed out: 1. un musée   2. une fleur   3. ravissant
   4. fatigué   5. désagréable   6. des gants   7. lire   8. C'est moulant.   9. une jupe
   10. un costume

C. moi / venues / achats / espérons / nouveaux / chers

D. 1, 2, 5, 6, 8

E. 1. a. bleu   b. gris   c. rouge / gris / noire   d. beige
   2. b
   3. c

F. 1. b   2. a   3. c   4. b   5. a   6. c

G. 1. c   2. f   3. g   4. a   5. h   6. d   7. e   8. b

H. 1. f, h   2. a, b, c   3. e   4. a, d, g

I. 1. Michel-Yves   2. Dounià   3. Michel-Yves et Hélène

J. Question: Et vous, qu'est-ce que vous aimez porter pour aller en cours?
   Réponse: (Answers will vary.)

K. (Answers will vary.)

L. (Answers will vary.)

M. (Answers will vary.)

MODULE 11

A. 1. a   2. b   3. c , d   4. a

B. 1. a, e   2. g, h   3. c   4. f   5. b, d, i   6. a, e   7. c   8. d

C. 1. c   2. c   3. a

D. 1, 2, 4, 6, 8

E. 2

F. 1. V
   2. F   (Il n'y a ni ordinateur ni téléphone sur le bureau.)
   3. F   (Il n'y a pas de secrétaire dans la salle.)
   4. F   (Les chaises sont noires.)
   5. V
   6. F   (Élisabeth est sérieuse pendant l'interview.)
   7. V
   8. F   (Élisabeth ne regarde pas sa montre.)

G. 1. a, b, d   2. c   3. b   4. b   5. c   6. b   7. a

H. 1. f   2. d   3. b   4. e   5. a   6. c

I. 1. Aimée   2. Étienne   3. Étienne, Aimée   4. Étienne   5. Aimée

J. surtout / toujours / pensée / petits / vie / amour / grande

K. 1. c 2. a 3. a 4. b

L. (Answers will vary.)

M. Question: Et après vos études, qu'est-ce que vous espérez faire comme travail?
Réponse: (Answers will vary.)

N. (Answers will vary.)

O. (Answers will vary.)

MODULE 12

A. 1. a 2. c 3. c

B. 1. antibiotiques   2. ordonnance   3. pharmacienne   4. grippe   5. migraine
6. homéopathie   7. santé

C. 1. dans une clinique   2. une semaine   3. Fatima   4. plus d'une semaine

D. ordinateur, médecin, technicien, infirmière

E. 3, 4, 5, 7, 6, 1, 2

F. 1. V
    2. F (Elle a la grippe.)
    3. F (Il n'y a pas trop de patients aujourd'hui.)
    4. F (Fatima a mal à la gorge et à la tête.)
    5. V
    6. F (Fatima n'a pas souffert de migraines ni d'allergies.)
    7. V
    8. F (Fatima a de la fièvre.)
    9. F (Fatima doit prendre une capsule quatre fois par jour.)
   10. F (Fatima va se sentir mieux dans quatre ou cinq jours.)

G. 1. Stéphanie   2. Natalie et Sylvie   3. Frédéric   4. Michel-Yves et Hélène   5. Michel-Yves
et Hélène   6. Maître Jaffari   7. Samuel   8. Frédéric

H. Question: Et vous? Qu'est-ce que vous faites pour rester en forme?
Réponse: (Answers will vary.)

I. (Answers will vary.)

J. 1. Les Rwandais   2. famine/épidémies   3. oui   4. le 23 janvier 1997   5. (Answers will vary.)

K. (Answers will vary.)

MODULE 13

A. 1. Nicolas, Fatima, Élisabeth.   2. Chez Élisabeth.   3. Nicolas.   4. Élisabeth et Fatima. 5. Des journaux.   6. (Answers will vary.)   7. He gestures as though he's writing something.   8. He's talking about notes.

B. 1. a   2. k   3. j   4. d   5. c   6. h   7. f   8. g   9. e   10. i   11. b

C. 1. rez-de-chaussée   2. propre   3. essayer   4. changer   5. conserver   6. participer 7. la musique   8. la montagne   9. l'autoroute   10. danser

D. (Answers will vary.)

E. 1. c   2. c   3. c

F. 3, 5, 6, 2, 1, 4

G. 1. trie   2. Nicolas   3. des journaux   4. un journal   5. le geste   6. ses notes

H. 1. b   2. c   3. b   4. a   5. c   6. b, c   7. a   8. c   9. b, c   10. a, c

I. 1. Nicolas   2. Nicolas   3. Fatima, Élisabeth   4. Nicolas   5. Élisabeth   6. Fatima 7. Nicolas   8. Nicolas   9. Nicolas

J. 1. Audé   2. Henri   3. Sylvie et Natalie   4. Sylvie et Natalie   5. Alex   6. Sylvie et Natalie   7. Constance   8. Henri   9. Constance   10. Alex   11. Constance   12. Alex

K. Question: Et maintenant, à votre avis, qu'est-ce qu'il faut faire pour préserver l'environnement?
Réponse: (Answers will vary.)

L. (Answers will vary.)

M. (Answers will vary.)